杨国荣 著 作 集 ┃ 增订版 ┃

历史中的哲学

杨国荣◎著

华东师范大学出版社

·上海·

图书在版编目（CIP）数据

历史中的哲学／杨国荣著. —增订本. —上海：
华东师范大学出版社,2021
（杨国荣著作集）
ISBN 978-7-5760-1249-1

Ⅰ.①历… Ⅱ.①杨… Ⅲ.①哲学史—中国—文集
Ⅳ.①B2-53

中国版本图书馆 CIP 数据核字（2021）第 046886 号

杨国荣著作集（增订版）
历史中的哲学

著　　者	杨国荣	
责任编辑	朱华华	
特约审读	朱佳莉	
责任校对	时东明	
装帧设计	卢晓红	

出版发行　华东师范大学出版社
社　　址　上海市中山北路 3663 号　邮编 200062
网　　址　www.ecnupress.com.cn
电　　话　021-60821666　行政传真 021-62572105
客服电话　021-62865537　门市（邮购）电话 021-62869887
地　　址　上海市中山北路 3663 号华东师范大学校内先锋路口
网　　店　http://hdsdcbs.tmall.com/

印 刷 者　上海雅昌艺术印刷有限公司
开　　本　700×1000　16 开
印　　张　23.25
字　　数　282 千字
版　　次　2021 年 7 月第 1 版
印　　次　2021 年 7 月第 1 次
书　　号　ISBN 978-7-5760-1249-1
定　　价　89.80 元

出 版 人　王　焰

（如发现本版图书有印订质量问题,请寄回本社客服中心调换或电话 021-62865537 联系）

目 录

何为中国哲学(代序)[*]

一

　　何为中国哲学？这一问题的实质内涵是怎样理解中国哲学。从更本原的层面看，如何理解"中国哲学"之后更普遍的问题，是如何理解"哲学"。事实上，如何理解哲学与如何理解中国哲学无法截然相分。

　　对哲学作一界说，并不是一件容易的事。历史地看，无论是中国哲学史上，抑或西方哲学史上，在不同哲学家那里，哲学往往呈现出不同的面目。从关注的

　　* 本文系作者在 2008 年 5 月 27 日举行于华东师范大学的"何为中国哲学"学术会议上的发言，由研究生根据录音记录，并经作者审定。

问题,到言说的方式,哲学的形态也常常各异。然而,这并不妨碍我们从最宽泛的层面,对哲学的一般规定加以把握。这里,作为理解的出发点,首先涉及知识与智慧的区分。从否定的意义上看,哲学不同于知识。当我们说"知识"的时候,主要是指与特定的学科、具体的经验对象、特定经验领域相联系的认识形态。哲学与一般的学科有所不同,它不以经验领域中的具体事物为对象。从肯定的意义上看,哲学则可以视为智慧之思。当然,智慧沉思的具体内容在不同的哲学形态、不同的传统、不同的哲学家之中往往存在种种差异。以中国哲学而言,关于智慧的沉思每每与"性"与"天道"、"成己"与"成物"等问题联系在一起。

海德格尔在《何为物?》(*What is a Thing*?)一书中,曾将哲学与具体领域区分开来,在他看来:"哲学之中没有领域(field),因为哲学本身不是领域。类似劳动分工一类的东西,在哲学之中是没有意义的。学术之知(scholastic learning)在某种程度上与哲学无法分离,但它从不构成哲学的本质。"①"哲学不是领域"的具体所指海德格尔虽没有加以解释,但其涵义仍比较清楚,即主要侧重于把哲学与具体的知识领域区分开来。无独有偶,2007年初我在斯坦福时,曾与罗蒂就有关哲学问题作过若干次交谈。在谈到如何理解哲学时,罗蒂提出了一个更为直截了当的看法:"哲学不是学科(discipline)。"学科的特点是涉及具体的知识领域(area of knowledge),一旦以"学科"来讲哲学,便意味着将哲学等同于各种具体的知识领域。海德格尔有现象学的哲学背景,罗蒂后来虽对分析哲学有种种批评,但又是从分析哲学走出来的,二者的哲学立场、背景有所不同,但从不同的立场与背景出

①　M. Heidegger, *What is a Thing*? trans. by W.B. Barton.Jr and Vera Deutsch, South Bend, Indiana: Regnery/Gateway Inc., 1967, p.3.

发,却又不约而同地在"现代"的语境中将哲学与一般知识区分开来,这一现象无疑饶有趣味而又耐人寻味。

就其本来形态而言,哲学作为智慧之思,不同于经验领域的知识。知识主要以分门别类的方式把握对象,其中蕴含着对存在的某种分离,哲学则要求超越"分"或"别"而求其"通"。从哲学的层面看,所谓"通",并不仅仅在于哲学体系或学说本身在逻辑上的融贯性或无矛盾性,它更深刻的意义体现在对存在的统一性、具体性的敞开和澄明。不过,在肯定哲学的如上内在规定的同时,我们或许也可以接受一种比较温和的说法,即承认哲学在一定意义上具有某种学科性。这主要是基于如下事实:近代以来,随着哲学逐渐进入各种形式的教育系统以及与哲学相关的知识传授和衍化体制的形成,哲学本身在某种程度上也开始被学科化了。学科化对哲学究竟具有何种意义,这当然可以从不同方面加以评说,但它作为某种既成的事实,是无法由我们随意改变或否认的。在哲学成为教育体制(如大学)知识传授系统的组成部分后,它确乎被赋予了某种学科性,当海德格尔说"学术之知在某种程度上与哲学无法分离"时,他显然也意识到了这一点。相应于上述情况,哲学本身似乎也具有双重性,即既不是学科,又具有学科性:从本原形态与实质的规定而言,哲学不同于知识系统、不能简单地归属于特定学科;但是就它在近代以来的衍化形态而言,哲学又进入知识传授系统,成为可以教授的、具有学科性的东西。

具体的学科或知识系统往往具有相对确定的范式、范型,从哲学与具体学科的区别来看,它并没有类似具体学科的固定范式、范型;事实上,哲学往往没有"一定之法"。"法"是与特定的学科、知识形态联系在一起的,对于不同于具体知识的智慧形态,我们很难对它颁布"一定之法"。历史地看,无论是西方哲学,抑或中国哲学,在其历史的衍化中,都曾出现了不同的形态。以西方哲学而言,不仅不同时期(如古希腊、中世纪、近代等)的哲学往往形态各异,而且同一时期的哲学系统(如海德格尔的哲学与维特根斯坦的哲学)在关注的问题、言说的方式等方面也常常互不相同,然而,这种形态的差异,并不影响它们同为哲学。之所以如此的缘由之一,就在于哲学不像特定的知识领域或学科,可以用"一定之法"来限定。从以上前提看,以所谓"合法性"来讨论哲学,基本上没有触及问题的实质:对哲学而言,本无定"法",何来"合"法?但另一方面,如上所述,近代以来,哲学开始进入体制化的教育系统,逐渐获得近于知识性的特征,并取得了某种可以归类的形态。与哲学的以上二重品格相联系,现代意义上的哲学活动事实上也有两种方式:一是学科或知识层面的,如大学哲学系给学生讲授哲学的各种概念,对这些概念加以界定和解说,介绍历史上哲学家的生平、哲学观点、思想演变,叙述哲学史上不同体系、流派、思潮的形成、兴衰等;其二则表现为智慧的沉思、理论性的探索和思考过程。当然,二者并非截然相分,在其现实性上,以上两个方面往往更多地呈现出互渗互融的形态。

上述视域中的哲学,在逻辑上构成了理解中国哲学的前提。作为广义哲学的一种具体的形态,现代学术语境下的中国哲学似乎也呈现出学科性与超学科性的二重品格。如果说,对性与天道、成己与成物的无穷追问,赋予中国哲学以不同于具体知识领域的深沉内涵,那么,当这种追问被纳入作为现代知识谱系之一的哲学史并成为其考察对象时,它同时也被赋予了某种学科的形式。

二

与哲学及中国哲学的以上内涵相联系的,是哲学与历史的关系。

海德格尔曾将哲学史理解为"史学认识与哲学认识的合一",这一看法似乎也注意到了哲学史发展中哲学与历史的联系。① 哲学史上曾出现过各种学说、体系,这些学说和体系在哲学史的研究中往往主要被理解为历史的存在。然而,按其本来意义,它们首先表现为历史中的哲学沉思,是出现在一定历史时期的哲学理论或学说。历史上一些重要哲学家所立之说,就是他那个时代的哲学理论,就是说,它们首先是哲学,而后才是哲学史,这是一个基本的事实。我们现在所接触到的那些流传下来的文本,也可以看作是当时的这些哲学理论的载体。不管是先秦、两汉时期还是魏晋、隋唐、宋明时期,哲学家的思想在形成的时候,都是以那个时代的哲学理论、学说的形式出现;从孔子、老子、庄子、孟子、荀子,到朱熹、王阳明、王夫之,都是如此。随着历史的衍化,这些理论、学说才逐渐凝结为历史的形态,成为哲学的历史。从中国哲学的衍化来看,每个时代的哲学家总是以已往的哲学系统为前提、背景,并通过自己的创造性思考从而形成新的哲学观念。相对于已有的、历史中的形态而言,这种新的观念系统首先具有哲学的意义;从两汉到明清,中国哲学家往往以注解已往经典的方式阐发自己的哲学思想,这种注释过程同时构成了其哲学思考的过程。另一方面,相对于后起哲学家的思考而言,每一历史时期的哲学系统又构成了哲学的历史。在哲学与哲学史的以上演变与互动中,历史上的哲学系统本身也具有哲学与哲学史的双重身份。由以上前提出发考察中国哲学,便可注意到,它既表现为在历史衍化过程中逐渐凝结的不同哲学系统,是一种可以在历史中加以把握、考察的对象,又是在历史过程之中不断形成、延续的智慧长河;前者使之具有

① 参见海德格尔:《现象学之基本问题》,丁耘译,上海译文出版社,2008 年,第 27 页。

既成性,后者则赋予它以生成性。中国哲学的既成性意味着它具有相对确定的意义,我们现在所说的先秦哲学、两汉哲学、魏晋哲学等,都有着某种确定的内涵。与之相对,中国哲学的生成性则表明它本身是一个开放的、不断延伸和延续的过程,因此,我们不能把中国哲学限定在某一个人物、某一个学派、某一个时期之上,而应将其理解为开放的、不断延伸的过程。这个过程在今天并没有终结,它依然在进一步延续:就中国哲学的生成性而言,我们现在所作的哲学的沉思、所从事的哲学史研究不仅仅是对哲学史对象单纯的"史"的考察,而是同时渗入于中国哲学新的形态的生成过程。

作为历史中的哲学、作为既成性与生成性的统一,中国哲学的研究相应地也可以由不同的角度切入。这种不同的研究进路与我一开始提到的哲学既有学科的性质又有不同于学科的性质,具有相应性。从中国哲学是"哲学"这一角度来看,对中国哲学的研究可以按哲学家的方式来展开;就中国哲学是存在于"历史中"的哲学而言,则又可以从历史学家的角度对它加以考察。当然,这里的区分是相对的。所谓"哲学家的方式"并不完全排除历史视域,相反,它同样需要基于历史的文献,面对历史的实际衍化过程;同样地,"历史学家的方式"也需要哲学理论的引导,否则这种研究就不是哲学领域的工作。可以说,历史学家的考察方式中隐含着哲学家的视域,而哲学家的进路中也渗入了历史学家的工作。然而,就侧重点而言,我们仍可以看到一些区分。从已有的中国哲学研究状况来说,确实存在着侧重于哲学与侧重于历史的不同研究方式。为什么会出现这种差异?这既源于更广意义上哲学本身具有学科性与超学科性二重性质,也与中国哲学本身是历史中的哲学相关:如果说,历史学家的进路较多地折射了中国哲学的学科性以及历史维度,那么,哲学家的进路则更具体地体现了中国哲学作为哲学的内在规定。

三

步入近代以后,对中国哲学的理解,总是难以回避中西之学的关系问题。中国与西方哲学的相遇在近代已经成为一个基本的历史现象,对于二者之间的关系,则仍要从中国哲学本身是一个逐渐生成的、不断延续的过程这一角度去理解,唯有如此,才能更具体地把握其意义。现在谈"中西之学",往往着眼于空间性的观念:中学与西学首先被视为处于不同空间地域(东方和西方)中的文化学术系统。事实上,在这种空间形式的背后,是更具实质意义的时间性、历史性规定。后者与近代更广视域下中西之争和古今之辩的无法分离相一致:空间形式下中西关系的背后,实际上隐含着时间与历史层面的古今关系。

时下,人们每每将西方哲学影响下的中国哲学研究称之为"汉话胡说",这种表述无疑蕴含着对中国哲学研究现状的不满:20世纪以来,谈的虽是中国哲学("汉"话),但所说却是西方哲学的话语("胡"说)。然而,在这种批评的背后,似乎同时渗入了一种从空间之维理解中西哲学的趋向。就更实质的意义而言,我们与其将20世纪以来西方哲学影响下的中国哲学视为"汉话胡说",不如将其理解为"古话今说"。历史上,不同时代的哲学家都在对哲学作"今说";可以说,"今"本身就是一个具有历史性的概念。汉代有汉代之"今",魏晋有魏晋之"今",隋唐有隋唐之"今",近代有近代之"今"。近代之"今",同时可以视为中西哲学相遇之后的"今":从中国哲学的衍化看,近代意义上的"今",便以中西哲学的相互碰撞、交融为其题中之义。就"今说"而言,两汉、魏晋、隋唐、宋明等时期的哲学家们在注释、解说以往经典时,便同时展开了不同时代、不同意义上的"今说",我们现在从事中国哲学的研究,实质上也是一种"今说"。每一时代都在不断地用他们那个时代的"说法"去"说"以往的哲学,并在如此"说"的同时使中国哲学本身得到新的延续。同样,我们这个时代也没有离开这一历史的趋向。当然,"说"的方式、"说"的具体内涵在不同时代、不同背景、不同个体那里又往往各有不同,汉儒"说"先秦经典的"说法"和佛教传入后宋明时期理学家"说"这些经典的"说法"往往不一样;宋儒对已往经典、哲学的"说法"与西方哲学"东渐"(进入中国)之后近代哲学家的"说法"也存在差异,但这不妨碍它们作为一种独特的"今说",如前所述,这样的"今说"同时也是中国哲学不断生成、延续的历史方式。事实上,从形式层面看,中国哲学的生成过程就是这样一个不断"今说"的过程。

以上述事实为前提,便不难注意到,我们今天以西方哲学为参照系统,运用西方哲学的一些概念系统、理论框架来诠释已往的哲学,这本身也是在新的历史背景下"今说"中国哲学的一种方式。这种"今说"同时也表现为中国哲学在现代进一步生成、延续的具体形态:在中西哲学两大系统相遇的历史条件下,中国哲学的延续往往很难与运用西方哲学的某些概念系统、理论框架对自身传统进行重新理解、阐发的过程相分离。从实质的层面看,参照、运用西方哲学的概念系统、理论框架作为"今说"的一种历史方式,本身也参与了在新的历史背景下中国哲学生成、延续的过程。事实上,每一时代都需要对已往哲学进行逻辑重构,并由此进而展开创造性的思考,而在中西哲学两大系统相遇的背景之下,这一过程同时取得了新的历史形式和特点。

要而言之,就中西哲学的关系来看,中西之辩并不仅仅是一个空间、地域性的问题,其背后内在地隐含着时间性、历史性的规定;将西方哲学影响下的中国哲学研究称之为"汉话胡说",未免将时间关系

(历史关系)简单地空间化了。对中西哲学的关系,如果过多地着眼于空间关系,往往会执着于文化和思想的地域性(东方或西方),从而遮掩其背后的实质含义。一般而言,时间性、历史性与绵延、统一相联系,空间关系则往往更多地突出了界限;时间关系空间化所导致的逻辑结果之一,便是抽象地在中西哲学之间划一判然之界。而就中国哲学而言,更有意义的是在时间意识中把握近代西学与中国哲学历史延续或历史绵延的关系。

从具体的方面看,中西哲学的关系涉及现在时常论及的"格义"问题。讲到"格义",应当注意的一个重要方面是语言和翻译的问题。中国近代以来所使用的不少所谓西方哲学概念,如主观、客观、主体、客体、经验、理性、唯物、唯心等,都以日文的翻译为中介,而日本学人在用这些概念翻译他们所理解的兰学、西学时,实际上又是以汉语为表达形式。翻译的过程决不是单纯的语义互释的问题,其中也包含着观念层面的理解,在理解的过程中,即有"格义"的问题。这样,就历史过程而言,首先是日本学人用汉语去"格"西方的"义",然后再反过来,这种翻译到中国的东西又构成了我们进一步去理解中国哲学的形式,不难看到,这里包含着两个层面的"格义"。同时,从语言的层面来看,所谓"古话今说"在某种意义上与古代汉语到现代汉语的转换、衍化过程呈现同步性。哲学总是涉及言说的方式,而言说的方式离不开语言,事实上,在中国近代,较哲学形态的变迁更具有本原性的变迁,是语言的变迁,后者包括外来语的大量引入。以语言的衍化而言,如果我们把这些外来语从现代汉语当中剔除出去,那么现代汉语也就不复存在。同样,在哲学的层面上,如果将所有西方哲学的观念、表述方式从近代以来的中国哲学中完全加以净化,也就不会再有现代意义上的中国哲学。从历史的角度看,正如我们不必像当初白话运动的反对者那样,对古代汉语向现代汉语的转换痛心疾首,我们也不必因西方哲学的概念形式渗入中国哲学的"今说"过程而过分地忧心忡忡。在警惕简单地以西方哲学去附会中国哲学、避免过度诠释等方面的同时,对中西哲学相遇背景下中国哲学的"今说",应当持理性而开放的立场。

四

如前所述,中西哲学的互动、交融实质上也就是中国哲学本身在新的历史条件下生成、延续的过程。中国哲学这一延续的过程与以往(近代以前)的生成、延续存在着深刻的差异,这种差异主要就表现在:中国哲学在近代以来的延续过程,同时也是中国哲学不断参与、融入世界哲学发展的过程。中国哲学在近代以前主要是在相对单一的传统之下发展的,这种发展在近代以后开始以新的形态出现;中国哲学融入世界哲学、参与世界哲学的形成与发展,便是近代以来中国哲学延续、发展的重要特点。历史地看,真正意义上的世界哲学的发生,只是在近代以后才成为可能。近代以前,中西两大文明系统基本上是在相互隔绝的状态下发展的,明清之际虽有过短暂的接触,但并没有形成实质性的交流,真正实质性的碰撞是从近代开始的。马克思曾指出:"世界史不是过去一直存在的;作为世界史的历史是结果。"[1]这一看法的内在涵义之一在于,应当将世界史理解为近代以前人类历史发展的产物。世界历史是这样,世界哲学也是如此。只有到了近代,各个文明系统才开始彼此相遇,有了实质性的交流,也只有在这样的背景之下,世界哲学才真正获得了可能性。近代以来的

---

① 马克思:《1857—1858 年经济学手稿》,《马克思恩格斯全集》第 30 卷,人民出版社,1995 年,第 51 页。

哲学衍化,在某种意义上便表现为一个不断走向世界哲学的过程。

中国哲学在近代以来的延续、生成过程,并没有隔绝于以上历史趋向。从经济、文化、政治等宏观背景看,历史已经从近代的地域性过程进入到一个完全意义上的世界范围,这一特点在今天所面临的全球化过程中,表现得尤为明显。经济的全球化使不同经济体之间愈来愈具有相互依赖的关系;信息化以及通讯手段、交通工具、传播方式的发展,使不同地域的人们不再因空间距离而相互隔绝,而是彼此走近,真正成为同一地球村的居民;文化交流的扩展和深化,则使不同文化系统之间有了更为真切的了解。这些现象,都是以往所无法想象的。

另一方面,从哲学本身的衍化来看,以西方而言,从古希腊哲学到现代的分析哲学、现象学,主要是在西方哲学与文化自身相对单一的传统下发生、发展的。中国哲学也是如此,除了佛教传入中国,对中国哲学产生了某种影响之外,基本上也是在一种比较单一的背景下形成的。这两大系统在近代以前没有什么实质性的交流。然而,如果今天还拘守某种单一的资源、单向的传统,那就既离开了历史的趋向,也缺乏理论上的合理性。在这方面,近代以来的中国哲学家似乎呈现了自身的某些优势,后者具体表现在:近代以来中国哲学家了解西方哲学的热忱,以及实质层面上对西方哲学的把握程度,往往超过了西方哲学家对中国哲学的理解意愿和实际把握。这里可以将专家层面的认识与哲学家层面的认识作一区分。以20世纪二三十年代的熊十力、梁漱溟辈而言,若从专家的角度来看,他们对西方哲学的了解似乎十分有限,康德哲学的前后衍化,《纯粹理性批判》不同版本之间的具体差别,等等,他们也许并未十分深入地把握。但他们同时又以一种哲学家的直觉,比较深入地切入了西方哲学某些流派、人物的主要宗旨。从专家性的标准来看,熊十力、梁漱溟等哲学家对西方哲学的认识,或可提出不少批评,但从哲学家的理解来说,他们的一些看法,可能要比专家们更为深入。随着中西交流的发展,中国哲学家对西方哲学的理解也不断得到深化,后来的哲学家如冯友兰、金岳霖等,对西方哲学了解的深入程度已有实质性的推进,这种趋向今天仍在进一步地发展。对西方哲学的以上理解和把握,为中国哲学家运用多重智慧展开哲学沉思提供了可能,它同时也从一个方面使中国哲学在今天的生成、延续过程具体地展开为参与、融入世界哲学的过程。20世纪初,王国维曾提出"学无中西"的观念,这一主张至今仍有其重要意义。从哲学的角度来看,"学无中西"意味着确立一种世界哲学的观念,并从世界哲学的角度,考察、定位中国哲学与西方哲学的关系。在"学无中西"的视域下,中国哲学与西方哲学都呈现为世界哲学发展的相关之源,而中国哲学的现代延续,也由此获得了更为深刻的意义。

善与价值系统

　　价值观是一种评价性的观点,它既涉及现实世界的意义,也指向理想的境界。具体而言,价值观总是奠基于人的历史需要,体现了人的理想,蕴含着一般的评价标准,形成为一定的价值取向,外化于具体的行为规范,并作为稳定的思维定式、倾向、态度,影响着广义的文化演进过程。不同时期的文化创造,总是受到特定价值观的范导,文化本身在某种意义上也可以看作是价值理想的外化或对象化。从社会的运行到个体的行为,文化的各个层面都受到价值观的内在制约,因此,可以说,价值观在文化系统中处于核心地位。一般说来,价值观是由一系列价值原则组成的:价值原则凝聚了人们对善恶、美丑的最基本的看法。正是相互关联的价值原则,构成了文化的价值体系。

中国传统文化在其历史发展中,通过对天人、群己、义利、理欲等关系的规定,逐渐展示了自己的价值观念,并在儒、道、墨、法、佛诸派的价值原则中取得了自觉的形态。以儒家的价值原则为主导,不同的价值观念相拒而又交融,相反而又互补,形成了中国传统文化内涵丰富的价值系统。这里旨在对中国传统文化的价值系统作一整体的逻辑分析,并由此展示其多重向度。

一、价值观意义上的天人之辩

注重天人关系,是中国传统文化的显著特点。早在先秦,天人之辩便成为百家争鸣的中心问题之一。它既是一个哲学问题,又具有普遍的文化意义。"天"关联着广义的自然,"人"则涉及人的文化创造及其成果。这样,天人关系在某种意义上便获得了价值观的意义,而天人之辩则成为传统价值系统的逻辑起点。

1. 人文取向与人道原则

人是否应当超越自然的状态?作为价值观的天人之辩,首先必须对此作出回答。儒家是较早对这一问题作出自觉反省的学派之一。按照儒家的看法,自然是一种前文明的状态,人应当通过自然的"人文"化,以达到文明的境界。孔子很早就指出:"鸟兽不可与同群,吾非斯人之徒与而谁与?"①鸟兽是自然的存在,"斯人之徒"则是超越了自然状态而文明化了的人。作为文化的创造者,人不能倒退到自然状态,而只能在文化的基础上彼此结成一种社会的联系(群)。在这里,对鸟兽(自然的存在)与"斯人之徒"的区分,已包含着对人文

---

① 《论语·微子》。

价值的肯定。

"斯人之徒"是作为类的人。超越自然不仅表现在形成文明的群体,而且以个体的人文化为目标。就个体而言,自然首先以天性的形式存在,而自然的人化则意味着化天性为德性(形成道德品格)。儒家辨析天人关系,总是兼及个体;与注重群体的文明化相应,儒家一再强调个体也应当由自然的天性提升为人化的德性。在儒家看来,就天性而言,人与一般禽兽并没有多大区别,如果停留于这种本然的天性,那么,也就意味着把人降低为禽兽。荀子曾指出:"水火有气而无生,草木有生而无知,禽兽有知而无义。人有气、有生、有知亦且有义,故最为天下贵也。"①"气""生""知"(知觉能力,如目能视之类)都是一种自然的规定或属性,"义"则超越了自然而表现为一种人文化的观念。人之为人,并不在于具有气、生等自然的禀赋,而在于通过自然禀赋的人化而形成自觉的道德意识(义);正是这种人化的过程,使人不同于自然的对象而具有至上的价值("最为天下贵")。这样,儒家便从群体关联与个体存在两个方面,对人文价值作了双重确认。

作为一种高于自然的人文存在,文明社会应当以什么为基本的价值原则?早在先秦,儒家的创始人孔子便提出了"仁"的观念。作为原始儒学的核心观念,"仁"具有多重含义,而从价值观上看,其基本的规定则是"爱人"②。它所体现的,是一种朴素的人道原则。以"仁"为形式的人道原则,首先要求对人加以尊重和关切。当马厩失火被焚时,孔子所问的是:"伤人乎?"而并不打听火灾是否伤及马。③

---

① 《荀子·王制》。
② 参见《论语·颜渊》。
③ 参见《论语·乡党》。

这里展示的,便是一种人道的观念:相对于牛马而言,人更为可贵,因此,关心的对象首先应指向人。当然,这并不是说牛马是无用之物,而是表明牛马作为与人相对的自然存在只具有外在的价值(表现为工具或手段),唯有人才有其内在价值(本身即目的)。这种人道原则体现了儒家基本的价值取向,孟子由仁学引申出"仁政",要求以德行仁,反对用暴力的方式来压服人,便表现了这一点。即使在具有神学色彩的董仲舒儒学体系中,同样可以看到内在的人道观念。董仲舒虽然将"天"神化为超自然的主宰,但同时又一再强调"人下长万物,上参天地","最为天下贵"①。在他看来,天地之衍生万物,乃是为了"养人";换言之,一切以人的利益为转移,在神学的形式下,人依然处于价值关怀的中心。

在天人关系上,墨家的看法与儒家固然存在着不少差异,但也有相近的一面。和儒家一样,墨家对自然的状态与人文的形态作了区分,认为处于自然状态中的动物,有羽毛作衣服,有水草作食物,故既不必事农耕,也无须纺织。人则不同:"今人与此异者也,赖其力者生,不赖其力者不生。"②"力"泛指人的活动。在墨家看来,正是通过这种活动,人超越了自然状态中的动物,建立起文明的社会生活,这里内在地蕴含着化自然为人文的要求。如何使文明社会的秩序得到稳定?墨家提出了"兼爱"的原则。按墨家之见,社会之所以产生争乱,主要便在于社会成员之间不能彼此相爱,若天下之人能兼相爱,就可以消弭纷争,彼此和亲,国与国之间也可以化干戈为玉帛。"兼爱"观念所体现的,同样是一种人道原则。在注重人道原则这一点上,儒墨确实有相通之处。当然,儒家所强调的"仁",以孝悌为本,它

① 董仲舒:《春秋繁露·天地阴阳》。
② 《墨子·非乐上》。

更多地受到宗法血缘关系的制约;墨家的"兼爱"则超越了宗法关系,它所体现的人道原则在某种意义具有更普遍的内涵。

儒墨所揭示的人道原则,在佛教那里也得到了某种回应。佛教本是外来的宗教,但随着它的衍变发展,已逐渐融入中国文化之中,其价值观也成为中国传统价值体系的一个组成部分。作为宗教,佛教认为天(自然)与人均虚幻不实,而把彼岸世界视为真实的存在。不过,在论证成佛根据时,佛教常常强调人道胜于天道。人尽管也是宇宙中的一员,但其地位却高于其他的存在,在"六道"说中,人便被列于一般动物(畜生)之上。佛教的终极目标固然是要超越现实的人生,但这种超越本身要通过人的自觉活动来完成,所谓由"迷"到"悟",便意味着从自在状态到自为状态。这样,作为实现终极目标的环节,广义的"人化"过程亦得到了某种肯定。与以上取向相联系,佛教提出慈悲为怀、普度众生的要求,这种教义尽管具有浓厚的宗教色彩,而且其所慈、所悲的对象也相当宽泛,但是,将人包括在慈悲、普度的对象之中,本身无疑已渗入了某种人道观念。在对人的关怀上,中国的佛教与儒家的仁义、墨家的兼爱显然有一致之处。从一定意义上说,佛教的慈悲观念既表现了对儒墨人道原则的吸纳与适应,又从一个侧面强化了中国文化注重人道原则的传统。

在宋明理学那里,人道原则得到了进一步的阐发。理学以儒家思想为主体,同时又糅合了佛道等各家学说。与先秦儒学一样,理学家首先强调"天地之性人为贵"[1],亦即从天人关系的角度肯定了人的内在价值。由此出发,理学家提出了"民胞物与"的观念:"民吾同胞,物吾与也。……尊高年,所以长其长;慈孤弱,所以幼其幼。"[2]这里确

① 朱熹:《孟子集注·梁惠王章句上》。
② 张载:《正蒙·乾称》,《张载集》,中华书局,1978 年,第 62 页。

乎充满了人道的温情：人与人之间亲如手足，尊长慈幼成为普遍的行为准则。理学所津津乐道的所谓"仁者与天地万物为一体"，也表现了同样的情怀。尽管理学对墨、佛等颇多批评，但"民胞物与"的观念却与墨、佛等展示了相近的文化精神，它在一定意义表现为儒家的"仁"、墨家的"兼爱"和佛教的"慈悲"之融合。可以说，正是通过这种融合，传统的人道原则获得了更丰富、具体的内涵，并成为一种稳定的价值定式。

2. "无以人灭天"

相对于儒墨之突出人道原则，道家把关注的重点更多地放在自然（天）之上，由此形成一种异于儒墨的价值取向。

在天人关系上，儒墨将自然（天）视为前文明的状态，强调自然应当人文化，也就是说，自然只有在人化之后，才能获得其价值。与之相异，道家认为，自然本身便是一种完美的状态，无须经过人化的过程。就对象而言，"天地有大美而不言，四时有明法而不议，万物有成理而不说"[①]，即自然过程和谐而有规律，蕴含着一种内在的美。同样，最高的社会境界（"至德之世"）也存在于其前文明的时代："夫至德之世，同与禽兽居，族与万物并。"[②]这是一种广义的自然状态。儒家一再对人与禽兽之分作了严格辨析，要求由野而文；道家则将"同与禽兽"视为"至德之世"，这一分一合，表现了不同的价值取向。可以看到，在道家对前文明时代的赞美中，自然状态实际上被理想化了。

从自然状态的理想化这一基本前提出发，道家对人化的过程及其结果（文明）往往持批评和否定的态度。在他们看来，自然作为一

① 《庄子·知北游》。
② 《庄子·马蹄》。

种完美的状态有其内在的价值,人化的过程不仅无益于自然之美,而且总是破坏这种理想状态。"牛马四足,是谓天;落(络)马首,穿牛鼻,是谓人。故曰:无以人灭天。"①牛马有四条腿,是本来如此,属自然(天);给牛马套上缰绳,则是一种后天的人为。正如络马首、穿牛鼻是对牛马天性的戕贼一样,一切人化的过程都是对自然之美的破坏。

　　人化过程不仅表现为驾牛服马(对自然对象的作用),而且展开于社会过程本身,对后者,道家作了更多的批评。随着社会的演进,从技艺到道德规范等各种人文现象也随之出现并不断发展,但按道家之见,文明社会带来的并不是进步,而往往是祸乱和灾难:"人多利器,国家滋昏。""大道废,有仁义;智惠出,有大伪。"②工具的改进,固然增加了社会的财富,但同时也诱发了人的好利之心,并导致了利益上的纷争和冲突。文明的规范诚然使人超越了自然,但仁义等规范的标榜,也常常使人变得虚伪化。"窃钩者"虽不免受制裁,而"窃国者"却可以成为诸侯,并获得仁义的美誉。③ 历史地看,文明的发展往往是以二律背反的形式展开,它在推动社会进步的同时,也常常带来某些负面的后果,道家的上述批评,多少触及了这一点。不过,由强调文明进步的负面意义而否定文明,显然又走向了另一极端。

　　自然的人化既然只具有负面的意义,逻辑的结论便是从文明回到自然。《老子》提出"见素抱朴"的命题已表现了这一意向,庄子更具体地提出了回归自然的要求:"故绝圣弃知,大盗乃止;擿玉毁珠,小盗不起;焚符破玺,而民朴鄙;掊斗折衡,而民不争;殚残天下之圣

① 《庄子·秋水》。
② 《老子·五十七章》《老子·十八章》。
③ 参见《庄子·胠箧》。

法,而民始可与论议。……攘弃仁义,而天下之德始玄同矣。"①在此,一切人文的创造,从知识成果到治国手段,从度量工具到社会规范,等等,都被列入摒弃之列,与之相应的,则是天人玄同的自然境界。

道家将自然状态理想化,反对以人文创造去破坏自然环境,无疑表现了一种消极倾向。但从价值观上看,其中亦有值得注意之处。就人与自然的关系而言,道家主张无以人灭天,内在地包含着一种尊重自然的要求:人的文化创造不应无视自然之理,化自在之物为为我之物的过程也不能偏离自然本身的法则。道家强调"法自然",在一定意义上表现了对循天理的注重。在"庖丁解牛"的著名寓言中,庄子以生动的语言描绘了庖丁解牛的过程,其一举一动,游刃有余的熟练技巧几乎已达到了美的境界,而庖丁之所以能如此,便是因为他在活动过程中始终"依乎天理""因其固然",即人为完全合乎天道。在颇受道家思想影响的魏晋思想家那里,这一观念得到了更明确的表述:"则天成化,道同自然。"②"圣人达自然之性,畅万物之情,故因而不为,顺而不施。"③依据这种理论,天与人并不呈现为一种对立、紧张的关系,两者本质上融合无间。就天人关系而言,过分强调人化过程的合目的性,往往内在地蕴含着忽视自然之理的可能性,循乎天道的自然原则对于化解这种观念、避免天人关系的失衡,有其不可忽视的意义。

广义的天人之辩还涉及天性(nature)与德性(virtue)的关系问题。儒家孟子一系认为德性即是人性的内容,荀子则认为德性形成于对天性的改造。相对于儒家注重天性的改造,道家更强调对天性

<hr>

① 参见《庄子·胠箧》。

② 王弼:《论语释疑》,《王弼集校释》,楼宇烈校释,中华书局,1980年,第626页。

③ 王弼:《老子道德经注》,《王弼集校释》,第77页。

的顺导,所谓"无以人灭天",亦意味着反对戕贼人的自然本性。在道家看来,自然的天性体现了人的本真状态,人为的塑造则如同络马首、穿牛鼻那样,抑制了人性的自由发展,并使人失去了本真的状态。作为文明社会的主体,人当然应超越天性而培养德性,但是如果将德性的培养仅仅理解为对天性的否定以至泯灭,那么,德性对主体来说便会成为一种异己的存在,并容易趋于虚伪化。德性作为人化的成果,属于当然。当然的外在形式是社会的规范(当然之则)。天性与德性的对立,往往导致当然对自然的否定,其逻辑结果则是使当然之则成为一种外在的强制,后来理学家的所谓"天理",便带有这种强制的性质。总之,自然的人化一旦等同于悖逆天性,则难免导致人性的扭曲和当然之则的异化,而道家反对无条件的"灭天",对于化解天性与德性、当然与自然的紧张确乎具有一定意义。

应当指出,就天人关系而言,儒家的价值取向在传统文化中占着支配的地位。如前所述,儒家要求化自然为人文,并以人道作为社会的基本原则,无疑有其积极的意义。儒家所强调的超越自然,主要地是指化天性为德性,其目标在于达到道德上的善。这种价值追求,使儒家的人道原则带有狭隘和片面的特点。在主张由天性提升为德性的同时,正统儒家往往忽视了对外在自然——作为客体的自然——的探索与改造。道家虽然崇尚自然,但其自然原则同样未能为积极改造、作用于自然界提供前提。这里确实表现出了传统文化价值观消极的一面。

要而言之,儒墨的人道原则与道家的自然原则大致构成了中国传统文化在天人关系上二重基本的价值取向。儒家要求化自然为人文,其内在的价值追求在于天合一于人;道家主张道法自然与无以人灭天,其内在的价值追求则是人合一于天。二者所指向的,都是一种天人合一的境界;然而,对天与人的不同侧重,又使天与人在合一的同时,又蕴含了某种分离。从一定意义上说,天与人的真正合一,在于儒道的双重超越,而其具体的内容,则是人道原则与自然原则在经过转换之后走向统一。

3. 力命之辩与人的自由

天人之辩内在地关联着力命关系问题。"天"的超验化,便表现为"命"。事实上,在中国传统文化中,"天"与"命"常常被合称为"天命"。"命"或"天命"是一个比较复杂的概念,如果剔除其原始的宗教界定,则其含义大致接近于必然性。当然,在"天命"形式下,必然性往往被赋予某种神秘的、超自然的色彩。与命相对的"力",一般泛指主体的力量和权能。作为天人之辩的展开,力命之辩所涉及的,乃是人的自由问题。

化自然为人文的基本条件是主体自身的努力,超越自然的要求本质上蕴含着对主体力量的确信。前面已提到,在儒家那里,自然的人化更多地指化天性为德性,与这一取向相应,主体的力量和权能首先表现于道德实践的过程。作为超越了自然状态的存在,人具有选择行为的能力,并能自觉地坚持和贯彻道德原则:"为仁由己,而由人乎哉?""有能一日用其力于仁矣乎?我未见力不足者。"①这既是一种道德的自勉,又表现了对自由的乐观信念。从孟荀到汉儒,直至后来的宋明理学家,肯定主体在道德实践过程中的自主权能,构成了儒家文化的主流,其历史影响极为深远。

不过,儒家对主体权能的理解,往往与命的观念纠缠在一起。在道德实践的领域,行为固然取决于自我的选择,但一旦超出这个范围,人的活动就要受到天命的限制。从社会范围看,一定时代的政治

---

① 《论语·颜渊》《论语·里仁》。

思想能否实现,最终决定于超验的"命":"道之将行也与? 命也;道之将废也与? 命也。"就个人而言,其生死、富贵也均有定命:"死生有命,富贵在天。"①对天命的这种预设与"为仁由己"的道德自信显然存在着内在紧张,两者的对峙,往往展开为"在我者"与"在外者"的分离:"求则得之,舍则失之,是求有益于得也,求在我者也。求之有道,得之有命,是求无益于得也,求在外者也。"②"求"表现为主体的自觉努力,在一定的范围内("在我者"),这种努力受制于主体自身,并能达到预期的目标;超出了这一范围(走向"在外者"),则主体便无法决定行为的结果,一切只能归之于天命。儒家所谓"在我者",主要与主体的德性涵养和道德实践相联系,"在外者"则泛指道德之外的各个领域。从个体的富贵寿夭,到社会历史进程,都可归入广义的"在外者"。两者的区分,在某种意义上表现为自由信念与宿命观念的对立。对主体自由与外在天命的双重确认,构成了儒家价值观的基本特点。从先秦到宋明,儒家在总体上都没有超出这一思维定式,尽管荀子、王夫之等曾在更广泛的意义上肯定了主体自由,但这种价值取向并未能成为儒家文化的主流。

与主张"无以人灭天"相应,道家将"无为"规定为主体在世的原则。按其本义,"无为"既是对违逆自然的否定,又可能趋向于接受既成的境遇,后者往往容易限制改造对象和改造自我的积极努力。正是从接受既成境遇的前提出发,道家提出了"安命"的观念:"知其不可奈何而安之若命,德之至也。"③在这里,服从超验之命,成为主体的最终选择;在主体作用与外在天命两者之间,天命成了更为主导的方

---

① 《论语·宪问》《论语·颜渊》。
② 《孟子·尽心上》。
③ 《庄子·人间世》。

面。这种价值取向多少带有命定论的性质。不过,在强调"安命"的同时,道家又追求一种"逍遥"的境界,以为通过虚静无为、合于自然,便可以摆脱外在的束缚与限制,逍遥于世。就其形式而言,"逍遥"是一种自由之境,这种自由在道家那里往往与超越感性欲望和功利计较相联系,因而带有某种审美的意义。在道家那里,无为安命的人生取向与逍遥的人生追求交错并存,构成了颇为复杂的形态。这种价值观念与儒家也有某些相近之处,在宿命取向与自由理想的纠缠上,两者确实彼此接近。不同的是,在儒家那里,自由之境主要与道德努力相联系,而道家的逍遥则同时趋向于审美的追求。

较之儒家对天命的设定,墨家和法家将注重之点更多地放在主体的力量之上。墨家提出"非命"论,认为命是一种虚幻的超验之物,它往往使人放弃自身的努力,从而导致社会的惰性。按墨家之见,决定社会治乱、个人境遇的,并不是外在的天命,而是人力。墨家强调"赖其力者生,不赖其力者不生",既从天人关系上肯定了对自然的超越,又从力命关系上突出了主体力量的作用。就社会而言,"强必治,不强必乱";就个体而言,"强必富,不强必贫"[①]。这里体现的,是对主体力量的高度自信。更值得注意的是,在墨家那里,主体力量的作用范围已超出了道德实践一隅,而指向了更广的领域,它在相当程度上已扬弃了儒家所谓"在我者"与"在外者"的对峙。墨家在"非命"的同时,也批判了儒家的宿命论倾向。

法家与墨家的价值观存在重要差异,但在注重主体的作用与权能上,却有相近之处。在法家看来,社会的治乱、国家的强弱,并非取决于天命,而在于君主是否能正确地运用法、术、势。"明于治之数,

---

① 《墨子·非命下》。

则国虽小,富;赏罚敬信,民虽寡,强。"①尽管法家对主体权能的强调有时不免与君王南面之术纠缠在一起,但确信主体可以在政治实践中掌握自己的命运,则使其价值观区别于命定论。法家的如上价值原则常常被概括为:"当今争于力。"②对"力"的这种崇尚固然有可能引向暴力原则,但与墨子所谓"赖其力者生"一样,其内在精神在于高扬主体的力量。

墨法对"力"的崇尚,在尔后的道教那里以另一种方式得到了折射。道教与道家有着某种历史的联系,道教中的人物往往喜欢祖述老子,并把《道德经》等奉为道教的重要经典,但其中颇多附会。事实上,道教与道家不可等而同之,这不仅在于道教已是一种宗教,而且在于二者的价值取向也存在重要差异。道家主张法自然,并由此而强调无为、安命,其侧重之点在于对自然和必然(命)的顺应。道教固然也重自然,但并不安于自然。与一般宗教重灵(魂)轻肉(身)不同,道教极重形体,其追求的目标主要是长生久视、羽化成仙。在道教看来,生死并非决定于命,通过主体自身的修炼,人可以超越生命的自然界限,达到长生延寿。道教津津乐道的内丹、外丹,便是修炼的具体内容,内丹即以身为炉,按阴阳的变化,调养元气,外丹则是炼制药石,二者均是为不死成仙所作的努力。尽管道教的如上信念充满了宗教的荒诞,但从一定意义上看,这种信念同时又从个体存在的角度,向死生有命的观念提出了挑战,它对宿命论的价值取向,似乎有某种抑制的作用。

从价值观的各自特点看,儒道徘徊于外在天命与主体自由之间,并表现出某种宿命的取向,墨法则从不同的角度拒斥了"命"的观念,

---

① 《韩非子·饰邪》。
② 《韩非子·八说》。

并对主体力量与权能作了较多的肯定。然而,就现实的形态而言,作为正统的儒家价值观,往往同时又渗入了法家的某些观念,而道家与道教则分别对上层士林和下层民间产生了广泛的影响。因此,在中国传统文化中,"天命"的观念与主体权能的确信总是彼此制约、错综交杂。

二、群 己 关 系

天人之辩主要在主体(人)与外部自然的关系上展开的传统的价值观念,由天人之际转向社会本身,便涉及群己关系。作为主体性的存在,人既是类,又是个体,两者应当如何定位? 这一问题将传统价值体系引向了群己之辩。

1. 修己以安人

儒家是最早对群己关系作自觉反省的学派之一。按儒家的看法,每一个体都有自身的价值,所谓"人人有贵于己者"[1],便是对主体内在价值的肯定。从这一前提出发,儒家提出了"为己"和"成己"之说。"为己"与"为人"相对。所谓"为人",是指迎合他人以获得外在的赞誉,其评价标准存在于他人,个体的行为完全以他人的取向为转移。"为己"则指自我的完善,其目标在于实现自我的内在价值("成己")。

作为主体,自我不仅具有内在的价值,而且蕴含着完成和完善自我的能力。儒家所理解的"为己"和"成己",主要是德性上的自我实现。在儒家看来,无论是外在的道德实践,还是内在的德性涵养,自

---

[1] 《孟子·告子上》。

我都起着主导的作用。主体是否遵循伦理规范，是否按仁道原则来塑造自己，都取决于自主的选择及自身的努力，而非依存于外部力量。正是在这个意义上，儒家强调求诸己，而反对求诸人："君子求诸己，小人求诸人。"①儒家的重要经典《大学》进一步以自我为本位，强调从君主到普通人，"壹是皆以修身为本"。儒家的上述看法，从道德涵养的目标（"为己""成己"）和道德实践、德性培养的方式上，对个体的价值作了双重肯定。

在儒家看来，自我的完善并不具有排他的性质，相反，根据人道的原则，个体在实现自我的同时，也应当尊重他人自我实现的意愿，所谓"己欲立而立人，己欲达而达人"②，便表明了这一点。如上价值原则往往被更简要地概括为成己而成人：一方面，自我的实现是成人的前提；另一方面，主体又不能停留于成己，而应由己及人。后者在某种意义上构成了自我完善的更深刻的内容：正是在成就他人的过程中，自我的德性得到了进一步的完成。

"成己"与"成人"的联系，意味着使个体超越自身而指向群体的认同。事实上，在儒家那里，"成己"往往以安人为目的，孔子便已提出"修己以安人"③的主张。"修己"即自我的涵养，"安人"则是社会整体的稳定和发展。道德关系上的自我完善（"为己"）最终是为了实现广义的社会价值（群体的稳定和发展）。后者所确认的，乃是一种群体的原则。这种原则体现于人和人之间的关系，便具体化为"和"的要求。所谓"礼之用，和为贵"④、"天时不如地利，地利不如人和"⑤

① 《论语·卫灵公》。
② 《论语·雍也》。
③ 《论语·宪问》。
④ 《论语·学而》。
⑤ 《孟子·公孙丑下》。

等,即表现了这一价值取向。"和"的基本精神是建立人与人之间相互尊重、相互信任的关系。从消极方面看,"和"意味着化解人与人之间的冲突和紧张,消除彼此的相争;就积极方面看,"和"则是指通过共同的理想和相互沟通,达到同心同德,协力合作。这种"和"的观念,对中国传统文化产生了深刻的影响。

群体认同更深刻的意蕴,表现为责任意识。按儒家之见,作为主体,自我不仅以个体的方式存在,而且总是群体中的一员,并承担着相应的社会责任。他固然应当"独善其身",但更应"兼善天下"。在成己而成人、修己以安人等主张中,已内在地蕴含了这一要求。正是在这种责任意识的孕育下,逐渐形成了"先天下之忧而忧,后天下之乐而乐"的价值传统,它对拒斥自我中心主义、强化民族的凝聚力,无疑具有十分重要的意义。

2. 个体存在的关注

相对于儒家,道家对个体予以了更多的关注。与自然状态的理想化相应,道家所理解的人,首先并非以群体的形式出现,而是表现为一个一个的自我。从这一基本前提出发,道家将自我的认同提到了突出的地位。老子已指出:"自知者明。"[①]"自知"即认识自我。它既以肯定"我"的存在为前提,又意味着唤起"我"的自觉。在群己关系上,道家的价值关怀着重指向作为主体的自我。

儒家讲"为己""成己",实际上亦包含着对个体原则的确认。不过,儒家所谓"为己""成己"主要是德性上的自我完成,其目标在于自觉地以仁义等规范来塑造自我。然而,在道家看来,以上述方式达到的自我实现,并不是真正的自我认同,相反,它往往将导致对个性的

---

① 《老子·三十三章》。

抑制:"待钩绳规矩而正者,是削其性者也。""自虞氏招仁义以挠天下也,天下莫不奔命于仁义,是非以仁义易其性与?"①如果说,仁义构成了自我普遍的、社会化的规定,那么,与仁义相对的"性",则是指自我的个体性规定。道家对仁义与性作了严格区分,反对以普遍的仁义规定、同化自我的内在之性,其侧重之点显然在自我的个体性品格。在道家那里,自我首先是一种剔除了各种社会化规定的个体。

作为从社会规范中净化出来的个体,自我不同于德性的主体,而主要展现为一种生命的个体。与儒家注重于德性的完善有所不同,道家对个体的生命存在表现出更多的关切。在他们看来,个体之为贵并不在于其有完美的德性,而在于他是一独特的生命主体,对个体价值的尊重,主要就是保身全生。道家对个体处世方式的设定,正是以此为原则:"为善无近名,为恶无近刑。缘督以为经,可以保身,可以全生,可以养亲,可以尽年。"②不是德性的升华,而是生命的完成,构成了自我首要的价值追求。对道家而言,为了"养其身,终其天年",主体即使"支离其德",也应给予理解和宽容。

除了生命存在之外,自我还具有独特的个性,道家反对以仁义易其性,便已蕴含了对个性的注重。在道家看来,仁义等规范所造就的是无差别的人格,而人性则以多样化为特点。道家对逍遥的追求,实际上已包含着崇尚个性的价值取向。在他们看来,逍遥主要是一种精神境界,其特点是摆脱了各种外在的束缚,使个体的自性得到了自由的伸张。道家的这种观念在中国文化史上产生了重要影响。魏晋时期,嵇康、阮籍等反对以名教束缚自我,要求"舒其意,逞其情",其中的基本精神,就是道家注重个性的原则。他们正是以逍遥作为自

---

① 《庄子·骈拇》。
② 《庄子·养生主》。

己的理想:"谁言万事艰,逍遥可终生。"①李贽在晚明提出性情不可以一律求,反对将自我的精神世界纳入单一的纲常规范,这种伸张个性原则的思想倾向,与道家似乎也有一致之处。

过分强化群体认同,往往容易忽视个体原则,并导致自我的普泛化。相对于此,道家关注个体的生命存在和独特个性,无疑有助于抑制这种取向。不过,由于过分强调自我认同,道家又多少弱化了群体认同。他们强调保身全生,固然肯定了个体的生命价值,但对个体承担的社会责任却不免有所忽视。在反对个体普泛化的同时,道家也排斥了兼善天下的社会理想;而对个性逍遥的追求,则使道家更多地转向了主体的内在精神世界,这种价值取向往往容易导向自我中心主义。事实上,《老子》便以"成其私"作为主体的合理追求。道家一系的杨朱,进而走向自利为"我":"杨子取为我,拔一毛而利天下,不为也。"②尽管自我中心主义并没有成为中国文化的主流,但其历史影响却始终存在。在道家思想一度复兴的魏晋,由自我认同而趋向自我中心,已经成为一种相当普遍的现象。阮籍、嵇康等不满于名教的束缚,要求个性的自由伸张("舒其意,逞其情"),由此而将"超业而绝群,遗俗而独往"视为理想境界,把群体认同推向了边缘。成书于魏晋时代的《列子》,以更极端的形式拒绝一切社会的约束,主张个体的独往独来:"亦不以众人之观易其情貌,亦不谓众人之不观不易其情貌。独往独来,独出独入,孰能碍之?"③这种个体至上的价值观念,往往很难避免自我与社会的对抗,其消极作用是显而易见的。

---

① 阮籍:《咏怀诗三十六》,《阮籍集校注》,陈伯君校注,中华书局,2014 年,第 262 页。
② 《孟子·尽心上》。
③ 《列子·力命》。

3. 群体原则的强化

儿家主张由成己而兼善天下,道家从自我认同走向个体的逍遥,两者在群己关系上各有侧重。从中国文化的主流看,儒家所突出的群体原则显然得到了更多的确认。如前所述,墨家提出了"兼爱"的原则,从天人关系看,它体现的是一种人道的精神;就群己关系而言,它又渗入了一种群体认同的要求。和儒家一样,墨家对群体予以了更多的关注,"兴天下之利,除天下之害"是其基本的主张。墨家学派摩顶放踵,席不暇暖,为天下之利而奔走,也确实身体力行了上述价值原则。正是由强调群体认同,墨家进而提出了"尚同"之说。"尚同"含有群体沟通之意,其核心则是下同于上:"上之所是,必皆是之;所非,必皆非之。"①墨家虽然注意到个体的社会认同,但将社会认同理解为服从最高意志,则又弱化了个体的自我认同和独立人格,在上同而不下比的原则下,个体的价值被淹没在统一的意志中。也许正是有鉴于此,后来荀子批评墨家"有见于齐,无见于畸"②。

在法家那里,群体原则得到了进一步的强化。墨家重兼爱,法家尚暴力,两者相去甚远。但在群己关系上,法家的主张却颇近于墨家的"尚同"。强调君权至上,是法家的基本特点。"法""术""势"在某种程度上均服务于君权,是君主驾驭天下的不同工具。按法家之见,君主即整体的化身和最高象征,个体则总是离心于整体:"匹夫有私便,人主有公利。"③质言之,君权的合理性,就在于它代表了整体的利益。这既是对君权的论证,又渗入了整体优先的原则;而以公私来区

---

① 《墨子·尚同上》。
② 《荀子·天论》。
③ 《韩非子·八说》。

分匹夫(个体)和君主(整体的象征),则表现出对个体的贬抑。以君主为象征的所谓"公",本质是一种马克思所说的"虚幻整体"。对法家来说,个体与这种整体始终处于一种不相容的关系之中,"私行立而公利灭矣"。在两者的对立中,法家的价值取向是"无私":"明君使人无私。"①所谓"无私",并不是一般地杜绝自私行为,而是在更广的意义上使个体消融于君主所象征的抽象整体。也正是从这个前提出发,法家强调以"法"来统制个体的言行:"言谈者必轨于法。""夫立法令者,以废私也。"②"法"代表着与君主相联系的统一意志。这里固然包含着以"法"来维护既定秩序的意思,但"必轨于法""以法废私"的要求,却也使主体的个性、独立思考等泯灭于恢恢法网,这种以君主(虚幻整体的象征)之"公"排斥自我之"私"的价值原则,已带有明显的整体主义性质。

相对于墨法,佛教对群己关系的看法更为复杂。作为宗教,佛教以走向彼岸为理想的归宿,它所追求的首先是个人的解脱,其中表现出一种疏离社会的取向。佛教以出家为修行的方式,也体现了这一特点。从这方面看,佛教无疑淡化了个体的社会责任。但另一方面,佛教又主张自觉地普度众生。大乘佛教甚至认为,个人的解脱要以众生的解脱为前提,没有众生的解脱,个人便难以真正到达涅槃之境。佛教提出"六度",其中之一即布施度,它的内容不外是造福他人。这些观念,已表现出某种群体关怀的取向,它在中国佛教中得到了进一步发挥。东晋名僧慧远便指出:"如令一夫全德,则道洽六亲,泽流天下,虽不处王侯之位,固已协契皇极,大庇生民矣。"③在这里,

---

① 《韩非子·五蠹》《韩非子·难三》。

② 《韩非子·五蠹》《韩非子·诡使》。

③ 慧远:《答桓太尉书》,《弘明集》卷一十二。

"出家"的意义似乎主要已不是个人的解脱,而是福泽众生("泽流天下""大庇民生")。尽管这里不无调和儒佛之意,但其中也确实流露出了对群体的关怀。它表明,在中国传统文化中,即使是追求出世的佛教,也在相当程度上渗入了群体的意识。

从历史上看,墨、法、佛教并没有成为中国文化的主流,然而,在群己关系上,其认同群体的取向与占主导地位的儒家价值观又颇多契合之处。事实上,儒家所注重的群体原则,在其衍化过程中,也多方面地融入了墨法等各家的观念,并呈现不断强化的趋势。在宋明新儒学(理学)那里,便不难看到这一点。理学并不否定个体完善的意义,所谓"治天下有本,身之谓也"①,继承的便是儒家修身为本的传统。不过,理学往往又把自我主要理解为一种纯乎道心的主体:"必使道心常为一身之主。""只是要得道心纯一。"②道心是超验天理的内化。以道心规定自我,多少使主体成为一种普遍化的我,在"道心纯一"的形式下,主体实质上已是"大我"的一种化身;而以个体形式出现的自我,则成了贬抑的对象:"己者,人欲之私也。"③由自我的普遍化,理学进而提出了"无我"的原则,要求"大无我之公"。所谓"无我",不外是自觉地将自我消融于抽象的"大我"。这种看法注意到了个体的社会化以及个体所承担的社会责任,抑制了自我中心的价值取向,但以"无我"为指归,不免又漠视了个体的存在。事实上,缺乏个体规定、纯乎道心的我,与仅仅满足于一己之欲的我,表现的是两个不同的极端,两者都很难视为健全的主体。

综上所述,从群己关系看,儒家在肯定"成己"的同时,又较多地

---

① 周敦颐:《通书·家人睽复无妄》。
② 朱熹:《朱子语类》卷六十二、卷七十八。
③ 朱熹:《论语或问·颜渊》。

强调了对群体的认同;道家则更注重个体的自我认同,两者分别突出了价值观上的群体原则与个体原则。随着中国文化的演进,儒家的群体原则逐渐与墨家的"尚同"观念、法家的"废私"主张等相融合,不断得到强化,并取得了支配的地位。作为传统价值观的主导方面,群体原则确实包含了一些合理的内容,但毋庸讳言,它的过分强化,也有负面的作用。在群体至上的观念下,个体的存在价值、个性的多样化发展、个人的正当权利等,一直未能得到应有的确认。道家虽然提出了个体认同的要求,但其要求一开始便包含着自身的缺陷,因此注定只能是一种微弱的呼声,而难以得到普遍的回应。这样,在中国传统的价值系统中,如何合理地定位个体与群体的关系,似乎一直是一个难题。

三、义 利 与 理 欲

群与己的定位并不仅仅体现于抽象的观念认同,它在本质上总是涉及具体的利益关系。如何以普遍的规范来协调个体之利与整体之利? 这一问题在传统文化中便展开为义利之辩。义者,宜也,含有应当之意,引申为一般的道德规范(当然之则)。利则泛指利益、功效等。从价值观上看,义利之辩首先关联着道义原则与功利原则,以及两者的相互关系。

1. 义以为上与道义原则

辨析义利,是儒家的重要特点,而儒家对义利关系的看法,又对中国传统价值观产生了深远的影响。根据儒家的观点,义作为当然之则,本身便有至上的性质:"君子义以为上。"[①]这里确认的,首先是

---

① 《论语·阳货》。

义的内在价值。后来的宋明理学进一步通过义与天理的沟通,对义的内在价值作了论证:"义者,天理之所宜。"①"理"具有普遍必然的品格,义之所以具有至上性,即在于它体现了"理"的要求。

义一旦被赋予内在价值,便同时成为评判行为的主要准则。如果行为本身合乎义,则即使它不能达到实际的功效,也同样可以具有善的价值,所谓"惟义所在"便表明了这一点。事实上,儒家往往将义(当然之则)理解为一种无条件的道德命令,并把履行道德规范(行义)本身当作行为的目的。这种看法带有抽象道义论的性质。不过,"义以为上"的观念在培养崇高的道德节操等方面,也有不可否认的意义。中国历史上,"惟义所在"的律令,往往具体化为"富贵不能淫,威武不能屈"的道德追求,并出现了不少舍生取义的志士仁人。就此而言,道义的原则确实可以给人以正面的价值导向。

肯定"义"的内在价值,当然并不意味着完全否定"利"在社会生活中的意义。事实上,儒家并不绝对弃绝功利。孔子到卫国,便并非仅仅关心那里的道德风尚如何,相反,倒是开口便盛赞该地人口众多。当他的学生问他"既庶矣,又何加焉"时,孔子明确回答:"富之。""庶"(人口众多)和"富"在广义上均属于利的范畴。按儒家之见,利并不是一种绝对的恶,从社会范围来看是如此,就个人而言也是这样:"富而可求也,虽执鞭之士,吾亦为之。"②即使圣人,也不能完全不讲利:"圣人于利,不能全不较论。"③不过,利固然不可一概排斥,但利的追求始终必须处于义的制约之下。正是在这个意义上,儒家一再强调要"见利思义",如果不合乎义,则虽有利亦不足取:"不义而富且

---

① 朱熹:《论语集注·里仁》。

② 《论语·述而》。

③ 程颢、程颐:《二程集》(第二册),中华书局,1981年,第396页。

贵,于我如浮云。"①相对于义,利始终处于从属的地位。

一般来说,利首先与个人或特殊集团相联系,而个人(或特殊集团)之利往往并不彼此一致,因此,如果片面地以利作为行为的唯一准则,便不可避免地将导致社会成员在利益关系上的冲突:"若切于好利,蔽于自私,求自益以损于人,则人亦与之力争,故莫肯益之,而有击夺之者矣。"②与利不同,"义"超越了个人的特殊利益,具有普遍性的品格,唯其如此,故能对特殊的利益关系起某种调节作用。历史地看,儒家突出"义"的普遍制约,反对唯利是求,这对于避免利益冲突的激化,维护社会的稳定,确实具有积极意义。

然而,"以义制利"的要求与"义以为上"的观念相结合,往往又导致了对功利意识的过度压抑。按儒家的看法,利固然不可一概否定,但追求、计较功利之心则不可有。"一有谋计之心,则虽正谊明道亦功利耳。"③这样,合乎义的利虽然得到了某种容忍,但功利意识("谋计之心")则完全处于摒弃之列。也就是说,功利的观念完全不容许进入动机的层面。这种看法注意到了功利意识的片面强化将对行为产生消极的导向作用,但同时又忽视了功利意识在一定条件下也可以成为积极的动因。历史地看,技艺的进步、经济的发展、政治结构的调整,等等,最初往往直接或间接地受到功利追求的推动。反之,功利意识的过分压抑,则常常容易弱化社会的激活力量。从这方面看,儒家以道义原则抑制功利原则,又似乎具有负面的导向作用。

2. 功利的取向

儒家之外,墨家是对义利关系作认真考察的另一学派。和儒家

---

① 《论语·述而》。
② 程颢、程颐:《二程集》(第三册),第918页。
③ 王守仁:《与黄诚甫》,《王文成公全书》卷四。

一样,墨家对义十分注重,认为"万事莫贵于义",但两者对"义"的理解又颇有不同。儒家强调义的内在价值,并由此剔除了义的外在功利基础。相对来说,墨家更侧重义的外在价值。照墨家的看法,义之所以可贵,主要就在于它能带来功利的效果:"义,利也。"①这种界定蕴含着如下观念,即当然之则应当建立在功利的基础之上,在此,"义"本身已内在地蕴含着功利的原则。

从义基于利的前提出发,墨家将功利原则视为评判行为的基本准则。以仁而言,仁固然不失为善的品格,但仁并不仅仅表现为德性的完善,它最终必须落实于现实的功利行为:"仁人之所以为事者,必兴天下之利,除去天下之害,以此为事者也。"②

作为基本的价值原则,兴利除害同时为社会生活提供了具体的范导,墨家之"尚贤""尚同""节葬""节用""非攻"等主张,无一不是以功利原则为终极根据。如尚贤使能之所以合理,首先在于"天下皆得其利";即使是亲子关系,同样不能离开功利的基础:"孝,利亲也。"③不难注意到,在墨家那里,功利追求的合理性得到了普遍的确认。

从价值观上看,墨家突出功利原则,对扬弃儒家道义原则的抽象性,显然具有积极意义。就其起源、作用而言,作为当然之则的"义",最终总是以功利关系为其基础,抽去了这一基础,势必弱化其现实性的品格。同时,对功利意识的过度抑制,也容易使价值取向片面化,墨家肯定功利追求的合理性,多少有助于价值范导上的重新调整。但是,以功利追求为基本的价值原则,也有其自身的问题。尽管墨家

---

① 《墨子·经上》。
② 《墨子·兼爱中》。
③ 《墨子·尚贤中》《墨子·经上》。

把利首先理解为天下之利,从而使其功利原则有别于狭隘的利己原则,但是,将"义"界定为"利",显然又对义的内在价值有所忽视。事实上,义固然有其功利基础,但作为人的尊严、人的理性力量的体现,它又具有超功利的一面,忽略这一点而完全以功利作为权衡标准,便容易使社会失去健全的价值追求,甚而导致人本身的工具化。在墨家那里,我们已经可以看到这种偏向。按墨家的看法,理想的社会关系是彼此"交相利":"利人者,人必从而利之。"①这种关系本质上具有互为工具的性质,而在彼此计较、相互利用中,人与人之间往往很难避免紧张和对抗,其结果常常是导向"兼爱"的反面。当墨家将"害人者,人必从而害之"②作为与"交相利"相反的原则时,便更清楚地显示了这一点。

较之墨家,法家赋予功利原则以更极端的形式。按照法家的看法,追求功利,是人的本性:"名与利并至,民之性。"③同样,人与人之间的关系,也以利益为纽带。就君臣关系而言,臣之事君,旨在求得富贵,君则以爵位俸禄诱使臣为自己效力:"臣尽死力以与君市,君垂爵禄以与臣市,君臣之际,非父子之亲也,计数之所出也。"④两者之间完全是一种利益的交易。同样,医生为病人吸吮伤口,并非出于人道的目的,而是"利所加也";造车人希望人们富贵,并不是出于博爱之心,而是因为"人不贵则舆不售"⑤。推而广之,父子、夫妇之间,也都无不"用计算之心以相待"⑥。这种普遍的、赤裸裸的利益关系,使道

① 《墨子·兼爱中》。
② 《墨子·兼爱中》。
③ 《商君书·算地》。
④ 《韩非子·难一》。
⑤ 《韩非子·备内》。
⑥ 《韩非子·六反》。

德规范的作用失去了现实的基础。对法家来说，当社会成员之间完全相互利用、彼此交易时，"行义"（遵循道德原则）只会带来消极的后果："行义示则主威分，慈仁听则法制毁。"①相对于墨家要求以利为义的基础（以利来确证义），法家对义则更直接地持取消和否定的态度。

作为当然之则的"义"一旦被摒弃，功利原则便成了唯一的范导原则。就行为的评判而言，确定其价值的标准，并不是动机端正与否，而是行为产生的实际功用："夫言行者，以功用为之的彀者也。"②只要能带来实际效益，便是合理的行为，在此，善恶的评价已为功利的权衡所取代。同样，君主治国，也要利用人们趋利的本性，以功利作为激励手段。既然"利之所在民归之"③，因此在治天下时，便应导之以利，"赏莫如厚，使民利之"④。与墨家一样，法家的如上价值原则固然有鉴于功利观念在社会运行中的某些作用，对道义原则的抽象性也有所扬弃，但是，以功利作为调节人际关系的基本原则，必然导致功利意识的过度膨胀，并使人的价值追求走向歧途。在导之以利的原则下，人在双重意义上趋于工具化：他既是实现君主意志的工具，又是外在功利的附庸。这种个体，显然不能被视为健全的主体。同时，尽管法家最终将个体之利纳入以君主为代表的"公利"，但以利摒弃义，意味着利益计较的公开化和合理化，由此形成的社会往往很难避免紧张与冲突，在法家价值原则占统治地位的秦代，便可以看到这一点。儒家的道义原则与墨、法的功利原则构成了传统价值观在义利关系上的不同取向，两者各有所见，又各有其片面性。就总体而言，儒家的道义原则始终居于正统地位，它对中国传统文化的影响也

---

① 《韩非子·八经》。
② 《韩非子·问辩》。
③ 《韩非子·外储说左上》。
④ 《韩非子·八经》。

更为明显。但墨、法的功利原则亦以不同的形式渗入其中,两者相反相融,赋予传统价值体系以复杂的形态。

3. 理欲之辩的价值意蕴

义作为普遍的社会规范,总是以理性要求的形式出现,利在广义上则以需要的满足为内容,后者首先表现为感性的物质需要。这样,义与利的关系往往进而展开为理性要求与感性需要的关系,亦即所谓理欲关系。与肯定"义以为上"相联系,儒家更关注理性的要求。孔子已指出:"君子谋道不谋食……君子忧道不忧贫。"[1]此处之"道",泛指广义的社会理想(包括道德理想),"谋道"所体现的,就是理性的追求。在感性欲求("谋食")与理性追求("谋道")两者之间,后者处于优先的地位。一旦"志于道",则即使身处艰苦的生活环境,也可以达到精神上的愉悦。孔子曾这样称赞其学生颜回:"贤哉,回也! 一箪食,一瓢饮,在陋巷,人不堪其忧,回也不改其乐。"[2]这种"乐",也就是后来儒家(特别是宋明理学)所津津乐道的"孔颜之乐"。它的核心是超越感性的欲求,在理想的追求中,达到精神上的满足。儒家的这种看法将精神的升华提到了突出地位,并进一步展示了人不同于一般动物的本质特征。

但是,儒家的这种价值追求,同时又蕴含着"理"与"欲"之间的某种紧张。在"谋道不谋食"的主张中,感性的欲求无疑受到了轻视和冷落。随着儒家的正统化,理性优先的原则也不断被强化,而感性的欲求则一再被贬抑。到宋明理学,这一关系更趋极端。理学家将感性的欲求称之为"人欲",并赋予它以恶的品格:"人欲者,此心之疾

---

① 《论语·卫灵公》。
② 《论语·雍也》。

疢,循之则其心私而且邪。"①作为邪恶的本性,人欲与天理不可并立,两者形成截然对立的关系,而所谓天理,不外是理性原则的形而上化。既然人欲与天理无法相容,结论便只能是"灭人欲":"是以圣人之教,必欲其尽去人欲而复全天理也。"②理学家对理欲关系的这种理解,显然将儒家关于理性优先的原则进一步片面化了。一般而论,人固然应当超越感性层面而达到理性的升华,但如果仅仅注重理性精神的发展而无视乃至抑制感性生命的充实,则理性的精神境界亦不免趋向抽象化和玄虚化。在"纯乎天理"的精神世界中,理性的丰富内涵已为抽象的道德律令所取代,而主体的创造活力也为"存天理"所抑制。

理性从一个方面体现了人的普遍本质,感性则更多地关联着人的个体存在,突出理性的要求同时意味着强化人的普遍本质和漠视人的个体存在。正是从"存天理,灭人欲"的前提出发,理学家得出了"饿死事极小,失节事极大"的结论③。"守节"是对天理的维护,而生死则涉及个体的存在。相对于"天理"的要求,个体的存在似乎微不足道,在"饿死事极小"的冷峻律令中,包含着对个体存在价值的贬抑。

在理欲关系上,墨家的价值取向与儒家有所不同。如前所述,墨家崇尚功利的原则,而所谓"利",往往又被还原为感性要求的满足:"衣食者,人之生利也。"④"利,所得而喜也。"⑤这里的"喜"便是与丰衣足食相联系的感性愉悦。从社会范围看,功利原则的实现,同样以"饥者得食,寒者得衣"为基本的表现形式,衣食所满足的,不外是人

---

① 朱熹:《辛丑延和奏札(二)》,《朱文公文集》卷十三。
② 朱熹:《答陈同甫》,《朱文公文集》卷三十六。
③ 程颢、程颐:《二程集》(第一册),第 301 页。
④ 《墨子·节葬下》《墨子·经上》。
⑤ 《墨子·经上》。

的感性需要。在墨家那里,功利原则与感性原则融合为一。相对于儒家由理性优先而走向"存理灭欲",墨家对感性要求的注重,显然有其不可忽视的意义。作为现实的主体,人既有理性的普遍本质,又表现为感性的生命存在。停留于感性的层面,固然难以使人成为自为的主体,但忽视了感性的存在,同样也将使人变得片面化。墨家对感性要求的肯定,无疑有助于抑制理性的过度僭越。

然而,墨家在确认感性原则的同时,对人多方面的精神需要,往往又不免有所忽视,在其"非乐"的主张中,便不难看到这一点。"乐"泛指艺术审美的活动。按墨家之见,这种活动不仅不能给人带来现实的利益,而且会妨碍人们获得衣食之资:"民有三患:饥者不得食,寒者不得衣,劳者不得息。三者,民之巨患也。然即当为之撞巨钟,击鸣鼓,弹琴瑟,吹竽笙而扬干戚,民衣食之财,将安可得乎?"①这里固然有反对统治者沉溺于声乐的一面,但同时也有强化感性需要、抑制以审美形式表现出来的精神追求之意。较之维护人的感性存在,墨家对理性精神的升华,确实注意不够。现实功利所带来的感性愉悦("利,所得而喜也"),往往使主体的理性追求未能获得合理的定位,它在另一重意义上蕴含了"理"与"欲"的紧张。与义利关系上儒家的道义原则成为主导的价值取向一致,在理欲关系上,理性优先的原则逐渐取得了正统的形态。尽管历史上不少思想家反对将"理"与"欲"加以对立,但在传统价值系统中,两者的统一似乎并未真正达到。

四、人格理想与价值目标

感性存在与理性本质的辨析,内在地涉及人格的设定。完美的

---

① 《墨子·非乐上》。

人格应当具有什么样的规定？正是在这一问题上，传统价值观念得到了更集中的体现。不同的价值目标正是通过人格理想而表现为各种具体的形态。

1. 内圣的追求

人格的完善，是儒家基本的价值追求。儒家所谓"为己""成己"，其内在旨趣不外是在人格上达到理想的境界，而儒家的价值理想，也最终落实于人格理想。

儒家注重的首先是人格的内圣规定。"内圣"主要表现为善的德性，而善又以广义的仁道精神为其内容。原始儒家以"仁"为核心。"仁"既体现了人道的原则，同时又为理想人格提供了多重规定。从正面来说，仁德总是表现为对人的尊重、关心，真诚相待。孔子曾把"恭、宽、信、敏、惠"视为仁的具体内容，这些条目同时从不同方面展示了内圣的品格。后来儒家一再强调的仁、义、礼、智、信等，也可以视为人格的内在规定。与正面确立仁德相联系的是"克己"，后者在另一意义上体现了仁，所谓"克己复礼为仁"。"成己"是以仁来塑造自我，"克己"则是以仁来净化自我，亦即《大学》所谓"正心、诚意"，两者从不同方面指向善的德性。

除了仁德之外，人格还包括"知"的规定，在儒家那里，仁与知总是联系在一起的："未知，焉得仁？"①而内圣在某种意义上即表现为仁与智的统一："仁且智，夫子既圣矣。"②"知"是一种理性的品格，按儒家的看法，缺乏理性的品格，主体往往会受制于自发的情感或盲目的意志，从而很难达到健全的境界。只有通过理性升华，才能由自在走

---

① 《论语·公冶长》。
② 《孟子·公孙丑上》。

向自为,形成完善的人格,并赋予行为以自觉的性质。从先秦儒家到宋明理学,都把理性自觉看作是成圣的必要条件。《大学》强调"欲修其身者,先正其心;欲正其心者,先诚其意;欲诚其意者,先致其知",便概括地表现了儒家的这种思路。如果说在天人关系上,儒家着重突出了人道原则,那么,在人格境界上,儒家则把作为人道核心的"仁"与理性融合为一,从而体现了人道原则与理性原则的统一。

人格的理性规定与理欲之辩上的理性优先相联系,使儒家形成了一种理性主义的价值传统。不过,在突出理性原则的同时,儒家往往又将其涵盖于仁道之下,孔子便把"知"主要理解为"知人"。所谓知人,不外是对社会人伦的体察。孟子更明确地指出:"仁之实,事亲是也;义之实,从兄是也;智之实,知斯二者弗去是也。"①依据这种界定,"知"的功能便在于把握仁义等当然之则,并在行为中自觉加以贯彻。也就是说,理性的作用主要限于道德实践的领域,而理性本身也取得了某种伦理化的形式。事实上,在儒家那里,理性优先即意味着道德理性优先。这种看法注意到德性对理性的制约,它对于避免理性走向歧途,抑制人格的异化,有其不可忽视的意义。

然而,理性的伦理化同时也意味着理性的狭隘化。与确立伦理理性的主导地位相应,关于事实的认知往往被置于边缘的地位:"知人"往往压倒了"知物"。孔子强调"君子不器"②,固然含有人格不能偏向一端之意,但同时也流露出对认知理性或技术理性的轻视。这种轻视在宋明理学中表现得更为明显。理学家对"德性之知"与"见闻之知"作了严格区分。所谓"见闻之知",泛指基于感性见闻的事实认知,与之相对的"德性之知"则主要是与分辨善恶相联系的道德评

---

① 《孟子·离娄上》。
② 《论语·为政》。

价。在理学家看来,见闻之知乃"物交而知",它对人格的完善没有什么意义;唯有德性之知,才构成人格的真正本质。从这一前提出发,理学家对道德理性之外的事实认知往往采取贬抑的态度:"大端惟在复心体之同然,而知识技能非所与论也。"①这种看法不仅忽视了人格的多方面发展,而且使理性原则变得片面化了。与之相应,认知理性或技术理性始终难以得到应有的定位。

从人格取向看,儒家在"内圣"之外又讲"外王"。所谓"外王",是指治国平天下的事功。儒家的某些代表人物甚至还把"外王"提到引人注目的地位,如荀子便认为,理想的人格应当具有"经纬天地而材官万物"的能力②,但就儒家总的价值取向而言,"内圣"始终处于主导的地位。《大学》提出"修身、齐家、治国、平天下"的思想,修身旨在达到内圣之境,治国平天下则属广义的外王,而"壹是皆以修身为本"的纲领,便使内圣具有了本体的地位。在理学家那里,内圣进一步压倒了外王。理学家将"醇儒"视为理想的人格典范,而醇儒的特点即在于达到了"惩忿窒欲,迁善改过"的内圣境界③,与之相对的则是外在的事功。"向内便是入圣贤之域,向外便是趋愚不肖之途。"④这种内向要求,多少弱化了理想人格的实践品格。

儒家将"仁"与"知"规定为理想人格的双重品格,由此而确认了仁道原则与理性原则的统一。就其深层内涵而言,"仁"表现为一种完善的德性,"知"则指在德性制约下的伦理理性或道德理性,两者从不同方面展示了"善"的品格。这样,走向内圣之境,总体上便表现为一种善的追求。

---

① 王守仁:《传习录中》,《王文成公全书》卷二。
② 《荀子·解蔽》。
③ 周敦颐:《通书·乾损益动》。
④ 朱熹:《朱子语类》卷一一九。

2. 逍遥的境界

相对于儒家之注重"善",道家更多地赋予理想人格以"真"的品格,其人格典范也被称之为"真人"。与天人关系上突出自然原则相应,人格上的真,首先表现为合于自然:"不以心捐道,不以人助天,是之谓真人。"①所谓"不以心捐道",也就是顺从与遵循自然之道。在道家看来,理想人格并不是自然的对立物,相反,它总是融入天地之中,与万物为一体,所谓"天地与我并生,而万物与我为一"②,便强调了这一点。当然,这种"为一",并不是一种本体论意义上的存在状态,而更多地是一种精神境界。在这种境界中,主体不再把自然视为异己的对象,而是不断地化解与自然的紧张和对立,使小我与宇宙大我达到内在的统一,"独与天地精神往来,而不敖倪于万物"③。正是在与自然的契合中,人格达到了一种逍遥之境。道家的这种看法固然带有抽象的性质,但同时也多少注意到了理想人格应当是一种自由人格,而人格的自由之境又以合规律性为前提。

作为人格境界,"真"与"伪"相对。道家心目中的理想人格总是"其知情信,其德甚真"④。这里的"德",并不是儒家的仁德。在道家看来,以仁德规定人格总是不免走向外在的矫饰:"枝于仁者,擢德塞性,以收名声。"⑤这种人格显然背逆了自然之道而趋于虚伪化。道家对仁义作了种种抨击,从人格理想的角度看,这种批评同时也表现了对德性虚伪的不满。与外在的矫饰相对,完美的人格应当如明镜一

---

① 《庄子·大宗师》。
② 《庄子·齐物论》。
③ 《庄子·天下》。
④ 《庄子·应帝王》。
⑤ 《庄子·骈拇》。

样显示其本真的品格:"至人之用心若镜,不将不迎,应而不藏。"①就是说,"与道为一"的精神境界,应当以本然的、真实的形式出现,它既不应迎合他人以获得外在的赞誉("收名声"),也不能有所执着("不藏"),总之,内在品格与外在表现应当完全一致:"真在内者,神动于外,是所以贵真也。"②一般来说,德性一旦虚伪化,便会导致内在之"我"(内在的人格)与外在之"我"(人格在社会中的展现)的分裂,亦即形成二重人格。人格的这种二重化,实质上也就是人格的异化。道家对"仁"的批评,固然忽视了人格的德性内涵,但其"贵真"的价值取向,对于人格的异化,无疑也有某种抑制作用。

人格作为真实的我,总是有其个性特征。道家以本真的人格扬弃仁德的矫饰,同时意味着确认人格的个体品格。庄子曾说:"吾所谓臧者,非所谓仁义之谓也,任其性命之情而已矣。"③这里的"臧"是指善。按道家的看法,人格的追求并不表现在以普遍的仁义规范来塑造自我,它的旨趣在于尊重自我的个性,并使之得到真实的流露。所谓"贵真",便包含着"使天下欣欣焉,人乐其性"④的要求,"人乐其性"就是通过个性认同而达到的人格境界。在人格取向上,儒家更多地将德性理解为仁义等普遍规范的内化,其基本的人格模式是"圣人"。这种看法多少蕴含着人格的单一化或划一化取向。相对来说,道家"人乐其性"的主张,对人格的个性规定予以了较多的关注。道家以"任其性"否定普遍规范对人格的制约当然有其片面性,但它将"贵真"与尊重个性联系起来,显然又有助于人格的多样化发展。

---

① 《庄子·应帝王》。
② 《庄子·渔父》。
③ 《庄子·骈拇》。
④ 《庄子·在宥》。

儒家将德性与理性融合为一,以"内圣"为人格目标,这种价值追求是中国传统文化的主导方面。按其本义,"内圣"主要表现为一种道德理想,以"内圣"为追求的目标,意味着将伦理学意义上的"善"视为最高价值。这种价值观对中国传统文化产生了多方面的影响,从传统政治结构到个体行为,都在不同程度上包含着某种伦理化的倾向。这种价值观念对精神境界的升华固然不无积极意义,但如前所述,伦理价值的过度强化,同时也有其负面的效应。就社会领域来说,在道德的完善成为主要目标的背景下,政治结构的变革(包括法制的有效运作)往往很难得到应有的重视;就人与自然的关系而言,在道德关注压倒一切的前提下,对自然的认识与作用往往被置于视野之外。与此相联系的是重道(广义的"道",包括道德理想)轻器(包括社会及自然领域的具体对象)的传统。可以看到,以德性对理性的支配为出发点,善的追求与"道"的涵盖相互交错,构成了传统价值体系的显著特点。

总起来看,中国传统的价值观呈现为一个颇为复杂的系统,它既涉及多重价值关系,又交织着人们对价值关系各个方面的不同侧重和强化,而儒、道、墨等各家各派则从理论的层面,对价值观作了自觉的概括,并提出一系列基本的价值原则。它们既从不同方面反映了人们在历史演进过程中的文化追求,又渗入了多样的价值理想,并规范着人们的行为。传统价值系统给我们留下的是一份具有双重意义的遗产,而在更高的基础上化解天与人、自由与必然、群与己、义与利、理与欲等的紧张,扬弃人道原则与自然原则、群体原则与个体原则、道义原则与功利原则、理性原则与感性原则的对立,重建真、善、美统一的价值理想,则是中国人在走向现代的历史进程中所面临的时代课题。

(原载张岱年等主编:《中国文化概论》,北京师范大学出版社,1994 年)

"真"的文化意蕴

　　在中国文化的历史演进中,以"真"为内涵的名或观念,从先秦以来便深深地融合于中国文化。宽泛而言,"真"或表示"真"的名与言,其内涵有多重维度。从认识论上看,"真"首先与假相对,这一意义上的"真",往往指正确的知识,近于现在所谓真理。当然,中国文化中作为真理的"真",每每又以"是"的形态出现,所谓是非之辩,便既关乎价值观的正当与不正当,也涉及认识意义上的真假。"真"的另一含义是"诚",诚与伪相对,常指真诚的人格、德性或行为。"真"的第三个基本含义是"实",引申为真实的存在,与之相对的是"妄",妄即不实或虚幻。此外,"真"还指审美意义上的自然或本然,本真之美常常与人为的矫饰相对;"真"作为"俗"的对立面,往往亦与终极的关怀相联系,所谓"真如""真宰",等等,都超越了世俗的世界而指向终极意义上的存在。"真"的如上含义通过化为人们的具体观念、行为,在中国文化的演进中留下了历史的印记。

一、"真"与"是"

从认识的层面看,"真"首先表现为知识的正确性,如前所述,这种正确性常常以"是"来表示。早在先秦,墨家已指出,逻辑思维的功能和作用在于"明是非之分",知识的真在这里就表现为"是"。与墨家一样,儒家也一再强调辨是非,以获得所谓真的知识;孔子要求多闻多见,对不可靠的知识持存疑的态度(多闻阙疑),便表现了对真知识("是")的追求。

在"是"的形式下,"真"首先具体化为一种求知的观念和态度。对主体而言,"真"往往体现为实事求是的要求。孔子已指出,知道的就说知道,不知道的就说不知道,这才是明智的态度。这种态度与以不知为知构成了对照:前者表现了认识上的真实性,后者则是一种虚假的态度。儒家的经典《大学》强调毋自欺,亦以真实性(不自我欺骗)为认识的基本立场。对中国人来说,认识主体的这种真实态度,既是伦理意义上的美德,又是达到知识上之"是"的前提。

与认识主体的真实性规定相应,在认识与对象的关系上,如实地把握对象,构成了求知过程的基本要求。《易传》提出"仰则观象于天,俯则观法于地",以此解释《易经》中卦象的形成,而卦象的作用则被理解为"类万物之情"(揭示对象的真实状态)。《易经》本是一部占卜的书,其内容似乎应疏离现实世界,但在中国的哲人看来,情况却刚好相反:卦象的可靠性从根本上说在于它导源于真实的现实。在这里,事实之"真"与观念之"真"被视为相互关联的两个方面,而这种统一性又构成了确信《易经》中诸卦象普遍有效的根据。

在认识过程中，"真"的观念居于更为核心的地位。孔子已提出了"四毋"的要求，即不要凭空臆想，不要强加于人，不要固执己见，不要自以为是，其中的核心是反对主观独断。《管子》一书也一再主张排除主观成见，从客观对象本身出发（舍己而以物为法）。直到宋明时期，朱熹等思想家仍把从对象本身出发、撇开先入之见（以物观物，不可先立己见）视为研究和治学的基本原则。物我、主客的这种分疏、辨析所指向的，不外乎"求是"（获得正确的认识）：主观的成见往往遮蔽对象，唯有从事实出发，才能得其真相。

从知识与学术的层面看，"真"观念的现实力量主要展开于科学及人文研究的领域。中国古代在科学研究方面曾取得了世所公认的成就，这些科学的领域大致集中于天文学、农学、医学、数学等。天文学主要建立在实际的观察及数学的推论之上，天文的研究要求细致地观察星象（行星、恒星等）的位置、变化等，这种观察以得其真为宗旨，它构成了建立天象坐标系统的前提。从先秦到近代，中国人就十分注重各种天象真实状态的观察和记录，早在春秋时期，以日食而言，仅《春秋》一书，就记载了 37 次，其中 33 次已被证明是可靠的，数量之多和可靠程度之高，在当时的世界范围内都十分罕见。在医学领域，先秦已出现了切脉、望色、闻声、问病的四诊法，四者构成了了解疾病真实状况的相关环节。《黄帝内经》《神农本草经》《本草纲目》等分别从治疗过程、药物属性等方面，突出了正确地把握病理、了解药物作用的意义，而贯穿其间的原则之一，便是求真。

人们往往批评中国人注重实用，而缺乏为真而求真的精神，甚而以"实用理性"概括中国思维的特点。诚然，中国人很早就比较关注实际的需要，重视解决具体的问题，但不能因此便推断中国人缺乏求真的意识。致用与求真在中国人的思维传统中并不是彼此排斥的，求真固然往往以致用为指归,但致用本身又总是以求真为前提,在科学的领域尤其如此。以天文的研究而言,这一领域诚然与解决农业、历法等问题相联系,但获得天象的真实材料(得其真)却是首要的出发点;在天文观察的过程中,"真"本身就构成了目的。从某种意义上看,没有对"真"的追求,也就不会有中国传统科学文化。

与科学领域的"真"相联系的,是人文学科中的"真"。中国古代当然并没有近代意义上的学科分类,但近代人文学科的一些学术分支却已出现,文献考证、文字训诂等,是其中的重要领域。早在两汉时期,古文经学已对经典中的语言文字作了种种训释,并由此在经学研究中逐渐形成了一种注重训诂考证的传统,它在尔后的历史演进中绵绵相续。至清代,这一学术支脉进一步取得了朴学的形式,从清初到乾嘉时期,训诂、考证之学浸浸然成为一代显学。训诂、文献考证等研究的中心原则是"实事求是",在文献考证等成为显学的清代,"实事求是"几乎被视为治学的第一原理。这里的"实事",指的是古代的文献以及其中的文字材料等,"求"即研究过程,"是"则指真实(本来如此)的形态。在小学(语言文字学)中,"是"或指文字的原始含义(古义),或指文字的原始读音(古音);在校勘中,"是"相对于后世传抄过程的讹误而言,指文献(古籍)的本来形态;在辨伪中,"是"主要指伪作的真实作者和真实年代等。以"求是"(求真)为学术研究的理想,使中国传统的文献考据等人文学科取得了难以抹去的文化成果。

以"是"为形式的真观念,不仅仅指向事实界的真,而且具有价值观的意义。墨家主张"明是非之分",既意味着区分真实的事实与虚假的现象,也蕴含着分辨价值观意义上的正确与错误。儒家一系的孟子,更多地是从价值观的层面,对是非之辩作了强调。孟子生活在战国时代,当时各家各派从不同的角度和立场,提出了各自的哲学理论、政治主张,形成了所谓百家争鸣的历史格局。孟子对此并不以为然,在他看来,儒家之外的各家之说,都不过是淫辞邪说,他们的存在,对圣王之道构成了一种威胁;欲维护圣王之道,便应当息邪说、拒淫辞。

圣王之道在这里首先被理解为一种最高的真理,相对于儒家之道,诸子百家的学说都不过是一偏之见,并相应地远离了普遍的真理。"真"在取得了道的形式之后,同时成为判断是非的至上准则。作为评判是非最高的真理,道所指涉的当然不仅仅是事实界的"真",而更是价值观意义上的正当。事实上,在中国文化中,与是非之辩相联系的"真",一开始便具有两重含义:它既指认知意义上的"真",又指评价意义上的"真"。如果说,在科学与人文研究的领域,"真"主要具有认知的意义,那么,在意识形态的领域,"真"则更多地具有评价的意义。

孟子要求息邪说、拒淫辞,已表现出定于一尊的意向:除了儒家所代表的圣王之道外,百家之言都应加以摈除。在这里,以道的形式表现出来的真理,已具有某种超然的性质。孟子之后,荀子提出"非十二子",对先秦各家学说作了更系统的抨击,并由此主张"以道壹人"(以普遍之道来统一人们的观念),其中也蕴含着在认同真理的形式下统一意识形态的取向。至汉代,汉武帝采纳董仲舒"罢黜百家,独尊儒术"的主张,意味着意识形态的统一逐渐成为政治现实。在独尊儒术的历史背景下,儒家的经典被视为权威的象征,而其中的义理则被规定为绝对真理。

儒学独尊的直接历史结果之一,是经学的形成。汉武帝时已设五经博士,经学成为官方意识形态的外在表现形式。自两汉至清代,经学薪火相传,形成了悠久的传统。从具体的形态看,经学在其衍化过程中形成了不同的学派,各个学派的侧重点往往彼此相异。但作为经学,它们又总是有共同的特点,即经学一开始便预设了一套真理系统,这种真理系统也就是经典所内含的义理。对经学来说,经典中的义理,是超越时空的普遍真理,这种义理只能加以领会和接受,而不能怀疑和批评;清代的王鸣盛曾言简意赅地概括了这一点:"治经则断不敢驳经。"与之相应,经学研究的主要内容,不外乎对经学义理的注释、疏解,亦即对已有真理的阐发。

从经典的义理即绝对真理这一预设出发,五经在是非之辩中往往获得了独特的地位。学术上的争论、日常的意见分歧,乃至治国实践中的治狱断案,最后往往都诉诸五经。董仲舒在西汉时已提出了以《春秋》决狱的主张,其前提即是作为经的《春秋》已穷尽了历史中的真理系统,因而可以用它来处理和应付现实中的各种案例。学术上不同观点之间的争论,同样通过引经据典的形式展开,并最终定夺于五经:经义在此已成为真理的化身。经学对"真"的这种理解,明显地具有独断的性质:"真"似乎仅仅表现为一种不变的、既定的教条,它超越时空而永恒存在。儒家的经典在被赋予永真的性质之后,又进一步成为评判、权衡一切是非的最高准则。

"真"通过经学而形上化后,既展示为超越的文化力量,又构成了支配人们言行的至上权威。作为正统的意识形态,经学不仅趋向于独断的思维方式,而且内含着普遍的规范系统。这种规范系统或者取得名教这样较为浓重的政治形态,或者以天理的超验形式出现;不管其形式如何,规范都往往既被理解为实然(事实界的真实存在),又被规定为当然(价值领域的应当);从而导致事实界的真与价值界的应当常常合而为一。从名教看,早在汉代,董仲舒已将其本原归之于天,所谓"道之大原出于天",便表明了这一点;以天理而言,它是超验的存在,也是制约君臣、父子、夫妇等伦常的普遍原则;作为万物的终极根据,天理同时被视为最真实的存在,这种"真",使其内含的规范之维在形式上也获得了某种现实性。从这一意义上看,"真"似乎又赋予"善"(价值领域的应当)以一种内在的力量。

作为最真实的存在,天道、理等亦被赋予了必然的性质:一切实然的根据本身总是具有存在的必然性。以天道、理等为形式的普遍规范,在获得"真"的品格的同时,同样也被赋予了某种必然的规定。事实上,从汉儒到宋儒,都一再地强调普遍规范的必然制约性。宋代的理学家常常在以天理为最真实的存在这一前提下,将当然与必然合而为一。以儒家的最一般行为准则"仁"而言,宋儒往往将其理解为"天所以命我而不可不为之理"①,天之所命,表现了规范的超验根源,不可不为,则突出了规范的必然性质。这种必然性,有时往往被赋予命定的特征,理学家所谓"父子君臣,天下之定理,无所逃于天地之间"②,便极为典型地表现了对规范命定性的肯定。

从"真"(实然)与当然(普遍规范)的相融,到当然与必然的合一,最后由确认规范的必然性进而肯定规范的命定性,"真"越来越被赋予某种价值观的意蕴。"真"与价值观的这种交融,使普遍的规范似乎获得了本体论的根据,并相应地被赋予了某种合理性的形式。在规范具有真实根据的确信中,规范本身往往更容易被接受和认同,在漫长的历史过程中,传统的价值规范之所以对人们具有相当的约束力和广泛的范导作用,与规范具有真实性这一信念显然不无关系。然而,"真"在赋予规范以合理性的形式的同时,也使规范本身获得了与人相对的超验品格。宋明时期,表现为"真"(实然)与善(当然)统一的理,往往成为一种凌驾于人之上的抑制力量,由此甚至导致了戴震所批评的"以理杀人"的历史现象。

---

① 参见朱熹:《论语或问·学而》。
② 程颢、程颐:《二程集》(第一册),中华书局,1981年,第77页。

总之,作为"是"的真既表现为认知意义上的真理,又兼指价值观意义上的正当,前者主要展开于科学研究及人文研究的过程,并在清代朴学中取得了较为典型的形态;后者则伴随着正统意识形态的建构,并具体化于经学的思维方式,又体现于规范系统与天道、天理的融合过程之中。在文化的这种演进过程中,"真"一方面展示了实证的意义(事实认知领域的真),另一方面又被赋予某种超验的形式;从而,"真"本身也相应地成为事实领域的范导原则和价值领域的支配力量。

近代以来,"真"的以上二重维度依然以不同的方式得到了延续。尽管近代社会处于剧烈变动之中,使为学术而学术之类的主张,很难得到普遍的认同,但得其"真"依然是人们追求的目标,并激励着人们为之而努力。从自然科学的探索,到人文学科的研究,求真往往构成了一种动力因。胡适在谈到国故研究时,便把"为真理而求真理"规定为基本的原则,并要求将狭隘的功利观念从其中剔除出去;傅斯年则将发掘真实的史料视为历史研究的主要任务。这种看法继承了清代朴学的传统,对近代文献的整理、史料的辨析等都具有重要的推动作用。在这里,"真"的观念仍不失为文化的创造力量。

与事实领域的"真"相联系的,是价值领域的"真"。近代以来,不同立场和背景的人尽管对"真"或以"是"的形式表现出来的"真"理解各异,但"真"或"是"的权威性却仍得到了普遍的认同。持不同观点的各方,往往相互论证自己的"真"或"是",批评对方之"假"或"非"。从维新派与保守派、改良派与革命派之争,到中国革命中马克思主义与教条主义及经验主义的论战,辨别"真"或"是"总是构成了重要的论题。

如前所述,传统的经学在求"真"和求"是"的形式下,逐渐形成了以经典、经义为绝对真理的预设,而作为真理化身的经义又进而被规定为评判是非的最高准则。这种经学的思维方式在近代并没有完全终结。以 20 世纪革命阵营中的教条主义者而言,他们往往把马克思主义理解为不变的教条,将马克思主义奠基人的个别词句视为绝对真理。"文革"期间,甚而有"句句是真理""一句顶一万句"之说。这种独断化的"真""是",既被运用为论证某种主张的手段,又常常衍化为禁锢和束缚人们思想的工具。20 世纪 30 年代,从莫斯科回来的王明,曾指责毛泽东所代表的"山沟"里的马克思主义,不是"真正"的马克思主义;在回到所谓"真正"的马克思主义的要求下,对马克思主义的创造性发展也往往被扼杀了。这里的"真",似乎已成为一种权威的符号,而这种符号又常常被用以抑制创造性的思考。

颇有意味的是,"真"既常常被权威化,并借用为禁锢、抑制人们思想的工具,也往往成为解构权威、冲破禁锢的手段;后者较为典型的例子,是 20 世纪 70 年代末真理标准的讨论。真理标准的这场讨论,以"文革"期间及"文革"之后独断论的盛行为其历史前提。"文革"时期,领袖人物的每一句话,都被视为真理,所谓"句句是真理",便表明了这一点。"真"似乎成为领袖的专利,而援引领袖的话,则取代了对事实之"真"的探索和研究,这种思维方式明显地受到了传统经学独断论的影响。"文革"之后的一段时间中,以领袖的个别词句为绝对真理,并以这种"真"和"是"压制创造性的变革,仍是一种普遍的现象。以此为背景,真理标准的讨论,将主要的问题引向何者为"真"以及如何确定"真",而判断"真"的标准,则由经典或领袖的个别词句,转换为人的社会实践。在"实践是检验真理的唯一标准"这一共识中,以领袖和经典的个别词句为绝对真理的独断论开始被解构,而面向实际的创造性思考则获得了内在的根据。不难看出,整个问题仍然围绕着"真"而展开,而追求"真"、从独断的"真"返归实践中的"真",则构成了解放思想、冲破禁锢的历史序曲。在这里,"真"所蕴含的观念,再一次显示了其深沉的文化力量。

二、体现于政治理念中的"真"

是非之辩主要从事实认知与价值评价的层面,展示了"真"的内在意蕴和力量。与之相联系的,是政治领域的"真"。如前所述,"真"本身既与假相对而指向认识的正确性,又作为妄的否定而涉及真实的存在,这两重含义在政治领域中获得了其独特的表现形态。

从先秦开始,中国人便站在不同的立场上,勾画了种种的政治理想。理想作为与现实的相对者,本来是一种指向未来的观念形态的存在,但在中国人那里,政治理想却常常与过去的历史联系在一起,并被理解为一种历史上的真实存在。对政治理想真实性的这种信念,又成为现实政治活动的激励力量。

孔子在这方面提供了典型的一例。孔子一身而兼数重角色:他既是哲学家、教育家,又是政治活动家。作为政治家,孔子将周代礼制视为理想的政治制度,所谓"郁郁乎文哉,吾从周",便表明了这一政治立场。周代的礼制,早已出现于历史过程中,作为历史中的存在,它无疑具有历史的真实性。孔子很强调这种历史的真实性,他曾回顾了夏、殷的政治制度,但因其缺乏充分的事实根据而无法作出确定的判断。孔子要求多闻阙疑,也表现了对历史真实性的注重。对孔子来说,周代礼制作为完美的社会政治制度,一方面合乎其政治的理念;另一方面,又具有历史的真实性,正是这二重品格,使之获得了理想的形态。孔子一再强调他所处的现实与理想的周代礼制之间的距离,要求恢复周礼,回到周代的政治制度。这无疑是一种理想的追求,但这种追求同时又表现为回归历史中的真实存在。

理想的真实性之维,赋予现实的政治实践以内在的动力。为了实现自己的政治理想,孔子在春秋末年栖栖遑遑,颠簸奔走于列国,其间经受了种种的困厄和磨难:诸侯的冷遇,权臣的谗害,匡人的围困,隐士的奚落,等等。但不管遇到何种挫折,孔子都不为所屈,始终保持人能弘道的高度自信。是什么力量使孔子如此百折不挠? 显然,孔子对其政治理想真实性的信念,是一个重要的原因。在孔子看来,作为理想政治形态的周代礼制,并不是观念中的虚构,而是历史中的真实存在;正是这种真实性,吸引着他为之不懈努力。不妨说,对理想之“真”的信念,构成了内在的精神支柱和力量,而后者在现实实践中往往又进而化为强大的政治热忱。

　　政治理想与“真”的联系,以及这种联系对政治实践的激励作用,在中国文化的历史演进中具有普遍性。孔子之后,孟子便几乎重历了孔子演过的历史剧。当然,在政治理想的内涵上,孟子的理解与孔子有所不同:他不再以恢复周礼为自己的历史使命,而是将实现仁政作为政治理想。尽管其政治理想事实上已折射了新的时代特征,但在规定仁政的具体内容时,孟子又将其与殷周时代的井田制等联系起来,亦即赋予仁政以历史的真实性。与之相联系的是“五百年必有王者兴”的历史预设:相应于圣王的周而复始,是历史过程中政治结构的不断重现。仁政理想与历史之“真”的这种联系,使孟子进而形成了“舍我其谁”的政治自信,而他以“后车数十,从者数百”奔走于各国,也正是基于这样的自信。

　　类似的现象也存在于儒家之外的其他学派和人物之中。以道家而言,其政治理想的具体内容与儒家无疑大相径庭,但在肯定这种理想体现了历史之“真”这一点上,与孔子和孟子又有相通之处。老子以小国寡民为理想的社会形态,这是一种以自然为原则的前文明的社会,它与奠基于仁义礼制的文明化社会形成了对照。在老子看来,仁义礼制等文明的形态，是对自然原则的偏离，而小国寡民的理想社会则以自然为原则，它较仁义礼制的文明社会具有更为本原的特点：所谓"大道废，有仁义"，便表明了这一点。不难看到，这里同样秉持着小国寡民理想具有历史真实性的信念：在仁义礼制出现以前，以自然为原则的小国寡民社会形态已是一种实然；换言之，理想的完美性与理想之"真"在老子那里融合为一。同样，在庄子那里，理想的所谓"至德之世"，也被理解为较文明社会更本真的存在，而理想社会的这种"真"，又构成了其批评当时各种社会现象的出发点。

政治理想与历史中真实存在的合一，贯穿于中国传统政治文化的演进过程。理想在过去——理想是历史中的真实存在，似乎构成了中国人一种根深蒂固的观念。在理想应当奠基于"真"的信念下，一方面，理想因其以"真"为基础而获得了深沉的力量，并更容易为人们所接受和认同；另一方面，实现理想的社会变革，往往采取托古改制的形式，从孔子的恢复周礼，到康有为以《孔子改制考》为变法的根据，无不表明了这一点。以历史和理想的沟通为中介，"真"展示了它在政治文化中的制约作用。

从政治实践的操作层面看，"真"又作为规范性的观念，影响着人们的行为。中国历史上曾出现了不少有作为的君主和为政清廉的官吏，这些君主和官吏常常被称为"明君"和"清官"。君主的所谓"明"，包括全面地听取不同意见，知贤识能，任人得当，把握全局，正确决策，等等；官吏的"清"，既是廉洁不贪，又指办事明正。在治国经世的实践领域中，"明""清"，都包含着尊重事实、求真求是的向度。以君主之"明"而言，兼听各方意见，意味着全面地考察对象的真实状况；任人唯贤，以了解被任用者的"真"德性、"真"才干为前提；正确的决策，则以真实地把握全局的各个方面为出发点。以官吏之"清"或"正"而言，揭示事实真相，秉公执法，往往构成了其中重要的方面；在断狱办案中,平反错案、冤案,便具体表现为一个弄清事实"真"相、由不真实("假")回归真实的过程,历史上为人传颂的"青天"或"清官",其特点之一即在于不为假象所惑,勇于面对真实。

中国政治文化在其历史演进中,曾形成了一种明正清廉的传统;对"真"的追求,无疑有助于这种传统的形成。在求真的形式下实现政治的清明,这一传统在近代同样产生了不可忽视的影响。"文革"以后,与真理标准问题讨论前后相继、彼此呼应的,便是冤、假、错案的大规模平反,尽管它已超越了个别的"青天"或清官行为,而表现为更深刻的政治活动,但在回归历史的真实这一点上,却与以上的政治文化传统存在历史的联系。如果说,真理标准的讨论主要在观念的层面(指导思想上)确认了求真的原则,那么,冤、假、错案的平反,则在政治实践的领域中,具体地贯彻了这一原则。

面向真实、回归真实不仅被理解为一种为政的原则,而且往往在另一意义上成为内在的政治品格。相对于其他领域,政治实践中坚持"真"的原则往往更为困难:对个人而言,讲真话常常要付出相当的代价。然而,也正是这一特点,使中国的政治文化形成了另一传统,即坚持真理,不畏权势。历史上,曾出现了不少敢于面对事实,秉公直言的志士,他们或者为了匡正君主的过失而抗疏强谏,或者为了维护政治的清明而弹劾权臣,或者为了伸张正义而力拒谗言,很多人因此被解职、上刑、下狱,乃至处以极刑。然而,尽管知道讲真话会带来灾难性的后果,但对"真"的执着,却使历史上的仁人志士仍然不懈地去敞开真实的世界。

讲真话、敢直言等意义上的"真",既是如实地反映事实的真相,又指表达自己真实的思想和意愿;前者涉及外部世界,后者则关乎自我的内在世界。李贽曾提出童心说,而童心的特点即在于"绝假纯真",在此意义上,童心又被称为"真心"。真心即自我真实的精神世界,从回归真心的要求出发,李贽主张如实地流露自己的真情实感而不虚伪地加以矫饰,一旦情积于胸,便可不拘形式,随情泄露;也正是从敞开真心的要求出发,李贽大胆表达了与正统的观念相对立的价值原则,向正统的意识形态提出了挑战,而他自己则因此身陷囹圄,最后自刎于狱中。从某种意义上可以说,李贽是历史长流中为"真"而殉身的志士之一。

近代以来,回归"真"的世界与对政治理想的执着相互交融,往往凝结为一种更普遍的精神力量。19世纪末,维新变法成为一种新的政治理想,相对于"从周""仁政"等传统的政治理想,其真实性已不仅仅被理解为历史中的存在:尽管这种政治理想采取的是托古改制的形式,但就其实质而言,它在相当程度上已开始指向未来。然而,虽然对理想之所以为真的理解有所不同,但对这种理想具有真实的根据这一点,近代的志士却坚信不疑:对严复、梁启超等辈来说,他们所追求的文化政治模式在当时的西方已不断地由理想转化为现实,因而已经获得了真实的品格。正是这种确信,使维新志士面对种种阻力,甚至身处艰险之境,仍然为了实现变法的政治理想而奔走努力。谭嗣同在戊戌变法之后,以"我自横刀向天笑"的凌云之志,从容赴义;这里既有为理想而献身的悲壮,也有真实的理想必将成为现实的自信。

在20世纪的共产党人那里,政治理想与"真"的联系,同样构成了一种无形的精神力量。当然,就具体的内涵而言,共产党人的理想与以往有着根本的不同,但以"真"为理想的题中应有之义,却同样得到了确认。夏明翰的著名诗句"砍头不要紧,只要主义真",极为典型地表达了对理想之"真"的信念,同时也展示了这种信念所蕴含的强大力量。"主义"给人提供了理想,"真"既表明了"主义"的正确性,也意味着理想以真实的存在为根据,而这两重意义上的"真",又通过人们的信念转化为内在的精神力量,并激励着人们为之献身。在"只要主义真"的感召下,无数共产党人舍生忘死、慷慨赴义,以生命去实现真实的理想。在这里,对"真"的追求,已作为一种现实的创造力量,融入了中国近代革命的漫长历史之中。

三、生活世界中的"真"

除了真实之外,"真"的另一基本含义是真诚。在较早的历史时期,"真"的若干含义,往往是由"诚"来表示的。"诚"既有本体论上的实然之意,又指伦理学上的真诚,后者更多地与生活世界或人的日常存在相联系。

从人的日常存在的层面看,真或真诚首先涉及内在的德性和具体的人格。中国人对德性及人格很早就予以较多的关注,儒家提出成人(成就理想人格)的学说,这种理想人格既包含知情意等多重规定,又以实有诸己(自我真正具有)为特点。孔子区分了为人与为己,为人即为了获得他人的赞誉而刻意矫饰,其结果往往流于虚伪;为己则是培养真诚的德性,造就一个真实的自我。孟子强调"有诸己之谓信",信与诚相通,有诸己则是真实地具有某种德性。四书之一的《中庸》进而将"诚"视为核心的范畴,以诚为人格的基本规定。儒家的另一经典《大学》同样提出了"诚"的要求,把诚意规定为修身的基本环节。与德性培养相联系的"诚",首先意味着将道德规范内化于主体,使之成为主体真实的品格。在"诚"的要求下,达到真实的德性、真诚的人格,成为人们孜孜以求的目标。

从培养真实的德性这一前提出发,后来的思想家(如王阳明)进而提出寻找"真吾"(真我),并把良知视为真我的具体内容。在良知这种真我的统摄下,自我在行为中往往好善犹如好好色:喜欢美丽的颜色,是未经任何矫饰的真实情感的流露;一旦对善的向往如同好好色,那么,道德行为的真诚性就获得了内在的根据。行为的善来自真实的德性和人格,因而唯有德性和人格的"真",才能担保行为的善,这是中国人的基本观念,从孔子到宋明理学家,都反复地强调了这一点。与之相联系的是,在日常的存在这一层面,贬斥伪善、崇尚真诚,成为一种普遍的价值观念,而伪君子、伪道学作为真诚人格的对立面,则常常为人所不齿。

人格的真诚同样也构成了道家的追求。道家往往将理想的人格称为"真人",如庄子便把老子视为"真人"。尽管道家所说的"真"与儒家所理解的"诚"含义并不完全相同,而且,"真人"云云,后来往往被道教作了神秘的解释,并被引向超自然的人格,但是,人格之"真",确乎构成了道家的理想之境。当然,在道家那里,这种"真"总是与自然的原则联系在一起,回归自然与回归"真"具有内在的一致性。儒家所说的真或诚,常常含有道德的意味,"诚"首先是指德性的真实性;道家所说的"真",则更多地与天性相联系,从人格的角度看,走向"真",同时便意味着回归天性(自然),所谓"法天贵真"①,便表明了这一点:"法天"意味着顺乎自然,"贵真"则蕴含着人格的追求,二者的统一,使归"真"指向了自然的认同。

在道家那里,人格上的"真"伪之辩,往往与天人关系相关联:与真和天性(自然)的联系相对应,伪常常意味着人为。正是从"法天贵真"的主张出发,庄子要求"无以人灭天",亦即反对以人为的规范戕贼人的天性。对"真"的这种理解,与儒家显然有所不同。儒家要求以道德规范塑造人,并把人格的真诚与普遍规范的内化联系起来,无疑注意到了作为价值观念的"真"所包含的社会伦理内涵,但是,把

---

① 《庄子·渔父》。

"真"仅仅理解为对某种社会规范的接受和认同,并以此抑制人的天性,也往往容易导致人格的异化,后来理学家将纯乎天理、无任何人欲的所谓"醇儒"规定为理想的人格,确实多少表现出人格异化的趋向。相对于此,道家把回归"真"与反对泯灭天性联系起来,显然有其独特的意义。

与儒家之"诚"的原则一样,道家"法天贵真"的观念在历史上也产生了现实的影响。中国的知识分子在政治上得志之时,往往以儒家的"诚"自律,而在失意之后,则每每认同道家的"真"。魏晋时期,道家的哲学一度复兴,接受道家的人格理想也成为一时之风气,所谓"魏晋风度",便包含了道家的人格追求。嵇康认为正统儒家的名教"非养真之要术"①,主张"越名教而任自然"②,他所追求的所谓"养真""任自然",也就是顺乎天性(自然),不事矫饰,这里不难看到道家人格理想的印记,而嵇康以及他同时代的阮籍,其为人行事,也正体现了这种"真"的原则。类似嵇康、阮籍的人格追求,当然不限于魏晋时期,事实上,这一类的观念和人物在不同时期中都相当程度地存在。

人格总是外化于行为过程之中,人格的"诚"和"真"亦相应地体现为行为的真。中国的语言有"真率"或"率真"等词,主要表示为人处事直率本真,无矫揉造作、虚伪矫饰之态。这种行为方式当然与人的个性特点相关,但它显然又并非仅仅是一种个人性格的流露,而是与价值观念等相联系,对不同价值原则的认同,往往使行为的真具有不同的特点。以儒家的"真"或"诚"为原则,行为的"真"更多地表现为内在道德意识的真实流露,其言行举止,无不出自内在的良知。这

---

① 嵇康:《嵇康集·难自然好学论》。
② 嵇康:《嵇康集·释私论》。

种行为既不同于外在的"为人",因为它不是为了获得他人的赞誉而刻意去做,也有别于努力而为之,其行为往往自然而成。儒家很早就把"诚"与有意而为、勉力而行区分开来,认为达到了"诚",便意味着"不勉而中,不思而得,从容中道"。所谓不思不为,并不是放弃一切理性的思考和努力,而是指超越了对规范的勉强服从,达到了从心所欲不逾矩的境界。这一意义上的"真"或"诚",确已近乎自然。在行为的这一层面,"真"的范导意义在于:要求人们由人为的勉然,走向自然的率真。

相对于儒家,道家所追求的"真率"或"率真",更多地带有直行其道的意义。不思而得,不勉而中,是普遍的道德规范融合于主体意识,并进而化为其内在的精神境界,从而,其行为可以自然中道,无须勉强;它的前提,是道德原则的认同和内化。道家则视规范为人为的设定,其率真而行,并不以规范的内化为前提,也不以合乎社会的准则为追求。庄子在妻子死后鼓盆而歌,在常人看来似乎不近情理,而他却以此为表达情感的自然方式,全然不顾世人的看法。后来阮籍在闻母亲去世以后,仍与人继续对弈,直至局终;守丧期间饮酒不辍,完全不理会外间的议论;这当然未必说明阮籍对母不孝,事实上阮籍事母甚孝,但它确实表明阮籍并不以社会的规范为行为的准则,而是以合乎自我天性的方式,表达自己独特的情感。这种不以世间评论、他人态度左右自我行为的取向,从另一个方面表现了行为之"真"。

行为总是涉及主体间的关系,就主体间关系而言,"真"意味着人与人之间以诚相待。儒家提出仁的原则,仁在字形上即有二人相处之意,而儒家确实也把仁规定为处理人与人之间关系的首要准则。仁的主要含义是把人视为目的,而不是手段和工具。作为目的,人本身便应当成为尊重、关心、爱护的对象,而真诚地关心、尊重、爱护人,则是仁道原则的基本要求。孔子曾说,看到父母年岁渐渐大了,人们往往便会忧喜交加：喜是因为父母高寿(享年渐高)，忧则是因为父母渐渐年迈。这种喜、忧之情，不是做给别人看的，而是一种发自内心的真情实感，而对儒家来说，对待他人就应当具有这种真实的情感。孟子将恻隐之心或不忍人之心作为与他人交往的出发点之一，这种恻隐之心或不忍人之心，也是一种真实的情感，如看见小孩快要落到井里了，人们便会自然产生恻隐之心，并想法救助，这既不是想讨好小孩的父母，也不是为了邀誉乡里，而是出于不由自主、无法抑制的真切之情；广而言之，对待他人，便应当具有这一类的真情实感。中国人讲待人以诚，便是基于这样一种发自内心的情感。

以诚相待作为处理人与人之间关系的一种原则，同时体现为交往的双方如实地表达自己的意图、观念等，让对方了解自己真实的想法。朋友是中国人所理解的基本人伦之一，而朋友之间交往的原则便是"诚"或"信"，孔子已提出"朋友有信"，意即朋友之间应当讲诚信。而在中国人的心目中，一个好朋友的标志之一，即是能够彼此交心，相互开诚布公。如果互存戒心，彼此缺乏诚意，那就很难成为朋友。朋友之间是如此，一般的人际交往也不例外。这种注重真诚的交往原则，对建立人与人之间相互信任、彼此和谐的关系，无疑具有重要的作用。

家庭关系是中国人所理解的更基本的社会关系，在家庭关系中，"真"的要求即表现为父母与子女之间真诚地相互关心。这里首先是孝。孝是子女对待父母的原则，在中国人看来，它并不仅仅表现为子女对父母物质生活上的关心，而更体现于对父母在人格上的真诚敬重。孔子曾批评当时有些人仅仅将孝理解为给父母提供衣食之资，认为如果那样，则养父母与养狗、马便没有什么两样；将养父母与养狗、马区分开来的，主要是发自于内的敬重之心。同样，父母对子女，也以真诚的关怀为内在特点。正如子女对父母应当"孝"(真诚关心)

一样，父母对子女应当"慈"（爱护关怀），中国人常以"可怜天下父母心"来表示父母对子女的那种独特情感，此所谓父母之"心"，便是一种真诚的关爱之心。父母与子女之间的以上关系，往往被概括为"父慈子孝"，而贯穿其间的，则是相互之间真诚的关心。

"真"和"诚"不仅体现于父子朋友等伦理关系，而且也渗入到商业交往等日常活动。中国的商贾在商业活动中往往讲究诚信，山西的商业经营活动在历史上曾经很发达，山西的商人（晋商）即以"诚""实""不欺"等为金科玉律；徽州的商业也曾闻名天下，而徽商同样以注重"诚""信"为特点。中国人常常以"货真价实"来表示某种商品的"真"或可信，它构成了商人取信于人的条件，同时又从一个方面反映了商业活动中对"真"的追求。经商过程中的"真"或"诚"，还表现在不欺诈。商业活动中的欺诈行为，总是受到普遍的谴责，而且到头来，往往欺诈者会为此而付出代价。明代的商人樊现曾自述，贸易之际，有人老是盘算如何欺诈，而他则一心以诚相待，结果，欺人者不断亏蚀，而他却一再盈利，可见天道也是讲诚信的。这位商人的反省显然具有代表性。中国历史上，商业活动所推崇的观念之一，便是"童叟无欺"，即以诚信的态度对待所有人。直到现在，反对假、冒、伪、劣仍是商业活动的基本原则，而与"假""伪"相对的，则是"真"；"打假"、反伪的前提，便是对"真"的维护。在此，"真"构成了保证商业活动正常展开的观念前提。

中国历史上商业活动的原则是否受到儒家注重诚信的价值观念的影响，也许是一个可以继续研究的问题，但"货真价实""童叟无欺"等商业原则所体现的尚真观念，与儒家对"真""诚"的强调，显然具有内在的一致性。明清以后晋商、徽商等以"诚""信"为商业之本，与理学反复强调诚信原则，似乎亦存在某种历史的联系。道德实践与商业活动都关联着人的日常存在，而二者在不同的层面都以"真"为范导原则。道德实践指向的是崇高,商业活动则展开于世俗之域,从崇高的追求到世俗的活动,"真"都作为一种现实的力量渗入其间。

个人在日常的存在既与他人打交道,又常常直面自我,在对待自我的问题上,同样可以看到"真"的观念。中国人很早就强调应当真实地面对自我。《大学》曾以"毋自欺"来解释"诚意","诚"即"真","毋自欺"(不自我欺骗)意味着以"真"的原则对待自己。中国人常以"自欺欺人"批评某些既不能真诚地对待他人,也不能真实地对待自己的人。真实地对待自己,首先要求正确地认识自己,老子说"自知者明",意即应当真实地把握自我各方面的特点,尔后,"人贵有自知之明"逐渐成为中国人常用的格言。在具体的行为领域,真实地对待自己则进而展开为一种"慎独"的观念。所谓慎独,也就是过好个人的独处关。当个人独处于某种境遇时,由于公众舆论的压力暂时不存在,自我往往容易偏离某种道德规范的约束;慎独所强调的,便是在个体直面自我之际,依然保持道德的操守;它所要求的是一种真实的自我。这种以"真"律己的要求,对于扬弃人格的分裂,走向统一、真实的自我,无疑具有范导的意义。

从主体间交往中的以"诚"待人,到直面自我时以"真"律己,"真"的观念内在于个体存在的各个方面,尽管在具体的生活世界中,与真相对的伪善之举、为亲者讳、奸商行为、两面人等从未完全绝迹,但就整个社会的价值系统而言,这些行为始终是谴责和否定的对象,而"真"则构成了日常存在中正面的范导原则。

四、"真"与终极关怀

如前所述,在字源学上,中国语言中的"真"往往又与妄相对,而具有"实在"之意。妄即虚幻不实,由妄归真,意味着追求真实的存在。

中国人很早就对道和器作了区分，所谓"形而上者谓之道，形而下者谓之器"，便表明了这一点。相对于道，器往往被理解为有条件的、特殊的存在，它处于具体的时空关系之中，有生又有灭。道则超越特殊时空，无生无灭而永恒存在。从对象的角度看，后者往往被视为更真实的存在；从把握存在的角度看，由具体的器，进而达到一般的道，则构成了普遍的追求，对道的这种把握，同时表现为对更真实的存在的追求。从老子到《易传》，都以追问道的方式探求真实的存在。

对真实存在的关注，同样体现在具体的知行过程之中。与道与器的区分相应，中国人很注重明辨假象与真相、形与实。就知人而言，在外部的言行举止之后，中国人总是要求发现其真实的品格和德性，从正面看，有所谓"人不可貌相"之说，意即仅凭外貌，无法判断一个人真实的才干和能力，貌不惊人者，往往有超越常人的潜在能力；从消极的方面看，则又有"知人知面不知心"等格言，即光看一个人的外部表现，并不足以了解其真实的想法，外表善良，其心未必善。诸如此类的成语、格言，概括起来，其意无非是：应当通过外在的现象，进而了解一个人真实的内在世界，它从一个独特的方面体现了对"真"的追求。

从知人到知物，对"真"的注重始终贯穿其间。在中国人看来，现象有真假之分，因而往往并不可靠，唯有从现象深入到内在规定，才能把握事物的真实状况。从逻辑上说，对现象的超越，往往容易导向对超验存在的探求。不过，就中国文化的主流而言，超验的追求并不占主导的地位。当孔子的学生问孔子有关生死、鬼神的问题时，孔子的回答是："未知生，焉知死"，"未能事人，焉能事鬼"。① 鬼神是彼岸

---

① 《论语·先进》。

世界的存在,死则意味着现实人生的终结,二者都指向超验的存在。在孔子看来,了解现实的人生,是理解生命终结的前提;从事现实的社会交往,是探求超验存在的先决条件。这种看法对彼岸世界采取了存而不论的态度,而将现实的人生视为更真切的存在。从哲学上看,这里蕴含着如下观点:即不能将现实的存在与现象世界等而同之。现象世界主要相对于本体或本质而言,现实世界则是存在及其根据的统一,它首先区别于彼岸世界等超验对象;现象世界固然不具有内在根据或本体那样的真实性,但作为存在及其根据统一的现实世界,则不同于虚幻的彼岸世界,而是表现为更真实的存在。在不能事人焉能事鬼的观念之后,既可以看到疏远超自然对象的理性主义精神,也不难注意到现实存在较彼岸世界更为真实的信念。

对现实世界之"真"的确信,在中国文化中逐渐引发了一种日用即道的观念。日用即人的日常存在及与日常存在相联系的生活世界,在中国人看来,道固然是终极的存在及人追求的目标,但它本身并非疏离人的存在。《中庸》便强调:"道不远人。"人走向道的过程,即展开于生活世界中的日用常行,离开人的现实活动,道的真切实在性便无从展现。正是在这一意义上,《中庸》提出了一个著名的命题:即"极高明而道中庸"。极高明意味着走向作为真实存在的终极之道,道(导)中庸则表明这一过程即完成于日常的实践过程。在真切实在性上,形而上之道与人的日常存在表现出互补的向度:日常存在的"真",赋予形而上之道以现实的品格;普遍之道的真,则从形而上的层面给日常存在的"真"提供了根据。

当然,在中国文化中,也存在着认同彼岸世界的取向,作为中国本土宗教的道教,便把神仙之域视为理想之境,而众神的这种世界,无疑是虚构的存在。为了吸引信徒,道教往往强调神仙世界的完美性和真实性;事实上,道教中的众神,往往被称为"真人",神仙的教导被奉为"真诰",而传授如何成仙的经典,则常常与"登真"联系起来,道教中的重要人物陶弘景便编过《真诰》《登真秘诀》等。在"真"这一旗帜下,神仙世界的理想性与"真实性"往往融合为一。不过,即使如此膜拜彼岸世界的道教,也并没有忽略现实的存在。这不仅在于道教的修炼内丹、外丹总是表现为日常存在中的操作,而且在于道教对长生久视的追求,实际上也以一种独特的方式,表现了对现实的生命存在的重视:长生所祈望的,无非是现实的生命存在的延续。这种现象表明,在中国文化中,"真"的追求,总是难以完全割断与现实存在的联系。

佛教传入中国后,真妄之辩成为普遍的论题。在原始佛教(印度佛教)中,真常常与"真如"联系在一起,"真如"常被理解为永恒不变的真实存在,而与之相对的此岸世界,则被视为虚妄不实的存在。真妄之辩往往又与真俗之分相联系,俗即世俗世界,真则是与之相对的西方乐土。在佛教看来,世俗世界是一种缺乏真如本性的虚幻之境,唯有超越世俗世界的西方乐土,才是真实不妄的实在。与道教追求肉身的永恒不同,佛教将生命的寂灭与灵魂的轮回视为走向西方乐土的前提。佛教一再强调破我执与破法执,即意味着对自我的肉体存在与外部的世俗世界作双重的否定。在"真"与"妄"、"真"与"俗"的对峙中,现实存在与彼岸世界的鸿沟似乎有所扩大。

然而,相对于原始佛教,中国对佛教教义往往作了新的阐发。隋唐时期,中国佛教中的天台宗提出了"三谛圆融",三谛即真谛、俗谛、中谛。真谛强调外部世界都无自性(无自我的内在本质),故不真;俗谛则肯定世俗世界虽不真,但作为假象仍存在;中谛则既看到外部世界不真的一面,又注意到其作为假象而存在的这一面。圆融所肯定的,是以上数种看法的一致性。天台宗这一理论中值得注意的方面,是对真谛与俗谛的沟通。俗谛虽然仍然以外部世界为假,但却肯定了其实际呈现的一面,它在某种意义上赋予世俗世界以存在的"合法性"。以真谛与俗谛彼此圆融为根据,"真如"之境与世俗存在似乎可以并行不悖。不难看到,在三谛圆融的思辨表述中,蕴含着沟通"真"与"俗"、此岸与彼岸的现实意向。中国佛教对"真"与"俗"的这种看法,似乎有别于原始佛教,而较为接近中国儒家日用即道的传统。

在完全中国化的禅宗那里,"真"与"俗"、世间与出世间的界限开始进一步趋近。作为佛教的一个宗派,禅宗亦把佛地净土视为真实的存在,并以达到西方佛国为理想的追求。不过,在禅宗看来,西方的净土并不是远离世俗世界的超然之域,世间与出世间,也非截然分隔。对禅宗而言,世俗存在与西方乐土之间的差别,仅仅取决于"迷"与"觉":当人未悟佛性时,他便是凡夫俗子,所处之域亦为世俗的世界;一旦由"迷"而"觉",则可立地成佛,而西方净土亦随之而至。这是一个即世而出世(在世俗的存在中超越世俗的存在)的过程,它以在世俗世界中达到彼岸世界为特征,而从"真"俗之辩看,它又表现为即俗而归"真"。正是在此意义上,禅宗一再肯定,"运水搬柴,无非妙道",亦即强调在日常的世俗存在与世俗活动中,便可领悟佛教真谛,达到佛地的真实境界。禅宗这种即世间而出世间、因俗而归真的看法,与中国"极高明而道中庸"的传统无疑前后相承,它从真俗之辩上,表现了中国人对"真"的理解,以及这种理解对人的精神生活的深层影响。

"真"与"俗"、此岸与彼岸的关系所涉及的,是所谓终极关怀。一般而言,终极关怀往往指向超越的追求,而超越之境的永恒、完美、真实,常常又是通过强调现实存在的短暂、虚幻等来烘托。由此导致的,是"真"与"俗"、此岸与彼岸之间的紧张与对峙。相对于此,中国历史上的儒、道、释各家似乎更趋向于在"真"与"俗"、现实的存在与超现实的对象之间加以沟通,并以不同的方式赋予此岸的存在以真实的品格。"真"与"俗"的这种沟通,与天人合一的观念无疑具有内在的一致性:与"天"的多重含义相应,天人合一既包含着扬弃自然原则与人文原则的对立,又意味着超验之域与具体存在的统一。"真"与"俗"的沟通和天人合一的观念相辅相成,使中国人较少体验到此岸与彼岸、现实与超现实之间的紧张,更容易形成对日常存在的真切感与认同感。

以"真"俗互融、摄俗入"真"为前提,终极的关怀与现实的关切往往呈统一的趋向,它使中国人很难沉溺于玄虚的幻境,而更容易形成现实的理性精神;尽管宗教本身往往带有非理性的特点,但在中国文化中,其非理性之维却一再受到抑制。当然,以俗为"真",也有另一方面的文化意蕴。与"真"相对的俗,常常指生活世界中的日常存在,日常的世界总是由已有的文化传统、既成的道德习惯等加以调节,并相应地表现为相近模式的往复循环,这种重复性固然保证了日常世界的相对稳定,并且给人提供了一种亲近感、现实感,但它同时容易抑制人的创造性。在日常的世俗生活中,人的行为往往变得程式化,难以形成新的创造的冲动。同时,作为一种以传统来调节的既定模式,日常存在主要面向过去,它所要求的,不是突破既定的行为方式及生活程序,而是回到传统的轨道,由此形成的,往往是一种以过去为定向的价值观念,它容易使人满足于既定的境遇而不企求走向新的天地。"真""俗"界线的趋近,无疑亦从一个方面推动了上述价值观的形成,它在文化传统的形成这一历史维度上,展示了"真"这一观念的力量。

可以看到,"真"以及表示"真"的名或言所蕴含的文化观念,在中国文化的历史演进中产生了多方面的影响。以"是"为表现形式,"真"展示了其在知识领域和意识形态的双重制约作用;作为政治理念的内在之维,"真"构成了政治实践的动力因;在"诚"、自然等向度上,"真"渗入于道德追求及日常存在的过程;与"俗"及此岸世界相分而又相合,"真"表现了其在终极关怀这一层面上的独特意蕴。作为深层的文化观念,"真"既留下了历史的印记,又制约着现实的文化创造。

（本文作于 1998 年,原载《跨文化对话》第 8 辑,上海文化出版社,2002 年,后被译为英文,刊于 *Key Words: Truth*,New York：Other Press,2004）

元气论的思维特质

中国古代朴素实在论的基本形态是气一元论。这种实在论形态不同于西方的原子论,它主要与农学、医学、天文历法等科学相联系,并曾对哲学思维的发展及科学的进步起了推动作用。然而,在肯定其历史作用的同时,人们往往忽视了这一哲学形态本身包含着内在的理论缺陷。一些论著虽然注意到了元气论的某些局限性,但常常未能进一步揭明这些局限与气一元论固有缺陷的逻辑联系。有鉴于此,本文的分析,将主要指向后者。

一

气一元论者都认为,气是弥漫、充盈于天地间的物质性的质态,万物皆由这种气所构成。王充说:"天地合气,万物自生。"①张载也指出:"气不能不聚而为万物。"②这无疑是实在论的命题。但是这种观点似乎同时把气视为构成具体事物的"一般物质"。气既可以"聚""合"而成具体事物,又可以"流行气化"于具体事物之外(戴震),或者离开万物而以"太虚"的形态存在(张载)。正是在这里,气一元论开始表现出其内在的弱点:它一方面内含着偏离其出发点(以气为体)的可能,另一方面又为思辨的曲解提供了可以利用的空隙。前者可以张载为例。张载的体系在总体上既不同于程朱的理一元论,也有别于陆王的心一元论,这是学界普遍接受的看法。但事实上他的体系中同时也夹杂着不少思辨哲学的因子。他强调"太虚"之清气与太虚所构成的具体事物的区别,认为"太虚"之气"清极则神",而万物则是"神之糟粕",并进而断言这种凌驾于万物之上的太虚之气具有"虚明鉴照"的作用。③ 张载的以上看法固然以存在方式(如何在)的转化取代了存在本身(是否在)的质疑,并由此否定了佛道将"空""无"绝对化的哲学立场,但太虚作为"一般的物质",在逻辑上又可能被形而上化为一种具有超验性质的实体,后者同时蕴含着走向思辨玄学的可能。

在朱熹那里,我们便可具体地看到这种思辨的发展趋向。相对于二程,朱熹对气讲得较多。他有时似乎也十分强调"理与气,此决是二物"④,但同时又常常把理与具体事物割裂开来,认为理先于并外在于具体事物而存在:"未有这事,先有这理。"⑤朱熹在这里似乎利用

---

① 王充:《论衡·自然》。
② 张载:《正蒙·太和》,《张载集》,中华书局,1978 年,第 7 页。
③ 参见张载:《正蒙·太和》,《张载集》,第 9 页。
④ 朱熹:《答刘叔文》,《朱文公文集》卷四十六。
⑤ 朱熹:《朱子语类》卷九十五。

了气一元论的以上缺陷：从逻辑上说，既然气作为一般质料可以离开具体事物而存在，那么根据理气不可分这一论点，同样也有理由认为理可以离物独存。朱熹还进一步提出，理是"生物之本"，气是"生物之具"。① 所谓"生物之具"，也就是构成具体事物的质料。以气为"生物之具"，显然是引入了气一元论的观点，而朱熹恰恰是由此入手，论证理（太极）是"造化之枢纽，品汇之根柢"。② 按朱熹的推论，既然气只是构成事物的具体质料，那么，就应当设想在气之外还有一个更根本的理。如果只有"形而下"之气，没有"形而上"之理，那么，事物就会成为没有条理、不可捉摸的东西。朱熹由此得出了如下结论："有是理便有是气，但理是本。"③正是通过对气一元论的如上改造，朱熹的理一元论取得了较为精致的程度：它通过糅合"一般的气"与"一般的理"，而达到了质料（生物之具）与根据（生物之本）的"统一"。当然，若作更深一层的分析，则可看到，朱熹的这种推论是站不住脚的。事实上，具体的对象既不是由所谓"一般的物质"（气）所构成，也并不以"一般的理"为根据。

要而言之，认为气构成万物，又可以"流行"于万物之外，这是气一元论的基本观点，同时又是其内在的理论弱点，气一元论之所以不能彻底克服与驳倒思辨哲学，其根源之一亦在于此。

二

作为气一元论基石的气，既不像老子的"道""无"那样玄之又玄，

---

① 朱熹：《答黄道夫》，《朱文公文集》卷五十八。

② 朱熹：《太极图说解》。

③ 朱熹：《朱子语类》卷一。

又不似五行那样具体固定。它可粗可精：相对于"道""无"，气表现为有形的形态（粗）；相对于具体事物，则又带有无形的性质。提出这种兼有精粗特性的气，标志着朴素实在论在理论上的深化，从哲学思维的发展来看，这无疑有其积极意义。但是，这里同时蕴涵着气一元论的第二个缺陷：以物质性的气来解释精神现象。从气一元论诞生之日起，这种倾向即与它结下了不解之缘。《管子·内业》等篇在第一次提出精气说的同时，也开了以气解释精神的先河：它把心规定为贮存精气的宫室，而这种居于心宫的精气，又被视为人的精神现象。这种"精气——精神"观，几乎不同程度地为以后的气一元论者所承袭。王充便把精神、意识与五常之气等而同之："人之所以聪明智慧者，以含五常之气也。"①张载则以"气禀"来解释人性，以为人的恶劣的情欲是禀受气质而成，善性美德则源于"太虚"之气。甚至博大精深如王夫之，也认为精神是"禀清气而生"，形体则是"禀浊气而生"，并对精神现象下了如下定义："神者，气之灵。"②

以物质之气来解精神现象，在理论上意味着模糊精神与物质的界限，由于这种解释又往往与以浊气（粗气）解释肉体相联系，因而也就很难避免形神二元论的归宿。以上所引气一元论主要代表的论点，在形神关系上便明显地表现出二元论倾向，这种倾向几乎是中国古代气一元论者的通病。《淮南子》已指出："夫精神者，所受于天也，而形体者，所禀于地也。"③嵇康亦认为："形恃神以立，神须形以存。"④这种观念，可以视为气一元论在形神关系上的经典表述。在这方面，范缜似乎是个例外。范缜提出了"形质神用"的深刻论点，以为

---

① 王充：《论衡·论死》。

② 王夫之：《张子正蒙注》卷一。

③ 《淮南子·精神训》。

④ 嵇康：《嵇康集·养生论》。

精神并不是与形体并列的现象,而是形体的作用,从而对形神关系作了较好的解决。对形神关系的如上理解在中国传统哲学中不仅前无古人,而且很少为后人所超越。但是,范缜的这种观点并不是直接从气一元论中引申出来的,也不是以气一元论作为其直接理论依据,范缜之所以能在形神关系上提出上述卓越见解,在很大程度上是吸取了魏晋玄学中体用不二(王弼)、质用统一(郭象)的思想。

以气来解释意识现象(知、性),往往构成了在认识论上滑向先验论的第一步。强调精神禀气而生,实质上也就意味着把德性(包括道德观念)、知识当作与生俱来(与形体同时产生)的东西。在张载那里,便可看到这一趋向。他从性"禀气而生"的观点出发,进一步在认识论上将见闻之知与德性之知区别开来,以为后者可以不依赖于前者而独立存在,从而走向了先验论。王夫之在认识论上大致坚持了从物到感觉到思想的原则,但同时又承认有不依赖见闻的"德性之知",从而与张载殊途而同归。

为什么气一元论者一而再、再而三地重蹈以气解释精神的覆辙?根源即在气一元论本身。一方面,气一元论把气区分为粗、精二类;另一方面又强调气是世界统一的根源。对气作精粗规定,使以气来解释精神成为可能,而以气作为世界统一性的根源,则又使这种可能必然转化为现实:在不了解精神现象本质的历史条件下,每每只能通过以气沟通心物来达到世界的统一性。气一元论的这种理论结构,构成了中国哲学史上不少朴素实在论者之所以经常在形神关系上纠缠于二元论,并在认识上未能完全摆脱先验论的深刻原因。

三

气一元论以物质性的气作为世界统一的基础,这对于否定以

"无""道""理""心"等为本原的形而上学思辨以及克服以五行作为世界统一性的基础而产生的某些局限性具有重要意义。然而,这种以气为本的观点,并不能圆满地说明世界的多样性。如果说,在世界的统一性问题上,气一元论的回答在当时的认识水平下还不失其理论力量,那么,在物质的多样性问题上,它的回答就显得贫乏单薄。为什么宇宙万物同样由气构成,但却千差万别、殊姿百态? 对这一棘手的问题,气一元论笼统地以清浊、轻重、厚薄等来解释,由此暴露出其第三个缺陷。实在论薄弱之处,必然是思辨哲学活跃之所。王弼即以其思辨哲学家的敏感性,抓住了气一元论的这一弱点。在他看来,既然物的千差万别与气之间的联系并没有得到合理的说明,那就表明这种多样的、特殊的具体对象缺乏内在根据。正是由此出发,王弼否定了具体事物的客观实在性,而把"无"作为万物之宗:"无形无名者,万物之宗也。"①当然,王弼本人对"无"与万物的关系,也没有作出具体的解释。朱熹在一定程度上从思辨哲学的角度注意到了这一点。他一方面肯定"万物皆有此理,理皆同出一源";另一方面又强调"但所居之位不同,则其理之用不一",②即从理的地位的差异来说明理的作用的不同,并以此来解释由理决定的事物的多样性。朱熹的这种思辨议论虽然并没有真正说明世界的统一性和多样性问题,但他却由此对其理学体系作了比较细致的论证。

气一元论的以上弱点,对自然科学的发展也或多或少产生了消极的影响。自然科学的发展与对物质进行分门别类的研究分不开,而科学能否发展到分门别类的研究,虽然归根到底取决于生产力的发展水平,但又与哲学能否从本体论的高度说明世界的统一性与多

---

① 王弼:《老子道德经注》,《王弼集校释》,中华书局,1980 年,第 32 页。
② 朱熹:《朱子语类》卷十八。

样性相联系。欧洲哲学史上,唯名论强调千差万别的具体事物的实在性,对于后来实证科学的兴起曾起了某种推进作用。中国古代科学虽然具有注重有机联系、强调整体观念等优点,但同时又往往满足于对事物的模糊的、笼统的解释。各种现象的结构、变化等,最后几乎都是以"阴阳之气"的交互作用这一模式来说明。为什么有电?答曰:"阴阳相激而为电。"为何会发生地震?答曰:"阳伏而不能出,阴迫而不能蒸。"为什么磁石吸铁?回答还是"皆阴阳相感"之理。从某种意义上说,中国古代科学相对忽视对具体的事物及具体的因果关系作实证性的研究,与气一元论缺乏对世界多样性的说明,有着内在的联系。

四

万物由气构成,又复归于气,这是气一元论又一基本观点。张载说:"气不能不聚而为万物,万物不能不散而为太虚。"[1]王夫之也有类似论述:"聚而成形,散而归于太虚。"[2]应当肯定,这种观点把"太虚"之气与有形之物作为气存在的两种形态,不仅对万物统一于气作了哲学的论证,而且扬弃了将"空""无"绝对化的观念,其理论意义不应否定。但同时也应该看到,它给人描绘的是一幅"散"而复"聚","聚"而复"散",循环往复、枯燥单调的世界图景。从中我们看不到新旧相推、异质代出的前进、上升运动。这种聚散观,使气一元论始终未能达到真正辩证的发展观。这可以视为气一元论的第四个理论缺陷。

传统的元气论体系往往包含着丰富的变易思想,它们一般都强

---

① 张载:《正蒙·太和》,《张载集》,第 7 页。
② 王夫之:《张子正蒙注》卷一。

调,气作为万物之本,具有流行不息、变迁不居的特性,正是气的这种变易性,使整个大千世界都处于永恒的流转之中。这种注重气化流行的观点,对于克服"天不变道亦不变"的宇宙观,有其不可忽视的历史作用。然而,在肯定气变物迁的同时,气一元论往往未能揭示事物由低级到高级、由简单到复杂的发展过程,在它们那里,气化流行常常表现为一个返本归原的过程。例如,张载认为:"形聚为物,形溃反原。"①王夫之也持相同的观点:"进极于进,退者以进;退极于退,进者以退。"②"待动之极而后静,待静之极而后动。"③这种看法本质是一种循环论。事实上,中国古典哲学中的变易观,始终都无法完全摆脱循环论。从理论上看,这种循环论深深地植根于气一元论的聚散观。气一元论以"聚""散"来说明具体事物的生灭消长,而聚、散从根本上说是一种量的变化,亦即同一质态的外在形式的变换。从这种观点出发,容易导致忽视事物发展过程中由旧质向新质的转化,从而把变化发展归结为同一过程的简单重复。

综上所述,我们不难看出,气一元论的以上缺陷,既非导源于个别哲学家的偶然失误,也不是思辨哲学外部渗入的产物,它与气一元论的整个理论体系和内在结构有着逻辑的联系,不妨说,它乃是气一元论本身固有的内在缺陷。中国古代朴素唯物论的局限之所以惊人地相似,从理论上看,便是由于它们在总体上都没有摆脱气一元论的内在缺陷。

(本文作于 1980 年,原载《探索与争鸣》,1989 年第 6 期;转载于《新华文摘》1990 年第 3 期)

---

① 张载:《正蒙·乾称》,《张载集》,第 66 页。
② 王夫之:《周易外传》卷七。
③ 王夫之:《思问录·外篇》。

中国哲学中的名言问题

　　名言之域作为哲学论辩的重要对象，很早已进入中国哲学的论域。名言在广义上既包含概念，又指语言。就名言的语言维度而言，它不仅表现为一种存在形态，而且也是把握存在的形式，这种双重品格，使名言一开始便与存在形成了本原性的联系。历史地看，中国哲学在从认识论之维考察名言与存在关系的同时，也对其中涉及的语言与存在的关系，作了多方面的思与辨，后者在今天依然有其不可忽视的理论意义。

一

　　名言与实在关系的讨论，可以追溯到先秦的名实之辩。先秦哲学的总结者荀子，已将名实关系的讨论具体化为"制名以指实"的理论①,所谓"指实",意即以"名"指称或表示实在。从指实的维度看,名实之辨首先涉及名(语词、名称等)与具体对象(物)的关系,在二者之中,名以物为指向,其意义亦来自物,荀子以前的《管子》已指出了这一点:

> 上圣之人,口无虚习也,手无虚指也,物至而命之耳。②
>
> 以其形,因为之名,此因之术也。名者,圣人之所以纪万物也。③

因物而命,以名指物,名与物之间呈现的是一种对应的关系。

在指物这一层面,名具有"分"的特点:它将不同的对象区分开来,分别地加以指称,从而使物能够以不同于混沌的形态呈现出来;在此意义上,以名指物同时也意味着以名辨物。名对于物的指称关系的确立,是进一步把握与讨论事物的前提。荀子已指出:"名定而实辨。"④在同一意义上,王弼也强调:"不能定名,则不可与论实也。"⑤这里的名定(定名)之"定",便是指特定的名与特定对象之间的对应性,它既使名获得了具体的内涵,也为超越浑然未分的形态而分别地把握对象提供了可能。

以名指物有其约定俗成的方面,荀子已注意到这一点:"名无固实,约之以命实,约定俗成谓之实名。"⑥以何种名指称何种物,并非只

---

① 参见《荀子·正名》。

② 《管子·白心》。

③ 《管子·心术上》。

④ 《荀子·正名》。

⑤ 王弼:《老子指略》,《王弼集校释》,中华书局,1980 年,第 199 页。

⑥ 《荀子·正名》。

有一种选择,亦非先验预定。然而,在以一定的名指称一定的实之后,二者之间便具有了相对稳定的联系,如一旦以"火"之名指称火之实,则"火"之名便不能随意地用以指称水或其他事物,否则将导致混乱或"不宜":"约定俗成谓之宜,异于约则谓之不宜。"①前文所谓名与实的对应关系,是就后者而言。与之相应,以名分别地把握事物,也有其本体论的根据:通过不同的名将事物区分开来,从而超越混沌的形态,是以事物之间本身存在内在的差异为前提的;唯有事物本身具有可分性,以名辨物才成为可能。《管子》认为:"物固有形,形固有名。"②"形固有名"如果理解为"名"与物俱来,当然并不确当,但它肯定名不能完全离开物各自的规定(亦即确认名之殊基于物之异),则并非毫无所见。

名言与对象及存在境域的以上关系,首先涉及经验世界与日常生活,与后者相对的是所谓形上之域。名言能否把握形上之域?哲学史上曾一再出现对此的怀疑。《老子》区分了可道之道与常道、可名之名与常名,其中包含着形上之道超越于名言之域的观念。作为当代哲学家的维特根斯坦也在可说与不可说之间加以划界,认为对不可说者,应保持沉默,而所谓不可说之域,即涉及形而上的对象。《老子》所说的可名、可道之域与维特根斯坦所谓能说的东西,主要是经验领域或物理世界的事物,把握经验领域或物理世界的事物,一般以描述为方式,从语言与存在的关系看,以经验领域或物理世界为对象,相应地意味着突出语言的描述、指称功能。当描述、指称被视为名言指物的主要乃至唯一功能或方式时,无法直接描述或指称的领域往往便被理解为超名言之域。

① 《荀子·正名》。
② 《管子·心术上》。

将名言的作用仅仅限于对经验对象的指称和描述,显然未能把握其全部的内涵。相形之下,荀子表现了不同的思路。在肯定制名以指实的同时,荀子又强调:"不异实名,以喻动静之道也。"①制名以指实,首先关涉名言与经验对象的关系,动静之道,则包含形而上的原理;作为表示经验对象的方式,"指实"以指称、描述为内容,对"道"的把握,则既基于同一律(不异实名),又以"喻"为形式。相对于"指"的描述、摹状性,"喻"似乎更多地表现为澄明、彰显,其中既包含着对象的敞开,又渗入了主体的领悟、阐释。如果说,以名指物主要是对特定对象的描述,那么,以名喻道更多地表现为对世界的整体把握;前者显示的是存在的某一方面或层面,后者所敞开、澄明的,则是存在的统一性、具体性。不难看到,作为名言与存在联系的二重方式,以名指实和以名喻道分别展示了言说经验对象与言说形上之域的不同特点。

王弼曾对"名"与"称"作了区分:

　　　　名也者,定彼者也;称也者,从谓者也。名生乎彼,称出乎我。②

"名"以对象为根据,它按对象的不同特点,将其彼此区分开来;"称"则本于主体,是主体对存在的规定;前者侧重于描述,后者则涉及命名。在王弼看来,道可称而不可名:"夫道也者,取乎万物之所由也,……而不名也。""故涉之乎无物而不由,则称之曰道。"③在肯定

---

① 《荀子·正名》。
② 王弼:《老子指略》,《王弼集校释》,第 197 页。
③ 王弼:《老子指略》,《王弼集校释》,第 196、197 页。

"称出乎我"的前提下,将道列入"称"之域,无疑过分地强调了主体对道的规定。不过,如果扬弃王弼对道的理解而借用其关于"名"与"称"的表述,则可以将"喻道"的名言视为生乎彼之"名"与出乎我之"称"的统一。作为澄明、显示形上之道的形式,名言既以必然为根据,又隐含着当然:喻道的过程,往往渗入了人对存在的规定。"以名指物"着重指向"实然",相对而言,在"以名喻道"中,实然、必然、当然更多地呈现为相互交错的关系:人所喻之"道"(以语言把握的"道")既不同于形式化的数学语言,也非纯粹的逻辑表述,它总是渗入了人的意向、情感,包含着关于世界应当如何的观念。例如,中国哲学中的"和"作为表示多样性统一的原理,可以视为形上之道的表现形式,而当我们以"和"来说明存在时,便既涉及"和实生物",又兼指"和而不同",前者表示存在的实际形态(实然),后者则同时规定了如何"在"(应然)。

对存在的进一步考察往往指向体用关系。就体、用之域而言,"体"是否可以说?王夫之曾对此作了分析。在谈到"言"与"体"的关系时,王夫之指出:

> 盖凡天下之为体者,可见,可喻,而不可以名言。如言目,则但言其司视,言耳,则但言其司听,皆用也。①

这里的"体",既指个体或个体的特定部分(如耳、目),也指形而上的存在根据。作为具体存在的"体"(如耳、目)具有"可见"的性质,作为存在根据之"体"具有"可喻"的一面,但它们却不可直接言说,可说

---

① 王夫之:《读四书大全说》卷六,《船山全书》第六册,岳麓书社,1996 年,第 788 页。

者主要是"用"。王夫之的这一看法,以其对体用关系的理解为前提。在王夫之看来,"体"的实在性,可以由"用"的实在性来确证:"天下之用,皆其有者也。吾从其用而知其体之有,岂待疑哉!"①与由用证体相一致的,是由用而得体:"善言道者,由用以得体。不善言道者,妄立一体而消用以从之。"②由用证体所蕴含的,首先是一种本体论的视域;由用得体则更直接地展示了认识论的立场,二者同时又都制约着名言与道(体)的关系。在本体论上,离开了"用","体"往往被玄虚化;在认识论上,抽去了"用","体"常常流而为思辨的对象。同样,从言说方式看,在"用"之外就"体"而言"体",也难以达到"体"的真实内涵。不难看到,与《老子》、维特根斯坦有所不同,王夫之所说的"体"不可以名言,并非无条件地赋予形上之域以超名言的性质,而是强调不能离用而言体、离器而言道。事实上,在反对离开用、就体而言体的同时,王夫之又肯定"有微言以明道""道抑因言而生,则言、象、意、道,固合而无畛"③。

王夫之对"体"与名言关系的看法,从体用之辨等方面涉及了"以名喻道"的特点。从"得"(达到)的层面看,形上之道的敞开,不能离开形下之器;从"达"(表达)的层面看,道的澄明,同样无法隔绝于形而下之器。在这里,形上之域与形下之域并不呈现为名言之域与超名言之域之间相互对峙的关系,对形上之域或道的澄明,也非疏离于对形下之域或"用"的言说,相反,对后者(形下之域或"用")的言说,同时也从一个方面指向形上之"道"的现实存在形态。当荀子提出"不异实名,以喻动静之道"时,亦已蕴含了类似的观念:"实名"意味

①　王夫之:《周易外传》卷二,《船山全书》第一册,第 861 页。
②　王夫之:《周易外传》卷二,《船山全书》第一册,第 862 页。
③　王夫之:《周易外传》卷五,《船山全书》第一册,第 1002、1040 页。

着名与具体存在的联系,以实名喻道,表明"以名指实"与"以名喻道"具有一致性。

以名指物与以名喻道的统一,表明名言既能以描述的方式分别地敞开存在,也可以通过存在的澄明以把握世界的统一性原理。当然,相对于名言,实在无疑更为丰富:无论在物的界域,抑或道的层面,其可"指"可"喻",并不意味着已完全被纳入名言之域,事实上,实在总是包含着尚未进入名言之域的方面,就此而言,实在似乎亦内含超名言之维。① 同时,从人自身之"在"看,其在世过程,亦往往涉及名言难以范围之域。《庄子》曾借轮扁之口,对出神入化的斫轮境界作了如下论述:

斫轮,徐则甘而不固,疾则苦而不入。不徐不疾,得之于手而应于心,口不能言,有数存焉于其间。②

斫轮过程中所达到的"不徐不疾""得手应心"之境,可以看作是一种实践的智慧。它具体地表现为心与手之间的默契,而无法完全以名言加以描述和表达。《庄子》认为实践的智慧完全超出名言之域,无疑具有怀疑论倾向,但实践智慧确乎不仅仅以言说为其存在方式,它往往同时显现为实际的"在"。存在与名言的以上关系,在从不同方面展示存在的具体性、丰富性的同时,也表现了存在对名言的制约意义。

――――――――――――

① 在实在较语言更丰富的意义上,即使经验对象亦有超乎名言的一面。从这一维度看,所谓名言之域与超名言之域的区分,无疑仅具有相对的意义。然而,对形上之道的可言说加以质疑的哲学家,却往往忽视了这一点。

② 《庄子·天道》。

二

　　语言作为"表达观念的符号系统"①,总是与意义相联系。这里所说的意义,不仅仅限于认知或描述,而且也涉及评价与规范。中国传统哲学已注意到了这一点。早在先秦,《吕氏春秋》便曾对名言的特点作了如下概述:

　　　　言尽理,而得失利害定矣。②

在此,"尽理"属认知之域,"得失利害"则具有价值意义,在《吕氏春秋》看来,名言在认知意义上的"尽理",同时蕴含着对"得失利害"等价值规定的确认。《易传》对此作了更明确的肯定:"辨吉凶者存乎辞。"③与定"得失利害"相近,辨"吉凶"也属于评价之域,以"辞"为辨吉凶的方式,相应地意味着确认其价值意义。类似的看法亦见于荀子。在谈到"制名以指实"的意义时,荀子便着重从"上以明贵贱,下以辨同异"的角度作了解释④,这里的"贵贱"同样具有价值的内涵:如果说,"辨同异"具有事实描述的意义,那么,"明贵贱"则涉及价值的评价;把"制名以指实"与"明贵贱"联系起来,同时也肯定了名具有评价性和规范性。

　　语言在现实生活中的规范意义,同时在广义上涉及对世界的变革。孔子曾提出了正名之说:"名不正,则言不顺;言不顺,则事不成;

---

①　[瑞士]索绪尔:《普通语言学教程》,商务印书馆,1980 年,第 37 页。
②　《吕氏春秋·开春》。
③　《易传·系辞上》。
④　参见《荀子·正名》。

事不成,则礼乐不兴。"①这里的"名",是指与某种体制或规范系统相联系的名称,正名,则要求行为方式合乎"名"所表示的体制及规范系统。同一意义上的所谓"君君、臣臣、父父、子子"②,便是指君、臣、父、子都应遵循相关名称所体现的规范。值得注意的是,孔子将这一正名的过程与"成事"及"兴礼乐"联系起来。"事"泛指人的实践活动,"礼乐"则包括政治、文化的制度,通过正名而达到"成事""兴礼乐",相应地意味着肯定"名"在政治文化体制建构中的作用。

孔子的上述思想在后起的其他哲学系统中也得到了肯定。《管子》便认为:"有名则治,无名则乱,治者以其名。"③类似的看法亦见于《吕氏春秋》:"名正则治,名丧则乱。"④"治"既可以在宽泛意义上表示对事物的标识、辨析,也涉及政治领域的实践,这里更多地指后者。以"名"之有无、"正""丧"为达到"治"的前提,无疑也注意到了名言与政治实践的联系。荀子对此作了进一步的分析:"故王者之制名,名定而实辨,道行而志通,则慎率民而一焉。……如是则其迹长矣。迹长功成,治之极也。"⑤王者之"治名",首先与政治实践领域相关,而"治之极"则是治国过程所达到的完善之境,后者同时被理解为"名"的规范作用在政治实践领域中的体现。正是以此为前提,荀子对名家(惠施、邓析)提出了批评:"甚察而不惠,辩而无用,多事而寡功,不可以为治纲纪。"⑥注重名言的辨析是名家的特点,然而,在名家那里,这种辨析并没有导向对现实生活积极的或正面的引导,从而,

---

① 《论语·子路》。
② 《论语·颜渊》。
③ 《管子·枢言》。
④ 《吕氏春秋·正名》。
⑤ 《荀子·正名》。
⑥ 《荀子·非十二子》。

名言在实践过程中的规范意义也未能获得定位。对名家的以上批评，从另一个方面强调了名言在社会运行过程中的作用。

名言的规范意义当然不仅仅体现于社会政治领域，广而言之，在变革对象的不同实践过程中，都可以看到其现实作用。《易传》已指出："言、行，君子之所以动天地也。"①"动天地"，隐喻着对外部世界的影响，而"言"则与"行"相联系，被视为产生上述影响的现实力量。在相近的意义上，《易传》强调："鼓天下之动者存乎辞。"②"辞"以名言为其形式，认为"辞"可以"鼓天下之动"，同时也蕴含着对名言作用的肯定。王夫之对此作了进一步的解释和发挥：

> 辞，所以显器而鼓天下之动，使勉于治器也。③

"显器"，侧重于对外部世界的描述和说明，"治器"，则以变革外部世界为内容；以辞"显器"与以辞"治器"的统一，在不同层面上涉及了名言与现实的关系。

语言作为"表达观念的符号系统"，与概念、命题以及展开于概念、命题的理论难以分离；语言的基本单位——语词、语句便分别以概念、命题为其内涵。当概念、命题、理论所构成的思想以不同的方式影响、变革现实时，语言也相应地展示了其规范的作用。事实上，中国哲学中的"名"，便往往同时包含了思想内容（概念）与语言形式（语词）两重含义，"正名"或以"名"（辞）治器，也总是同时涉及以上两个方面。从另一视域看，名言既通过"说"而与人"在"世的过程相

---

① 《易传·系辞上》。

② 《易传·系辞上》。

③ 王夫之：《周易外传》卷五，《船山全书》第一册，第 1029 页。

联系并制约着后者,又通过"行"而影响现实。就前者而言,言说本身也是一种存在的方式,就后者而言,名言又展现为改变世界的力量;换言之,语言不仅仅涉及主体间的理解、沟通,而且作为一个内在环节而参与了现实的变革。不难看到,"说"与"在"、解释世界与变革世界本质上具有内在的统一性。

20世纪初以来,语言的意义一再被强化,它在某种意义上甚而成为哲学论辩的中心。随着语言问题的中心化,语言本身往往被赋予本体的性质。以语言本体化为前提,当代的一些哲学家常常将解释世界视为人的存在方式,并相应地淡化了人与世界的实践关系。事实上,在斯特劳斯疏离"修正的形而上学"而推崇"描述的形而上学"、海德格尔强调语言即存在之家等立场之后,我们都可以看到注重对存在的解释而忽视对现实世界的变革等趋向:"描述的形而上学"以表示存在的语言作为解释的对象,这种对解释的再解释不仅拒斥了在观念层面对存在的修正,而且更在实践的层面远离了对存在的变革;同样,以语言为存在之家,也趋向于将理解视为人的本真存在形态,后者往往使如何变革世界的问题难以落实。较之当代哲学有关语言的思考,中国哲学对名言作用的如上考察,似乎展示了更广的视野,它对我们今天进一步理解语言与存在的关系,无疑也提供了富有启示意义的思路。

三

"说"与"在"的统一,不仅在一般意义上展示了语言与现实的关联,而且从一个方面体现了语言与人的相关性。广而言之,以敞开与变革世界为指向,语言与人的联系呈现于多重方面。

个体的"在"世过程,往往伴随着某种"独语",认识论意义上的默而识之、德性涵养层面的反身而诚、审美领域中自我精神的净化和提升，等等，都包含着不同形式的"独语"。在宽泛的意义上，"独语"以自我为对象，可以视为无声的言说。以"思"或反省为形式，"独语"既意味着化外在的社会文化成果为个体的内在精神世界，又以自我人格理想的实现和潜能的完成为指向。面向自我的"言说"或反思，每每使个体逐渐扬弃自在的形态，由存在的自觉而走向自为的存在。王夫之曾从成德的角度，肯定了"默"的意义："知而言之以著其道，不如默成者之厚其德以敦化也。"①这里的"默"，并非完全隔绝于"言"，而是主要区别于外在或外向的言说，它可以视为"独语"的一种特定形态。② 对于"道"，固然要以理性的方式加以把握和表述，但如果仅仅停留在"知"与"言"的层面，则依然是外在的，唯有以反思和反省的方式把见道的过程与自身的涵养结合起来，才能真正成其德。这一意义上的"默"所着重突出的，不是绝对的无言，而是成就自我这一指向；而所谓"德"，也并不仅仅是狭义上的道德品格：它同时是本体论意义上的精神世界。

作为人的存在形态，广义的言说与内在的精神世界之间呈现为互动的关系。《易传》曾指出：

君子进德修业，忠信所以进德也。修辞立其诚，所以居业也。③

---

① 王夫之：《读四书大全说》卷六，《船山全书》第六册，第 870 页。
② 这里也许可以将独语与王夫之所说的"自言"作一区分，王夫之认为"言"指自言，"语"则意谓语人。但他同时将"有所论辩而著之于简编"也列为"言"的形式（参见王夫之：《读四书大全说》卷六，《船山全书》第六册，第 870 页）。在此意义上，言或自言也具有外在的指向性。相形之下，"独语"则更多地与个体自身的完成、实现相联系，从而与王夫之所说的"默"相通。
③ 《易传·乾·文言》。

"修辞"涉及言说的方式,"立其诚"则既指向表达的真诚性,也涉及德性的真诚性。在此,如何言说与德性培养之间的相关性无疑得到了确认。从另一方面看,内在的精神世界往往又制约着人的言说方式。《易传》曾对此作了如下论述:"中心疑者,其辞枝。吉人之辞寡。躁人之辞多。诬善之人,其辞游。失其守者,其辞屈。"①认为一定的精神形态与一定的表述方式之间具有直接的对应性,这当然未必确当,事实上,二者的关系远非如此简单。但是,肯定心与言并不是互不相关,则显然不无所见。以人格、境界等形式表现出来的精神世界,总是有其形之于外的一面,后者既展开于"行",也体现于"言"。从形式的层面看,个体的不同修养程度,常常使言说呈现"文""野"之别;就实质的维度而言,个体在精神境界上的差异,则每每使言说形成"诚""伪"等区分。

与人的社会性品格相应,语言本质上并不限于主体之域,而总是指向主体间的关系。在主体间的交谈及对话中,"说"者意欲表达的东西与他实际给予"听"者的内容,往往并不一致,"所说"的较之"欲说"的,常常更为丰富。这里既涉及语义学层面上说者是否真实地表达了某种观念,也关联着在语用学层面上说者究竟拟传递何种意义。通过表达与回应的往复交替,所说的内容总是不断地得到澄清,说者与听者也总是由此而加深了彼此之间的理解。不难看到,在"说"与"听"之后,是主体之间的关系,与之相联系,听言与知言的实际含义之一,是知人。孔子已将知言与知人联系起来,并把知言视为知人的前提:"不知言,无以知人。"②扬雄对此作了更具体的阐释:

① 《易传·系辞下》。
② 《论语·尧曰》。

面相之,辞相适,捝中心之所欲,通诸人之嗫嚅者,莫如言;弥纶天下之事,记久明远,著古昔之唔唔,传千里之忞忞者,莫如书。故言,心声也;书,心画也。声画形,君子小人见矣。①

"知人"意味着把握作为社会存在的人,其中既蕴含着本体论内涵,又涉及价值的定位(分别君子与小人)。言说表现为面对面的交流(面相之,辞相适),文字(书)则超越了特定的时空;通过直接的对话及文献的解读,可以从一个方面了解人。在这里,言说与理解同时呈现了本体论与价值论的向度。

广而言之,言说及对话不同于纯粹形式化的、逻辑的推绎,它以生活世界中有生命的、呈现多样人格特征的人为现实主体。作为人的实际交往方式,言说与对话使参与者彼此走近,形成并建立某种现实的社会联系,从而为主体间的沟通提供了前提。在以语言为中介的交往过程中,交往的参与者既共同面对外部世界的对象,并借助能够彼此理解的同一语言系统而对这些对象获得共识,又通过言说和对话而达到相互理解。这种共识与理解一方面构成了主体间关系形成的条件,另一方面又为生活世界中的"共在"及广义实践过程的展开提供了某种担保:实践过程中目标的理解与落实、具体规划的贯彻、主体间行动的协调与合作、对实践结果的评价,等等,都离不开语言的作用。不难看到,语言及言语不仅制约着个体的精神世界,而且也从一个方面建构着主体间关系及生活世界。

言说与对话过程中形成的交往关系,本身也是社会领域的存在形态,并相应地具有本体论意义;而从价值观的角度看,通过对话而

———

① 扬雄:《法言·问神》。

展开的交往过程,则涉及合理性的问题。荀子曾对此作了多方面的考察。在《正名》中,荀子首先将"仁心""公心"等提到了重要的地位:"以仁心说,以学心听,以公心辩。不动乎众人之非誉,不治观者之耳目,不赂贵者之权执,不利传辟者之辞,故能处道而不贰,吐而不夺,利而不流,贵公正而贱鄙争,是士君子之辩说也。"①"仁心"涉及动机的端正,"学心"内含谦逊之意②,"公心"则既意味着以平等之心参与讨论,也要求公正地对待不同意见。这里特别值得注意的是对"公心""公正"等态度的强调,荀子将这种态度与外在的毁誉、鄙争及权贵之势加以对照,其中蕴含着对两种不同言论或对话方式的区分:前者出于平等之心、持以公正态度,后者则为外在的舆论、权势等所左右。在荀子看来,唯有后一种论辩,才是君子之辩。按其实质,不同的论辩方式之后,蕴含着主体间的不同对话、交往形式,在权势等外在力量支配之下的对话,往往导致主体间关系的扭曲,而合理的论辩方式则以合理的主体间关系为指向。

与公心、公正相联系的是兼听、兼覆:"有兼听之明,而无奋矜之容;有兼覆之厚,而无伐德之色。说行则天下正,说不行则白道而冥穷,是圣人之辩说也。"③辩说过程中的兼听、兼覆,既作为全面性的要求而与偏听、偏信相对,又表现为一种宽容的立场。④ 言说与对话的

---

① 《荀子·正名》。

② 王先谦:"以学心听,谓悚敬而听它人之说。"(王先谦:《荀子集解》,中华书局,1988 年,第 424 页。)

③ 《荀子·正名》。

④ 在《非相》中,荀子曾指出:"故君子之度己则以绳,接人则用抴。度己以绳,故足以为天下法则矣;接人用抴,故能宽容,因求以成天下之大事矣。故君子贤而能容罢,知而能容愚,博而能容浅,粹而能容杂,夫是之谓兼术。"(《荀子·非相》)这里在更广的意义上涉及任何处理"己"与"人"的关系,"兼听""兼覆"与此处所表达的"容"或"宽容"的观念,无疑具有一致性。

过程不能仅仅执着于一偏之见而强词夺理(奋矜),也不应当自以为是、以势压人(伐德),合理的对话不仅要求拒斥片面性,而且应以宽容为原则,后者具体表现为肯定对话参与者的言说权利,容许他们表达不同的意见,等等。不难看到,这种宽容的原则和实质,是主体之间的相互尊重,后者同时从另一方面为建立合理的主体间关系提供了前提。

在对话过程中,公正、宽容等主要关涉如何对待其他的参与者,就主体自身而言,则往往面临真诚与否的问题。在对言说与对话作进一步考察时,荀子提出了如下看法:

> 君子之言,涉然而精,俛然而类,差差然而齐。彼正其名,当其辞,以务白其志义者也。①

所谓"白其志义",是指真诚地表达自己的观点和意见。从表述方式看,"务白"以强化的语气,突出了在言说过程中,真诚具有不可忽视的意义。就社会交往而言,真诚是主体之间相互信任的前提,如果在言说与对话中言不由衷、曲意掩饰自己的真实想法,则对话的参与者之间便容易彼此隔阂、疏离。在这里,言说的真诚性既从一个方面担保了对话、交往主体的相互理解与沟通,又为主体间关系走向健全形态提供了可能。

可以看到,中国哲学对语言与人的关系作了多方面的考察,其中包含着值得注意的洞见。语言作为人把握世界及"在"世的方式,既以人自身的存在为根据,又内在于人的存在过程。以独语、对话为形式,语言不仅在个体之维影响着自我的存在过程及精神世界的形成,

---

① 《荀子·正名》。

而且在类的层面上构成了主体间交往和共在、实践过程及生活世界的建构所以可能的前提。中国哲学所蕴含的以上看法,对深入地把握语言与存在的关系,提供了历史的视域。

(原载《陕西师范大学学报》2004 年第 4 期)

道论：超验的进路及其衍化

　　自原始的阴阳说①与五行说②开始，早期的哲学思维便已开始涉及世界的发展和统一的问题，后者构成了天道观的基本内容。当然，不同的哲学家或哲学体系，往往具有相异的解释模式。原始的阴阳五行说，注重的是动力因与质料因的探索；孔墨主要在"天命"或"天志"的框架下展开各自的天道观。相形之下，《老子》的世界解释模式则以道为轴心。《老子》以后，《庄子》《管子》《易经》等循沿以上路向，从不同角度对道论作了引申和发挥，各自蔚成一系。道论的逻辑演进不仅从一个侧面表现了先秦天道观的深化过程，而且

---

① 《易经》。
② 《尚书·洪范》。

对尔后整个古典哲学亦产生了不可忽视的影响。

一

　　作为先秦道论的滥觞，《老子》哲学乃是围绕道而展开的。《老子》首先对道作了如下界说："有物混成，先天地生，寂兮寥兮！独立而不改，周行而不殆，可以为天地母，吾不知其名，字之曰道，强为之名曰大。"①所谓天地之母，含有本原之意。这一点，《老子》在另几处作了更明确的阐释："道冲，而用之或不盈。渊兮，似万物之宗。""谷神（指道——引者）不死，是谓玄牝。玄牝之门，是谓天地根。"②以道为万物之母、宗、根，明显地表露了探寻万物统一之本原的趋向。在《老子》以前，原始的五行说试图从宇宙构成的原料上说明万物的统一性。然而，金、木、水、火、土等质料按其本性仍属于具体的物质形态，而具体的物质形态作为特殊的样式，本身并不能成为万物统一的基础，因此，以五行来解释万物的统一性，在理论上有其难以克服的困难。较之朴素的五行说，以不同于具体样式的道作为万物之本根，在世界的统一性问题上无疑具有更普遍的解释功能。不妨说，道的提出，同时便意味着对原始的质料因之超越。

　　不过，在《老子》那里，道作为万物的本原，虽然亦有本体论的含义，但同时又是就宇宙论而言。所谓"天地之母""万物之宗""玄牝之门"等，都含有一种生成的意味。事实上，《老子》也一再把道与万物的关系视为一种衍生的关系："道生一，一生二，二生三，三生万物，

---

　　① 《老子·二十五章》。
　　② 《老子·四章》《老子·六章》。

万物负阴而抱阳,冲气以为和。"①这里所表述的,基本上是一种宇宙的生成论,它表明,《老子》虽然超越了质料因的探索,但其道论仍交错着本体论与宇宙论的不同进路。

以上所论,主要涉及道与具体对象之间的关系。进一步看,道本身具有何种规定? 对此,《老子》作了如下描述:"视之不见,名曰夷,听之不闻,名曰希,抟之不得,名曰微。……其上不皦,在下不昧,绳绳兮不可名,复归于无物,是谓无状之状,无物之名象,是谓惚恍,迎之不见其首,随之不见其后。"②视之不见,听之不闻,意味着缺乏感性的属性,唯其如此,故无法由感知来把握;无状之状,无物之象,则指不占有空间,从而无具体的形态。这种剔除了物质属性(复归于无物)而又无空间形式的"天地之根",显然带有超验的性质。

超验蕴涵着"形而上"之意。事实上,当《老子》强调道"先天地生",并以"寂""寥""惚恍"等来规定道时,便已在道与具体对象之间划下了一道界线:无状之状,无物之象的道,与形而下的万物在某种意义上表现为两个序列。从逻辑上说,界线意味着分离,这样,《老子》在以道为宇宙之始基的同时又将道超验化,便内在地潜下了始基与万物分异的契机。

要而言之,《老子》的道论在总体上包含着两重性:一方面,它扬弃了原始的阴阳五行说,以不同于具体样态的道为统一之源,从而在解释世界的统一性问题上前进了一步;另一方面,又由强调本原与特殊样式的区别,进而抽去了道的具体规定,使之变成一种"绳绳兮不可名,复归于无物"的超验存在。后者使《老子》未能真正圆融地解决道与万物的统一问题。

---

① 《老子·四十二章》。
② 《老子·十四章》。

二

《老子》道论所蕴涵的内在理论困难,引发了后人对道的哲学作进一步的探索,这种探索首先体现在《管子》书中。

《管子·内业》对道有一个总纲式的论述:"万物以生,万物以成,命之曰道。"这种从宇宙生成的角度,肯定道为万物之源的看法,大致与《老子》前后相承。在《管子》看来,道作为万物之本原,不同于具体对象:"虚无无形谓之道。""道也者,动不见其形,施不见其德,万物皆以得,然莫知其极。"①无形云云,旨在强调,道并不是具有特殊形态的质料。在这里,我们同样可以看到一种超越质料因的思维趋向,它与《老子》哲学也存在着明显的渊源关系。

然而,如果我们对《管子》道论作进一步的分析,则可以看到,关于道的具体规定,《管子》与《老子》存在着重要的差异。在《老子》那里,道基本上被剔除了一切物质的属性:它的根本规定便是"无"(《老子》哲学中的"无"与道基本上相通)。就此而言,《老子》所说的道实质上具有超验实体的意味。与《老子》将道与"无"合而为一不同,《管子》着重对道与气作了沟通。《心术上》指出:"道在天地之间也,其大无外,其小无内。"《内业》篇则认为:"灵气在心,一来一逝。其细无内,其大无外。"在这两段论述中,道与气呈现了内在的相通性。气与道既然相通,那么,道为万物之本原,与气为万物之本原,便也具有相关性。《管子》在肯定万物由道而生、由道而成的同时,确实也一再强调气为万物之源:"凡物之精,此则为生,下

---

① 《管子·心术上》。

生五谷,上为列星。""精也者,气之精者也。"①"有气则生,无气则死,生者以其气。"②气作为细微的物质周流于天地之间,从地上的五谷,到天上的星辰,从无生命的存在,到有生命的现象,都由气的相互作用构成。这种看法既克服了以具体质料或样态来说明世界统一性的困难,又扬弃了对世界统一性原理的思辨解释。从天道观的演变来看,《管子》的精气论思想,似乎对传统的元气论具有某种奠基的作用:正是以道与气的融合为起点,元气论自然观开始了其绵绵不绝的历史。

气与道的合而为一,不仅使道获得了更为实在的规定,而且开始使道摆脱了超验的形式。如前所述,在《老子》那里,道作为天地万物之本原,乃是一种先于天地生的超验实体:它化生万物而又凌驾于万物之上。正是对道的这种理解,使《老子》始终未能解决本根与具体样式之间的统一问题。《管子》虽然也以"无形"等来描述道,并对道与具体对象作了区别,但它所谓"无形",主要指气之充盈而无形,并无超时空的含义。在肯定道(气)虚而无形的同时,《管子》一再强调道并非超然于具体事物之外,而是"舍"于"德"之中:"天之道,虚其无形。虚则不屈,无形则无所位(位即抵牾——从王引之说),无所位,故遍流万物而不变。德者道之舍……舍之之谓德,故道之与德无间,故言之者不别也。"③所谓"德",也就是通过接受道而获得具体规定及特定本质("德者,得也"),稍加引申,则德即泛指由道化生而成的具体对象。按《管子》之见,道虽然是万物所以生、所以成的本原,但它本身又存在于具体对象之中,并与之融为一体。这样,《管子》便

---

① 《管子·内业》。
② 《管子·枢言》。
③ 《管子·心术上》。

以气与道的沟通为中介,通过肯定道与德之一体无间,在理论上克服了世界的本原与具体物质样式之间的分离。

就先秦天道观的演进而言,《管子》的以上思想可以看作是从道论到气论的过渡:道的超验性一旦被扬弃,则形而上的本根便开始被还原为一种具有现实性品格的实体(气),而《管子》正是试图在后者之上重建世界的统一性原理。

三

与《管子》将道论引向气论不同,庄子从另一角度对道的哲学作了独特的发挥。

在考察世界之本原为何这一问题时,庄子同样引入了道这一范畴:"夫道,有情有信,无为无形,可传而不可受,可得而不可见,自本自根,未有天地,自古以固存;神鬼神帝,生天生地;在太极之先而不为高,在六极之下而不为深,先天地生而不为久,长于上古而不为老。"①与《老子》一样,庄子认为,先天地而生的道虽然化生万物,但本身却不具有物质规定性:"有先天地生者,物耶? 物物者非物。"②物物者即道,非物与物则表现为对立的两极,以非物规定道,意味着将普遍之道与特定之物区分开来。

然而,当涉及道与具体样式的关系时,庄子的观点便开始偏离《老子》哲学。在《老子》那里,道作为物物者,乃是超然于万物之上,庄子则着重强调:"物物者与物无际。"③无际即无界限。道与万物何

---

① 《庄子·大宗师》。
② 《庄子·知北游》。
③ 《庄子·知北游》。

以无截然分明之际？这一问题的解决,涉及对道本身的进一步规定。《知北游》记载了庄子与东廓子的一段对话:"东廓子问于庄子曰:'所谓道,恶乎在?'庄子曰:'无所不在。'东廓子曰:'期而后可。'庄子曰:'在蝼蚁。'曰:'何其下邪?'曰:'在稊稗。'曰:'何其愈下邪?'曰:'在瓦甓。'曰:'何其愈下邪?'曰:'在屎溺。'"概而言之,庄子的基本论旨,便是道遍存于一切对象之中,即使低微污秽之物,亦与道无际。在这里,道实际上已被内在化了:它化生万物而又与物为一体。这种看法与泛神论有相通之处。泛神论的主要特点,在于强调终极的实体并不是超然于万物之上,而是内在于万物之中,并通过自然对象而表现出自己的功能。庄子的思想先驱老子尽管也一再强调"道法自然",亦即否定道是有意志的人格化的存在,从而将道论与宗教天命论区别开来,但就其将"物物"之道置于万物之上而言,又多少带上了传统天道观念的印记。相形之下,庄子肯定道存在于一切对象之中并与物无际,似乎将《老子》的道论引向了泛神论。

从道内在于物的观点出发,庄子对当时的莫为说与或使说都提出了批评。据《则阳》篇记载,当时一个名叫季真的,主张莫为说;另一个被称为接子的,则持或使说。或使说认为,在万物之外有一个超然的主宰,它推动着万物的运动变化。庄子以风的运动为例,对这种观点提出了责难:"夫吹万不同,而使其自已也。咸其自取,怒者其谁邪?"[1]大风吹过,发出各种声音,但风吹风止,都取决于风自身,而并不是由外在推动力决定的。由此,庄子进而否定了真宰。在他看来,万物之运动变化犹如大风的吹与止,看上去似乎有一个"真宰",但其实却并没有真宰的踪迹。

---

① 《庄子·齐物论》。

对季真的莫为说，庄子同样持否定的态度。莫为本来指没有一个外在的推动者，但季真的莫为说则以为，存在着一种实体，它"在物之虚"而莫为于物。所谓在物之虚，也就是外在于物。这样，季真虽然否认道作为主宰而作用于物，但却仍然在道与物之间划了一道界线。这种看法与道内在于物的主张显然颇相径庭，因而也为庄子所不取："或使莫为，在物一曲，夫胡为于大方？"①对或使与莫为的如上批评，含有反对在万物之外寻找超验推动者之意，它同时又从另一个侧面对道的内在性作了进一步的确认。

肯定道内在于万物，并不意味着已超越了宇宙论。事实上，庄子对世界的解释，往往主要着眼于宇宙万物之生成。道作为物物者，究竟如何化生万物？在解决这一问题时，庄子提出了形生于精，精生于道的看法："夫昭昭生于冥冥，有伦生于无形，精神生于道，形本生于精，而万物以形相生。"②此处之"精神"，亦即"精"与"神"，精即气（精气），神则指精气的微妙作用。这种含义，与《管子》对"精""神"的解释，有相通之处。③ 在此，气构成了从道到有形之物的中介。按庄子之见，气产生于道，万物则由气的聚散而构成："人之生，气之聚也，聚则为生，散则为死……故曰：通天下一气耳。"④"气变而有形，形变而有生。"⑤如上所述，这些看法与《管子》不无相近之点。不过，在《管子》那里，气与道完全为一（二者不存在衍生与被衍生的关系）。换言之，气表现为一种本原，而不仅仅是一种质料。与此相对，在庄

---

① 《庄子·则阳》。

② 《庄子·知北游》。

③ 冯友兰先生认为，庄子"所说的'精''神'和稷下黄老学派所说的，是一致的。"参见冯友兰：《中国哲学史新编》第二册，人民出版社，1983年，第127页。

④ 《庄子·知北游》。

⑤ 《庄子·至乐》。

子的道论中,道与气的关系呈现为本原与质料的关系:气只是从属于本原(道)的具体质料。

庄子的如上看法具有明显的两重性:一方面,以气从属于道,与《管子》从道论到气论的思路刚好相反,表现为元气论思想的逆转;另一方面,本原与质料的区分,又在理论上为说明世界统一性与多样性提供了必要的前提:道作为本原,构成了世界的统一性原理,而气则作为质料因而将统一的本原与多样的事物联系起来。

气作为质料,其"变而有形"的过程,也就是阳阴交互作用的过程:"至阴肃肃,至阳赫赫。肃肃出乎天,赫赫发乎地,两者交通成和,而物生焉。"①阴阳即气的两个方面:"阴阳者,气之大者也。"②在庄子以前,伯阳父曾以阴阳之相互制约来解释地震,但这仅仅涉及某一具体现象,而未上升为对万物起源的普遍说明;《老子》提出"万物负阴而抱阳"的命题,但又只限于指出万物包含阴阳两个方面,而未从动态的角度说明阴阳之相互联系;《管子》注意到了气和合而生物,但对气的辩证本性则有所忽视。较之前人,庄子对万物生成过程的解释,无疑更为深入。阴阳"交通成和"之说,在逻辑上似乎构成了后来《易传》的先声。

概而言之,庄子在将《老子》的道论导向"与物无际"的泛神论的同时,又引入了气论的某些看法,并对气论作了二重改造:一方面,扬弃了《管子》对气论的素朴实在论规定;另一方面,又从本原与质料的结合上,对世界的统一性与多样性的关系作了某些说明,并以辩证的方式,阐释了万物的生成过程。从道论的演进来看,庄子哲学构成了从《老子》《管子》到《易传》的中介。

---

① 《庄子·田子方》。
② 《庄子·则阳》。

四

　　《易传》十篇,一般被视为儒家经典,但从先秦天道观的逻辑发展来看,《易传》的思想与《老子》道论颇有前后相承之处。也许多少是有鉴于此,故旧有"易老相通"之说。

　　《易传》对道也有一个总纲性的界说:"一阴一阳之谓道。"①此处之"一阴一阳",既是指天地万物的变化过程,又是指这一过程所体现的发展法则,而以一阴一阳来规定道,则相应地意味着把道理解为宇宙大化流行的过程以及宇宙本身的发展法则。从理论上看,在《易传》那里,道论基本上便是沿着以上两个方面衍化的,而这一衍化过程同时又是《易传》天道观展开的过程。

　　《易传》以乾道与坤道为起点,建构了一个宇宙模式:"大哉乾元,万物资始……乾道变化,各正性命。""至哉坤元,万物资生。"②乾坤分别表示天地,元则指气③,在这里,乾坤之道与天地之气相通,而万物则由二者所构成。关于这一点,《易传》在另一处作了更明确的阐述:"有天地,然后万物生焉,盈天地之间者唯万物。""天地氤氲,万物化醇。"④以天地之气的交互作用(氤氲)来说明万物的起源和构成,与《管子》及庄子的看法大致一脉相承,它在形式上仍带有宇宙论的特点。

　　不过,《易传》的注重之点并不仅仅在于描述宇宙的起源与构成。综观十翼,我们便不难发现,贯穿于其间的基本观念,乃是日新创生。

---

①　《易传·系辞上》。

②　《易传·乾·彖》《易传·坤·彖》。

③　李鼎祚引《九家易》云:"元者气之始也"。

④　《易传·序卦》《易传·系辞下》。

《系辞上》说："日新之谓盛德，生生之谓易。"方东美曾以怀特海（Whitehead）的术语 creative creativity（创造的创造）来翻译"生生"，[①]这有一定道理。所谓"生生"，也就是创新不已，从而，《易传》以生生定义易，意味着将生生不息的日新过程提到突出的地位。在《易传》看来，生生不已的过程不仅体现了易的基本原理，而且构成了道的基本规定："天地之道恒久而不已也。"[②]在这里，易与道便以恒久不已的创生过程为中介而沟通起来。

从道论的衍化来看，《老子》以道为统一的本原，但同时又把道理解为一种超验的实体；《管子》沟通了道与气，庄子强调道与物无际，二者从不同侧面扬弃了道的超验性，但同时又保留了道的实体性规定。就总体而言，《老子》《管子》及庄子着重阐发了万物的统一性原理（万物发端并统一于道）。相形之下，《易传》则主要将道与过程联系起来，从而开始由实体的考察转向过程的考察。事实上，在《易传》中，我们看到的，往往并不是对宇宙万物既成形态的描述，而更多的是对消息盈虚、变迁运动的肯定："天地盈虚，与时消息。""在天成象，在地成形，变化见矣。""日往则月来，月往则日来。"[③]总之，整个宇宙被理解为是一个大化流行的过程。不难看出，这里的注重之点，已不再仅仅是万物的统一性原理，而更在于宇宙的发展原理。

宇宙作为一个化生流行的过程，究竟是由什么力量推动的？这一问题的解决，内在地关联着对道的规定。当《易传》以"一阴一阳"来界说道时，便已蕴涵着关于化生变迁原因的看法：所谓一阴一阳，不外是阴阳的交互作用及由此而产生的变化过程。在这里，宇宙化

---

① 参见方东美：《中国哲学之精神及其发展》，成均出版社，1984 年，第 155 页。
② 《易传·恒·象》。
③ 《易传·丰·象》《易传·系辞下》。

生运动的根源,便被理解为对立面的统一。综观整部《易传》,其反复阐述的,也正是对立面的统一这一发展原理:"一阖一辟谓之变,往来不穷谓之通","刚柔相推而生变化","二气感应以相与","天地感,而万物化生","往者屈也,来者信也,屈信相感而利生焉","天地交而万物通也"①,等等。在以上陈述中,一阴一阳之道具体展开为阖与辟、天与地、刚与柔、屈与伸等对立方面的交互作用,而万物则由此而化生衍变,并表现为一个流行不息的无穷过程。

在《易传》以前,《老子》已注意到了对立面的相互依存与转化,它曾描述了对立面相互依存的某些现象,如"有无相生,难易相成,长短相形,高下相倾",等等,并对事物向对立面的转化作了一般的概括:"反者,道之动。"②不过,《老子》在看到肯定的东西之中总是包含着否定的方面(唯其如此,故事物必然向相反的方向转化)的同时,又忽视了从否定到肯定的转化。这样,对立的交互作用便仅仅具有消极的意义。正是根据这种理解,《老子》主张"知其雄,守其雌",亦即将事物保持在肯定的状态之中,并以静作为事物存在的根本方式:"静为躁君","夫物芸芸,各复归其根,归根曰静"。③ 不难看出,《老子》哲学缺乏一种发展的观念。庄子提出了阴阳"交通成和而物生"的观点,亦即把对立面的交互作用视为万物构成的必要前提,从而表现了不同于《老子》哲学的思维趋向。但在庄子那里,阴阳之交通,主要用以解释万物的形成,它并未被规定为生生不息的宇宙过程之内在原因。荀子将阴阳与变化联系起来,认为"天地合而万物生,阴阳接而变化起"④,亦即从阴阳的对立统一中寻找万物变化的根源,这一论点

---

① 参见《易传·系辞上》《易传·咸·彖》《易传·系辞下》《易传·泰·彖》。
② 《老子·四十章》。
③ 《老子·二十六章》《老子·十六章》。
④ 《荀子·礼论》。

可以视为《易传》的先导。不过,荀子尽管肯定了变化与阴阳的联系,但他并未对此作系统发挥,亦未将其提到道(发展法则)的高度。较之以上诸家,《易传》在天道观上无疑提供了新的见解:不妨说,正是在《易传》那里,宇宙论(包括道论)才开始与过程论融合,而一阴一阳之对立面的统一,则明确地被提升为宇宙的发展法则。

当然,《易传》的体系形成于对《易经》的诠释,而《易经》又是一部古筮书,其内容往往与宗教神学纠缠在一起,《易传》在注解《易经》时,也不能不受到其影响,后者使《易传》在总体上表现为一种先验的思辨构架。《系辞上》说:"是故形而上者谓之道,形而下者谓之器。"与"一阴一阳之谓道"一样,这一看法也带有总纲的性质。根据如上解释,则宇宙的发展法则,乃是存在于具体对象之前的第一原理。在这种思辨体系的桎梏下,《易传》未能完全摆脱循环论,从以下所论,便不难看到这一点:"终则有始","无往不复"。① 这些看法,使表现为过程论的道论受到了内在的限制。

从《老子》到《易传》,先秦道论经过了一个衍化展开的过程。道首先被规定为统一的本原,但同时又被赋予超验的性质(《老子》);尔后,通过气与道的沟通(《管子》)以及道与物无际的确认(《庄子》),道的超验性开始在不同程度上被扬弃,而阐释统一性原理的道论则获得了更为具体的内容;最后,《易传》以"一阴一阳"规定道,从而将过程论及发展原理引入了道论,并使道论获得了辩证的规定。道论的如上演进,反映了先秦哲学对世界的统一性原理与发展原理的思考过程,并制约着后起哲学家们的进一步探索。

（原载《江淮论坛》1991 年第 2 期）

---

① 《易传·恒·彖》《易传·泰·彖》。

知治统一

相对于儒家之注重仁与知的统一,先秦法家更多地将认识过程与法治的政治实践联系起来。仁知统一蕴涵着伦理学与认识论的融合,知治统一则意味着政治哲学对认识论的渗入。后者在韩非那里获得了具体的理论形态。

一

对认识主体的考察构成了韩非认识论的起点。韩非首先强调主体的受动性:"因天之道,反形之理,督参鞫之,终则有始。虚以静后,未尝用己。"①质言之,在

① 《韩非子·扬权》。

认识过程中,主体必须从实际出发,遵循客观规律,排除主观成见,如实地反映对象。根据这一观点,韩非批评了"前识"说。所谓前识,亦即脱离客观事物及其规律的臆测:"先物行先理动之谓前识。前识者,无缘而忘(妄)意度也。"①这种方法的根本错误,是否认客观对象对主体及其活动的制约性。运用前识去认识事物,其结果只能是"苦心伤神"。对前识的这种否定,从反面论证了主体具有受动性的特点。

承认主体的受动性,是否意味着主体对外部事物的认识是一种完全被动的活动?在回答这一问题时,韩非转而考察了认识主体的另一面——能动性这一面。他指出:"聪明睿智,天也;动静思虑,人也。人也者,乘于天明以视,寄于天聪以听,托于天智以思虑。"②感官(天聪、天明)与思维器官(天智)是感知与思虑的自然基础,但它们仅仅为认识活动提供了可能性,只有在运用它们去感知、思考对象的过程中,才会产生视、听、思等认识活动。韩非还从感官状况对感知结果的影响这一角度,论证了主体在认识活动中的能动性:"目不明则不能决黑白之分,耳不聪则不能别清浊之声。"③黑白清浊是一种客观存在,但只有运用正常的感官才能对它们作出区分。如果说,前一看法是从天人相分的角度,肯定感知与思虑仅仅是人所特有的能动活动,那么,后一论述则从"决""别"的意义上,将主体在认识过程中的能动作用具体化了。

从肯定主体在认识过程中的双重性出发,韩非进而对认识对象作了考察。在他看来,客观事物并不是一堆杂乱无章的偶然现象,其

① 《韩非子·解老》。
② 《韩非子·解老》。
③ 《韩非子·解老》。

间内在地蕴涵着必然之理。韩非把支配万物的一般规律称为道:"道者,万物之所然也,万理之所稽也。"不同的事物又各有异理,什么是理?"凡理者,方圆、短长、粗靡、坚脆之分也"①。方圆、短长等都是事物的特殊矛盾,依此,则理便由事物的特殊矛盾构成的特殊规定。正由于"万物各异理",它们才可以为人所认识:"故理定而后可得道也。"②这样,认识客观事物的过程即被理解为把握道和理。

以明理(道)为认识的宗旨,决定了认识不能停留于消极的直观之上。韩非指出:"夫视锻锡而察青黄,区冶不能以必剑……观容服,听辞言,仲尼不能以必士。"③视、察、听都是感性直观;必剑即判别剑之"钝利",必士则是确证士之"愚智"。钝利、愚智与方圆、长短处于同一序列,都属于理的范畴。韩非认为视、察、观、听不足以必剑、必士,表明他已朦胧地认识到,感性直观不能把握事物的内在规定。

直观既有如上限定,那么,通过何种途径才能把握事物的内在规定?如前所述,天人之分意味着肯定主体的能动性,而承认主体的能动性又内在地蕴涵着对认识活动的能动性之肯定;同时,视、察等直观方式的局限,又决定了它们不可能成为明理(道)的有效方法。如果说,前者是以能动性否定认识的被动、消极性,那么,后者则进而要求把认识的能动性与人的自觉活动联系起来。韩非指出:"夫视锻锡而察青黄,区冶不能以必剑,水击鹄雁,陆断驹马,则臧获不疑钝利。发齿吻形容,伯乐不能以必马,授车就驾而观其末涂,则臧获不疑驽良。"④挥剑击雁,驾马驱车,一方面是各种物质力量交互作用的过程,另一方面又是由主体控制并参与其间的活动。正是在事物的相互作

---

① 《韩非子·解老》。
② 《韩非子·解老》。
③ 《韩非子·显学》。
④ 《韩非子·显学》。

用中,对象的特性及规定才得到充分暴露;也正由于这种活动是由人直接控制和参与的,事物的性质才为人所认识。通过纵马驰骋,主体才能了解马之驽良;通过击雁斩驹,剑之钝利才为人所知。显然,韩非已在某种程度上意识到:只有在人的自觉的活动中,才能揭示事物的内在本质。

把主体的自觉活动作为认识的一种途径,并在认识发生的意义上强调行的作用,这在先秦哲学中似乎并不多见。当然,韩非以前,墨子已表现出注重行的倾向,主张"口言之,身必行之"①。荀子则把行视为知的目的:"学至于行之而止矣。"②同时,墨子在三表说中提出了"废以为刑政,观其中国家百姓人民之利"③,荀子肯定"求之而后得,为之而后成"④,二者已从不同的方面注意到了人的活动在知识形成中的作用。韩非的以上看法,在此基础上进一步探索了行向知的转化问题,从而补充、丰富了前人的知行学说。当然,韩非的这一思想还处于十分朴素的水平:他基本上仍停留于实例的描述上,并没有对知来自行的认识论思想作明确的理论概括。这表明,他对这一问题的认识还处于自发的阶段。

以行作为敞开并认识事物本质的途径,主要将直观与活动作了区别。由此出发,韩非论述了感性直观和理性思维的关系:"空窍者,神明之户牖也。"⑤空窍即耳目等感官,神明则相当于理性思维。以空窍作为神明之户牖,意味着承认感官是思维与外部事物联系的通道。而感官又与感知相联系,因此,这里已接触到理性思维对感性知觉的

---

① 《墨子·公孟》。

② 《荀子·儒效》。

③ 《墨子·非命上》。

④ 《荀子·儒效》。

⑤ 《韩非子·喻老》。

依赖关系。在肯定空窍是神明的基础的同时,韩非又强调,认识不能停留在对事物的外部特征的直观上:"耳目竭于声色,精神竭于外貌,故中无主。中无主,则祸福虽如丘山无从识之。"①就是说,如果仅仅满足于对事物的外貌的感知,那就不能使认识上升到理性思维(中无主),从而无法把握外物对人的祸福关系。对韩非而言,要真正了解事物的内在本质和规律,就离不开以感知为户牖的思虑:"思虑熟则得事理。"②

总起来看,围绕着如何明理(道)的问题,韩非分别考察了主体与客体、直观与践履(行)、感知与思虑各自的特点及相互关系,强调主体是受动性与能动性的统一,突出了主体活动在认识发生上的作用,肯定认识要以感知为户牖,同时又注意到思虑在把握事理上的作用。韩非的上述看法,在先秦哲学的演进中无疑提供了某些新的见解。

二

对事理的认识,总是借助一定的思维形式表现出来,其中,名是基本的形式。这样,要确定认识中的是非,就不能不考察名实关系,正是在此意义上,韩非主张"循名实而定是非"。韩非把名实关系比作影和形的关系:"名实相持而成,形影相应而立。"③这里肯定的是名对于实的依赖关系。同时,韩非又认为,产生于实的名,又可以反过来规范实:"名正物定,名倚物徙。"④根据以上理解,如果名正确地反映了事物,那就可以使不同的对象彼此得到确定的标识,反之,名实

---

① 《韩非子·喻老》。
② 《韩非子·解老》。
③ 《韩非子·功名》。
④ 《韩非子·扬权》。

相悖,则会对认识事物带来混乱。以名定物运用在政治实践上,便具体化为形名之学:"君操其名,臣效其形,形名参同,上下和调也。"①而形名关系也就是言与事的关系:"审合刑(形)名者,言异(异当为与,从王先慎等说)事也。"②这里的言,指臣下提出的建议、办法等,事则是按言而进行的活动,在此,名实相符与言事相当呈现为一种统一的关系。韩非强调名实相符、形名相当的重要性:名正才能物定,"上下和调"要以"形名参同"为前提。那么,怎样才能检验言事(名实)相当? 韩非提出了参验的方法:"因参验而审言辞。"③

什么是参验? 不少论者往往把参与验混而为一,将二者视为同一种方法。这似乎多少是一种误读。事实上,在韩非那里,参与验分别有不同的规定。所谓参,主要是指理性思维活动,含有逻辑验证之意。韩非说:"参伍之道,行参以谋多,揆伍以责失。"④多即胜。这里的意思十分明白:行参即是一种运筹谋划的思维活动,其目的在于保证实践的成功(谋胜)。揆伍则是排列各种材料加以比较研究,以寻找失误的原因(责失),这也是一种与行参相似的理性思考过程。韩非还将参与直观作了区分:"参言以知其诚,易视以改其泽。"⑤"改"为"考"之误(据王先慎说)。以上表述的意思是:判断诚伪,要借助对言论的分析研究,而对事物的光泽则可以用感知的方式来把握。至于验,则主要指事实验证:"验之以物。"⑥与其他古代哲人一样,韩非在使用哲学概念时,往往不很严密。他所说的参,有时兼指参验。

---

① 《韩非子·扬权》。
② 《韩非子·二柄》。
③ 《韩非子·奸劫弑臣》。
④ 《韩非子·八经》。
⑤ 《韩非子·八经》。
⑥ 《韩非子·八经》。

但从总体上说,他毕竟对二者作了区分:"今人主不合参验而行诛……故主上愈卑,私门益尊。"①合参验是以承认二者的区别为前提的。从中亦可看到,韩非并没有把参与验等而同之。

如何行参?韩非认为,行参是分析与综合统一的过程。一方面,必须将言论或其他对象分门别类,逐一加以研究:"行参必拆。"拆即分异(据太田方说),含有分析之义。只有通过细致的分析,才能把握事物的数量关系:"拆之微(微本作徵,从王先慎说校改)足以知多寡。"②审核言论的重要方法是辨类,因为奸猾之徒往往"以类饰其私"。而要辨类,则必须运用分析的方法:"明分以辨类。"③另一方面,韩非又主张对各种言论加以综合考察:"言会众端","众端参观"。④ 只有广听众人之言,全面考察各家之说,才能判断真伪:"决诚以参,听无门户。"⑤"言会众端"与纵向考察结合起来,就具体表现为联系前言后论,以审核其是否在逻辑上前后一致:"执后以应前,按法以治众,众端以参观。"⑥同时,韩非认为,欲知阴识奸,那就不仅要考察正面言论,而且应审辨反面观点:"论反以得阴奸。"韩非进而将察正反之论与考同异之言联系起来:"省同异之言,以知朋党之分。"⑦这里包含着从同异的对立统一关系中把握对象性质的思想。

行参作为一种理性考察的方法,基本上是在主观范围内审核言论。通过明分辨类、众端参观,固然可以判断群言众说在逻辑上是否

---

① 《韩非子·孤愤》。
② 《韩非子·八经》。
③ 《韩非子·扬权》。
④ 《韩非子·八经》《韩非子·内储说上》。
⑤ 《韩非子·八说》。
⑥ 《韩非子·备内》。
⑦ 《韩非子·八经》《韩非子·备内》。

站得住脚,但毕竟不能最后验证名实相符、言事相当。这就决定了行参之后,必须继之以事实检验。韩非说:"故群臣陈其言,君以其言授其事,事以责其功。功当其事,事当其言,则赏;功不当其事,事不当其言,则诛。"①这里实质上以政治主张的形式,提出了如何检验认识的问题。在韩非看来,验证言必然涉及事、功、言三个方面。言指具体的方案、计划,它可以看作是理论的转化形态,其作用在于指导事;事指人的活动:"事者,为也。"为即行,故功当其事又称功当其行,"观其行必求其功"②;功则是指行所造成的客观结果。概括起来,对言(认识)的验证大致表现为如下过程:首先提出具体的计划,然后依言而行。这种行所造成的结果便是功,言与功通过事(为)而相互沟通,因而通过考察言与事、事与功的关系,即可确定言与功是否相当。据此,韩非将言行(事)一致与主观(内)和客观(外)的相合视为同一过程的两个方面:"所谓方者,内外相应也,言行相称也。"③不难看出,韩非在这里已多少意识到,应当以人的活动及其结果来检验认识。

从言功相当的观点出发,韩非进而考察了功用在检验认识中的作用:"夫言行者,以功用为之的彀者也。……今听言观行,不以功用为之的彀,言虽至察,行虽至坚,则妄发之说也。"④这里的"的彀"既指目的,又含有标准之意。所谓功用,也就是功利,它与"功"的含义不同。如前所述,功是指人的活动造成的客观结果。功用(功利)则与人的利害相关,而利又体现着人的欲望、要求,具有主观性的一面。以功作为检验言的标准,解决的主要是是非问题,亦即主观(言)与客观(功)是否相符的问题。以功用作为判断言行的准绳,则主要解决

---

① 《韩非子·主道》。

② 《韩非子·喻老》《韩非子·六反》。

③ 《韩非子·解老》。

④ 《韩非子·问辩》。

价值(即有用与无用、有利与无利等等)问题。韩非把不能带来实际效益的言行比作漫无目标、胡乱发出的箭,认为这是一种"妄发之说""无用之教",即不切实际的空论。这些看法表明,他正是从价值的角度考察功用标准,而并不主张以功用来辨别是非。显然,韩非已不自觉地将判断是非的标准与确定价值的标准作了区别。如果将韩非的这一思想与墨子的三表说加以比较,我们便可以进一步理解前者在理论上的深刻性。墨子将"利"与历史事实("古者圣王之事")及直接经验("百姓耳目之实")并列起来,把三者都当作判断是非真伪的标准,从而多少混淆了是非标准与价值标准。从逻辑上说,不同的人有不同的利,以利核证是非,势必导致是非因人而异的结论。韩非将功用限制于判别有用无用的"的彀",使之区别于验证名实相当的"功",多少克服了墨子三表说的缺陷。

　　行参侧重于对言作理论上的审辨,验则是以事实及活动的结果核证名言。韩非强调对事物或言论的判别断定,必须以二者的统一为基础:"无参验而必之者,愚也,弗能必而据之者,诬也。"①参与验的统一,在政治实践中表现为"结智"与"验"的统一:"是以事至而结智,一听而公会。听不一则后悖于前,后悖于前则愚智不分;不公会则犹豫而不断,不断则事留。……是以言陈之日必有策籍,结智者事发而验。"②所谓结智,也就是集结众智(据陈奇猷说),结智的具体内容,是一听与公会的统一,而二者又分别与行参过程中的"拆"与"合"相应:一听即逐一听取各方面的意见,公会则是综合众说加以考辨。从总体上说,结智属于主观范围内的理性研究活动,它最后必须接受事实和实践的检验。这里,韩非显然把参验统一的思想具体化了:事

---

① 《韩非子·显学》。
② 《韩非子·八经》。

实检验之前,首先要有一个理性考察和推论的过程,而理性思维的结果,归根到底又要接受事实的检验。

三

如前所述,明理(道)主要是把握事物的规律及本质,参验则是解决名实是否相符的问题。在韩非看来,二者又是相互联系的:"勿变勿易,与二俱行,行之不已,是谓履理也。"[1]二即形与名(从陈奇猷说),履理则指依理而行。质言之,形名是否相当的问题是在履理过程中不断解决的。而履理同时又是认识深化的过程:"体道则其智(知)深。"[2]体即履(从太田方说),体道与履理相当。在韩非看来,智深的过程,又与以功授官的法治活动相联系:"国以功授官与爵,此谓以成智谋。"[3]成读为盛(据顾广圻说)。这样,韩非就将知(认识活动)与治(法治的政治实践)统一起来。联系前文的整个论述,我们不难看出,韩非的认识论思想正是建立在这种统一之上的。因此,要从总体上把握韩非认识论的性质、特点,就不能不对其知治统一的思想作一综合考察。

作为法家的集大成者,韩非在政治上主张法治。他认为,法具有公正不偏的性质:"法不阿贵。"法的这一特点,决定了它必然与私意相对立:"夫舍常法而从私意,则臣下饰于智能;臣下饰于智能,则法禁不立矣。"[4]这里的私意,既指私心私欲,又含有主观性之意。后一

---

[1] 《韩非子·扬权》。

[2] 《韩非子·解老》。

[3] 《韩非子·饬令》。

[4] 《韩非子·有度》《韩非子·饰邪》。

意义上的私，又称私智：“好用其私智而弃道理，则网罗之爪角害之。”①从认识论上说，用其私智即是凭主观意志行事。显然，在韩非看来，政治实践中的“舍常法而从私意”，表现在认识过程中即是用私智而弃道理，二者本质上是相通的。据此，韩非主张将“本法”与“循道”统一起来：“故先王以道为常，以法为本。”②就法治而言，以法为本即是强调个人的行为必须受制于法，以道为常则着重指出人的活动必须遵循客观规律；从认识过程来看，二者之结合则具体表现为“虚以静后，未尝用己”③。这一客观性原则，同时构成了韩非认识论的出发点。因此，可以说，如果撇开了知治统一的思想，我们就无法理解韩非认识论的逻辑起点。

择臣用贤是法治的关键。韩非认为，如果君主“不明于择臣”，即有“破国杀身”之虞。而要择臣，首先就必须知人识贤。韩非说：“夫欲得力士而听其自言，虽庸人与乌获不可别也，授之以鼎俎，则罢健效矣。故官职者，能士之鼎俎也，任之以事，而愚智分矣。”④在此，韩非实质上把政治实践作为了解能士之才干的途径。从“任之以事”的政治主张中，我们看到了以行为知之来源这一认识论思想的理论前提：韩非强调只有在自觉的活动中才能洞悉事物的性质，正是这一政治主张的逻辑引申。

通过任之以事以了解愚智，本身并不是目的，继知之后，还必须进而根据臣下的功过或赏或罚：“明主之国，官不敢枉法……此其臣有奸者必知，知者必诛。”如果知奸而不诛，则将反受其咎：“人君非独

① 《韩非子·解老》。
② 《韩非子·饰邪》。
③ 《韩非子·扬权》。
④ 《韩非子·六反》。

不足于见难而已，或不足于断制。今昭公见恶稽罪而不诛，使渠弥含憎惧死以侥幸，故不免于杀。"①总之，在韩非看来，任事、知奸、诛奸是一个统一的过程：任事以知奸，知奸则必诛。从认识论上说，这里显然包含着知行统一的思想。

法治的基本要求是信赏必罚，而必罚又以察言为前提："不察当否之言，而诛罚不必其后也。"当否即是非，故按言之当否以赏罚，也就是根据是非行赏罚："是在焉，从而举之，非在焉，从而罚之。"②这样，如何判断言之是非就成了法治活动必须解决的一个重要问题。按言授事、以功验言的思想，正是在解决这一问题的过程中形成的，而这一主张本身又体现了赏罚的政治实践与验言的认识活动的统一。

总起来说，知治统一构成了韩非认识论的基本特点，从某种意义上可以说，韩非的认识论即是政治经验的理论升华。以治为知的基础，是他之所以能够在认识论上将先秦哲学推进一步的重要原因。在韩非以前，孔子提出了仁知统一的原则，孟子则进而把尽心的道德修养与知性视为同一过程，亦即强调知（知性）与行（道德修养）的统一。但孟子所说的扩充四心，更多地是一种内心的反省活动。荀子把行作为知的落脚点："学至于行而止矣。"③但他所说的行，主要指遵循礼义："学至乎礼而止矣。"④韩非把治与知统一起来，从而实质上把法治实践列为行的重要内容，这就不仅扩大了行的范围，而且深化了行的内涵：行不再主要限于德性培养的伦理之域，而是被理解为一种更广意义上的能动活动。正是从治国驭民是一种客观的能动的活动这一事实出发，韩非强调主体的双重性及明理（道）的必要性；而以功

---

① 《韩非子·八说》《韩非子·难四》。
② 《韩非子·五蠹》《韩非子·说疑》。
③ 《荀子·儒效》。
④ 《荀子·劝学》。

验言,则是知寓于治的逻辑结论。

知治统一这一特点,是时代在韩非认识论上打下的印记。如所周知,哲学发展的社会历史背景既涉及政治领域,又与一定时期科学的进步相联系。这两种动力的作用并不平衡。一般说来,在社会大变革时期,政治思想领域对哲学发展的影响往往更明显一些。韩非生当战国末期,兼并与反兼并、统一天下与保持分治的冲突愈演愈烈,这些斗争与各诸侯国中君与臣、臣与臣之间的明争暗斗交织在一起,形成一幅颇为复杂的社会图景。韩非身为韩国的贵胄,这一社会地位决定了他对当时政治上的争逐不能不予以极大的关注。这样,相对说来,政治斗争对韩非哲学的影响,自然要比科学更大些。如果说,天文学上的仰观天象、农学上的俯察地理,使某些古代哲学家强调直观在认识活动中的作用,那么,对复杂的政治斗争的考察,则使韩非在一定程度上注意到人的自觉活动在认识中的作用。

当然,知治统一并不是一种科学的认识论。这不仅表现在韩非所说的治主要是少数为政者的活动,而且在于把知纳入治的轨道,多少意味着将其视为一种统治手段,这就容易使认识论与政治权术纠缠在一起。不过,我们不能因此而抹煞其历史意义。如果说,仁知统一构成了孔孟认识论的基本格局,而这种格局又对中国古典的认识论发生了主导性的影响,使之只能在伦理学的视域下曲折地演进,那么,知治统一的思想则在一定程度上突破了这一框架,从而为认识论的发展,开辟了新的途径。

(原载《齐鲁学刊》1988 年第 3 期)

心术与思维方法

与知行之辩相联系,先秦的一些哲学家同时表现出对理性思维的关注,从《管子》一书中便不难注意到这一趋向。《管子》一书非出于一人之手,亦非成书于一时,它大致可以视为战国时期黄老学派的著作汇集。相对于孟子着重从认识与修养的角度定位"心之官",《管子》更多地从思维方法这一维度考察了理性之思。

一

先秦哲学发展到战国中期,已开始对思维方法及其基本原则作比较自觉的反思,《管子》一书便反映了这一特点。正是在对方法论的反思中,《管子》作者提出了"心术"的基本原则:"实也,诚也,厚也,施也,度也,恕也,谓之心术。"①所谓心术,用今天的术语来说,近于思维方法。"实",指实在、实然,含有客观性之义;"诚"指真实不妄;"厚",与虚华相对立,意为坚实、充实。这三条综合起来,是强调认识必须以客观实在为依据。"施"即施行、推行,"度"则是料度、测度,含有展望、预见的意思,"恕"本来指恕道,有推己及人之义,这里引申为推论。这三条的核心是"施",其具体要求是在把握道的基础上,将客观规律(道)还施于客观对象,以整治万物。前三条突出了知的客观性,后三条则强调了知的能动性。二者结合,构成了《管子》方法论思想的基本特点。

客观性原则又称为"因"。《管子》说:"心术者,无为而制窍者也。"无为即因:"无为之道,因也。"什么是因?"因也者,舍己而以物为法者也。"因的基本要求是抛弃主观成见,以客观事物为准绳。换言之,即完全按事物的本来面目认识事物,不作任何主观损益:"因也者,无益无损也。"如果凭主观意志行事,歪曲事物的真相,则势必导致过失与错误:"过在自用,罪在变化。"②

如何才能达到"因"?《管子》提出了"虚静"与"一"的要求。静包括双重含义,一是排除喜怒哀乐等情感对思维活动的干扰:"忧悲喜怒,道乃无处……彼道自来,可籍与谋,静则得之,躁则失之。"③就是说,心如果受到情欲的扰乱,就无法通过思维活动(谋)以把握道;二是防止情欲扰乱感知活动:"心有欲者,物过而目不见,声至而耳不闻。"④如果心保持正静而不为情欲所扰,则能使感官有效地发挥作

①　《管子·七法》。
②　本段引文均见《管子·心术上》。
③　《管子·内业》。
④　《管子·心术上》。

用,从而了解外部世界的真实情况:"心不动,使四肢耳目,而万物情。"①所谓"虚",主要是反对脱离实际的"自用":"自用则不虚,不虚则忤于物";"一"则是指专心一意:"专于意,一于心,耳目端,知远之证。"②总起来,虚静与一的基本要求,就是克服主观的成见、意念对认识活动的消极影响。

黑格尔曾指出:精神的产物"是从作为普遍者的精神中产生的,而不是从它的欲望、兴趣、爱好、任性、目的、嗜欲等中产生的"③。质言之,思想应当是理性活动的产物,而不能仅仅以情感欲念为源。这一看法有其合理因素。就认识而言,好恶之情往往容易导向偏见,一旦在认识过程中完全为好恶之情所左右,便很难如实地把握事物。《管子》从认识的客观性原则(因)出发,主张排除情感欲念对认识的扰乱,在方法论上显然不无所见。

如果说,"因"强调了主客体相互关系中主体的被动性一面,那么,"施"则侧重于主体的能动性。如前所述,"施"的基本内容是把对客观事物的认识还施于客观事物本身,以指导人的活动。《管子》说:"礼者,谓有礼也……故礼出乎义,义出乎理。"④追本溯源,礼产生于理。这里的礼,是指调节人与人之间关系的规范;而理则具有使事物相互区别的特殊本质。在此,《管子》作者已经认识到,客观之理可以转化为行动的规范。礼之"节文"作用,正是理还施于社会活动的具体表现。《管子》进而指出:"唯有道者,能备患于未形也。"⑤即把握了道,就可以防患于未然。"备患"的过程,要"畜道以待物":"故圣

---

① 《管子·戒》。

② 《管子·心术上》《管子·心术下》。

③ 转引自列宁:《哲学笔记》,人民出版社,1963年,第305页。

④ 《管子·心术上》。

⑤ 《管子·牧民》。

人博闻多见,畜道以待物。"①质言之,一旦把握了道,就可以运用道以作用于外部事物。显然,《管子》作为心术而提出的"施"的原则,包含着知(对客观规律的认识)应与行相结合,以指导人的活动之意。

二

黄老学派与法家都比较注重实际,他们著书立说,并不仅仅是为了构筑思辨的体系,而主要是试图为治国安邦之策提供一个哲学基础。从不同利益集团之间的较量、诸侯之间的角逐中,他们看到了明理察道对人的活动的重要性。《管子》说:"能强其兵,而不明于胜敌国之理,犹之不胜也。"②怎样才能"明理"? 在解决这一问题时,《管子》把"因"的原则与认识过程联系起来,使之化为具体的认识方法。

《管子》认为:"曲静之言,不可以为道。"因为"道也者,通乎无上,详乎无穷,运乎诸生。是故辩于一言,察于一治,攻于一事者,可以曲说,而不可以广举"。③ 就是说,道是普遍规律,它存在于天地万物之中,因此,如果仅仅懂得一言之辩、一治之察,还不足以把握普遍的道。道的普遍性决定了认识也应当是全面的,而不能偏于一曲。《管子》由此在方法上提出了全面性的要求。

《管子》首先强调观察的全面性:"周听近远以续明","君亲六合,以考内身"。④ 依此,则即使了解一身,也要联系各个方面加以考察。如何才能做到周听周视?《管子》认为,首先必须"阙(阙,郭沫若

---

① 《管子·宙合》。
② 《管子·七法》。
③ 《管子·侈靡》《管子·宙合》。
④ 《管子·七臣七主》《管子·白心》。

说当作开)其门",即面向实际,以感官(门)去接触客观事物,以获得关于外部对象的感性知识。但个体的认识毕竟是有限的,只有综合众人之见闻,才能克服个人经验的狭隘性:"夫民别而听之则愚,合而听之则圣。"如果能以天下之见闻为依据,则可以达到全面性:"以天下之目视,则无不见也;以天下之耳听,则无不闻也;以天下之心虑,则无不知也。"①《管子》把利用他人之见闻以补己之不足的方法,称为"多其门户"。在此,《管子》已注意到应当把个人的认识与他人的认识联系起来,反对把个人之知绝对化、凝固化。对《管子》而言,广纳天下之知,就可以比较全面地了解事物。

外部考察是"形",即摹写事物的表层现象,仅仅停留在这一阶段上尚不能把握道,因为道是事物的内部联系,不能由感官直接把握:"道也者……目之所不能视也,耳之所不能听也。"为了把握道,认识必须由"形"深入到"思",做到"形然后思"②。与合听周视相应,《管子》强调思是一种博治的过程:"圣人由此知言之不可兼也,故博为之治,而计其意。"③博有广泛性、全面性之义,治则是指理性的研究活动。"博为之治",是在广泛考察的基础上,全面地研究事物的各个环节,以把握内在的规律性的东西。

《管子》进而把全面性原则理解为兼察对立的两个方面。它借齐桓公之口说:"以缋缘缋,吾何以知其美也?以素缘素,吾何以知善也?仲父已语我其善,而不语我其恶,吾岂知善之为善也?"④欲知此,必须同时知彼;要知善之为善,必须同时了解恶之为恶。只有兼察对立的两个方面,才能把握事物的本质。其所以如此,原因在于对立的

---

① 《管子·君臣上》《管子·九守》。
② 《管子·心术下》。
③ 《管子·宙合》。
④ 《管子·四称》。

两个方面是相互规定的："恶者,美之充也;卑者,尊之充也。"①充即本(据许维遹说)。质言之,否定也就是规定,恶本来是美的否定,但这个否定同时又构成了对美的规定。这样,从对立面的统一中考察对象,也就是从肯定与否定的统一中把握事物。在相近的意义上,《管子》认为："无成有贵其成也,有成贵其无成也。"②无成相当于否定的方面,有成则指肯定的方面。在否定方面占主导地位时,要注意肯定方面,在肯定一方占主导地位时,则应同时看到否定方面。这里的"贵",也就是强调全面把握对立的两个方面的重要性和困难性。

在反对偏于一曲的同时,《管子》还提出了从历史过程和运动变化中考察事物的辩证方法。《管子》认为,外部对象不是一成不变的,事物发展到一定阶段就要向对立的方面转化："天道之数,至则反,盛则衰。"③因此,要正确地把握事物的内在本质和发展规律,就必须联系具体的历史过程:"原始计实,本其所生。知其象,则索其形。缘其理,则知其情。"④"原""本"意为推溯;"始""生"则是指事物的历史起源。对《管子》而言,只有从事物的现状推溯其起源,从而洞悉其整个历史发展过程,才能真正把握事物的本质。《管子》还接触到事物的内在结构及本质的多层次性:"审量出入,而观物所载……故曰:有中有中,孰能得夫中之衷乎?"⑤中是指区别于外观的内在结构及内在本质,"有中有中"则是指事物内在结构的多重性。这里,《管子》似乎已朦胧地意识到,人的认识不能停留在事物的外在现象及表层规定上,而应当深入到其内在结构及更深层的规定(得中之衷)。从方法

---

① 《管子·枢言》。
② 《管子·白心》。
③ 《管子·重令》。
④ 《管子·白心》。
⑤ 《管子·白心》。

论上看,"原始计始"着重于说明应当从对象的历史演变中考察其本质,而"得中之衷"则是要求从中与外的区别上,不断把握事物的更深刻的本质。

综上所述,《管子》明理察道的认识方法,可以概括为两点:其一、以全面性的原则反对一曲之辩;其二、以发展的原则反对静止僵化的观点。二者结合,构成了对"曲静"之术的否定。

三

《管子》强调明理察道,旨在以所明之理(道)指导人的实践活动,以此为前提,它提出了行道的思想,将施的原则与由知(明道)向行(行道)转化的过程结合起来,使之获得具体的规定。

《管子》认为,道是不以人的意志为转移的客观规律,"道往者其人莫来,道来者其人莫往"①,明道而行之,就能使天下宾服,"道者……尽行之而天下服"。所谓行道,也就是在明道的基础上,以天下之道还治天下之身,"因天下以制天下"。② 在《管子》作者看来,统治者一旦把握了道,就应该将道还施于客观事物本身,只有这样,才能在统治活动中取得成效:"行天道,出公理,则远者自亲。"反之,如果背道而行,则不仅不能达到民服国治,而且将导致亡国丧身,"君失其道,无以有其国"。③ 总之,行道则天下服,失道则亡其国。

知通过何种环节才能向行转化? 在解决这一问题时,《管子》着重考察了"度"(预见)与"恕"(推论)。它强调推论与预见的联系,认

_____

① 《管子·形势》。
② 《管子·白心》《管子·轻重丁》。
③ 《管子·形势解》《管子·君臣上》。

为人们可以根据对普遍法则的认识，推断事物的发展趋势，并以这种推断来指导自己的行动："是故明君审察事理，慎观始终，为必知其所成。"所谓"知其所成"，是指预见行为的结果，人的活动必须以这种预见为指导。如果违反了这一原则，则必须要在实践中碰壁："为而不知所成……谓之妄举。妄举者，其事不成，其功不立。"①这样，推论与预见就构成了明道向行道转化的必要环节。

《管子》认为，在"审察事理"的基础上进行的推断，其形式是多样的，概括起来，大致有以下几种形式：其一，根据事物的历史联系，从事物的过去推断其现状及发展趋势："疑今者察之古，不知来者视之往。"②其二，按照事物的同异从拒关系，推断事物的性质："同则相从，反则相距也。吾察反则相距，吾以故知古从之同也。"③距通拒。根据相反的方面之相互排斥，可以推知相同的方面必然相互吸引。其三，根据事物之间的因果关系，推知事物发展的可能结果，如"粟少则人贫，人贫则轻家，轻家则易去，易去则上令不能必行"。通过这种推论，粮食（粟）为社会生活的重要因素这一必然之理，就转化为治国之策："禁末作，止奇巧，而利农事。"④

按《管子》的理解，要保证这种推论的正确性，一方面必须究理："智者究理而长虑"，另一方面又要遵循"因"的原则："不能兆其端者，菑（灾）及之。"换言之，对事物的推断要以其显露出来的征兆为根据，例如，欲推知"国之饥饱"，就必须"行其田野，视其耕耘"。⑤

把以上论述综合起来，便可看到，推断（恕）与预见（度）既是施这一

---

① 《管子·版法解》。
② 《管子·形势》。
③ 《管子·白心》。
④ 《管子·治国》。
⑤ 参见《管子·大匡》《管子·侈靡》《管子·八观》诸篇。

原则的具体运用,又是明道转化为行道的中介:在明道的基础上,推知事物发展的趋势,并以此规范人的活动,而这种活动又具体表现为行道。

行道是一个复杂的过程,这一过程首先涉及客观条件与主观能动性之间的关系。《管子》提出"因而理之"的观点,作为处理以上关系的主要原则:"四时生万物,圣人因而理之,道遍矣。"①所谓"因而理之",即是从实际出发治理客观对象。世间的事物是千差万别的,"其详不可尽",客观对象的差异性,决定了行道方法的多样性,如果不顾具体条件生搬硬套,那就必然要归于失败:"以家为乡,乡不可为也,以乡为国,国不可为也,以国为天下,天下不可为也。"②

现实事物不仅是多样的,而且处于变化发展之中。因此《管子》认为,在实践活动中不能墨守成规。随着时代的变迁,所行之道亦应发生相应的变化:"古之所谓明君者,……迹行不必同,非故相反也,皆随时而变。"③《管子》将这种情况概括为"成功之道,赢缩为宝"④。赢缩为盈,盈缩,即因时而变。但《管子》又认为,因时而变并不意味着消极地顺应自然,一方面人们不能"违时",另一方面又可以"辅时",二者联系起来就是:"以备待时,以时兴事。"⑤前者是指以人的活动(行道)来应付时变,后者则是指这种行动要以客观条件为依据。二者的结合,含有主观能动作用与客观条件的相统一之意。在《管子》看来,做到了这一点,人的活动就可以克服盲目性,达到合乎自然的境界,所谓"得天之道,其事若自然"⑥。

---

① 《管子·轻重己》。
② 《管子·牧民》。
③ 《管子·正世》。
④ 《管子·势》。
⑤ 《管子·霸言》。
⑥ 《管子·形势》。

四

《管子》对明理、察道与行道的论述,分别将"因"与"施"的原则具体化了。由此产生的问题是,如何从总体上说明"因"与"施"的关系?这一问题解决于名实领域。

名实之辩是先秦哲学的中心问题之一,它与明道与行道的思想有着逻辑的联系。名实关系在理论上包括两个方面:一是名能否以及如何把握实,二是名能否及如何作用于实。前一个问题是明道的扩展,后一个问题则是行道的引申。《管子》提出了"名实相生"的命题,在解决名实关系的同时,论证了因与施的统一关系。

《管子》指出:"修名而督实,按实而定名,名实相生,反相为情,名实当则治,不当则乱。"①所谓"名实相生",并不是说实能自发地产生名,名反过来又可以派生实,而是指实是名的根据,故应"按实而定名",名本身又可以反作用于实,即"修(循)名以督实"。按实定名也就是因形为名:"以其形因为之名,此因之术也。"循名督实则是执名以规范实:"执其名,务其应,所以成之。"②前者是"因"的原则之具体运用,后者则与"施"的原则相联系。因此,名实相生,实质上也就是因施统一。

《管子》认为,"按实而定名"并不是一种消极、被动的过程。名首先应当反映客观事物的本来面貌,为此,就必须因实取名:"姑形以形,以形务名。"③"姑"即诂,"务"读作侔,意为取(据郭沫若说)。同

---

① 《管子·九守》。
② 《管子·心术上》。
③ 《管子·心术上》。

时,在形成名的过程中,又离不开人的能动作用:"凡物载名而来,圣人因而财之。"①所谓"财之",就是在因的基础上,通过理性思维活动以形成概念。此外,主体的能动作用还表现为"督言正名"②。督有省察、核证之意,所谓"督言正名",亦即通过审核言,以保证名能正确地把握实。审核名的过程,也就是"执其正,务其应"的过程。这样,《管子》即从名如何正确地反映实的角度,强调了因与施的统一。

在《管子》看来,名作为实的反映,又可以还施于客观事物。这种作用表现在两个方面:其一,"名者,圣人之所以纪万物也"③。即名可以成为人们借以把握各类事物的工具;其二,人们还可以运用名来整治客观事物:"有名则治,无名则乱,治者以其名。"④以名治物的过程同时又是以物正名的过程:"是以圣人之治也,静身以待之,物至而名自治之。正名自治之,奇身名废。"⑤"正名",即与实相符之名,"奇名",则是与实相悖之名。在以名治实的过程中,名自身得到了验证,凡与实相符之名,即取得成效,不合客观事物之名,则自行淘汰。这一思想进一步揭示了因与施的统一关系:以名治物要以名正确地把握实为前提,而名的验证又是在以名治物的过程中实现的。

总之,从方法论上说,名实相生的名实观,一方面强调因物以制名,另一方面又主张施名以治物;因构成了施的基础,施又渗透于因之中,二者的结合,体现了客观性原则与能动性原则的统一。

（原载《齐鲁学刊》1985 年第 4 期）

---

① 《管子·心术下》。
② 《管子·心术上》。
③ 《管子·心术上》。
④ 《管子·枢言》。
⑤ 《管子·白心》。

知行之辩的逻辑演进

自先秦开始,中国的哲学家便开始对人类的致知过程与践履过程作比较自觉的反思,并由此形成了朴素的知行学说。当然,历史上的哲学家对知行关系的考察往往有各自的侧重点。他们从不同的角度探讨了知与行的各个环节,阐述了对知行关系的不同理解,而这一过程同时也就是知行之辩的展开过程,后者在宋明时期及宋明以后逐渐成为传统哲学的中心问题之一。在知行之辩的演进过程中,一些哲学家着重强调行对知的制约性,并由此触及了由行到知的过渡环节及知本身的验证与实现过程;持相反看法的哲学家,较多地在先验论的形式下,突出了知对行的规范作用;另一些哲学家则试图在不同的基础上融合二者,并进而克服知与行的分离。随着知行之辩的逻辑展开,中国古代哲学对知行关系逐渐达到了比较深刻的认识,并形成了其特有的历史形态。

一、知识的起源

知行之辩首先涉及知的来源问题。知究竟是如何形成的?不少哲学家从知与行的联系上,对此作了探索。荀子指出:"求之而后得,为之而后成。""能习焉,而后成谓之伪。"①此处之"为""习"主要指人的践履活动,"得""成"则指知(包括道德意识)之获得。按荀子之见,知并非与生俱来,它只能产生于人的实际践履,而后者同时展开为一个自觉努力(伪)的过程。这一思想在尔后的哲学家中得到了更为明确的阐述。明代的王廷相便对真知作了如下界说:"行得一事即知一事,所谓真知矣。"②质言之,只有通过主体的亲身实践,才能真正认识对象。古代哲学家所说的真知,并不仅仅指对现象的体察,而且包括得道(探讨一般法则),由行而致知,同时也就意味着由行而把握道。关于这一点,王夫之作了言简意赅的阐述:"行而后知有道。"③

真知何以只能通过行而获得?在解决这一问题方面,韩非的看法有一定的代表性。他曾举例说:"夫视锻锡而察青黄,区冶不能以必剑;水击鹄雁,陆断驹马,则臧获不疑钝利。发齿吻形容,伯乐不能以必马,授车就驾而观其末涂,则臧获不疑驽良。"④"视""察"都是感性的直观,"钝利""驽良"则是对象的内在规定。在韩非看来,仅仅通

---

① 《荀子·儒效》《荀子·正名》。
② 王廷相:《与薛君采二首(二)》,《王氏家藏集》卷二十七。
③ 王夫之:《思问录·内篇》。
④ 《韩非子·显学》。

过"视""察",并不足以判断剑的利钝（必剑）与马之驽良（必马），只有在挥剑击雁、驾马驱车的过程中，才能真正了解剑与马等对象的性质。击剑与驾车一方面是各种物质力量交互作用的过程，另一方面，又是主体参与其间的践履活动。韩非的上述看法已注意到，正是在事物的相互作用中，对象的特性及本质才得到充分的暴露；也正由于这种活动是由人直接参与的，事物的性质才能为人所认识。通过纵马驰骋，主体便能了解马之驽良；通过击雁斩驹，剑之利钝便可得到如实反映。总之，只有在人的自觉的活动中，才能揭示事物的内在规定。尽管这种看法还停留在实例的描述上，因而带有朴素的性质，但毕竟已多少触及了行（人的践履活动）在致知过程中的能动作用。

当然，从行到知的过渡，并非一蹴而就，它总是通过一系列的环节而实现的。单纯的"视""察"（直观）固然不足以把握事物的内在规定，但这并不意味着以行为基础的致知过程可以离开感性的直观。在肯定知来自行这一总的前提下，古代哲学家对由行到知的各个具体环节也作了深入的考察。墨子曾提出了"身必行之"的要求，后期墨家则对致知过程作了进一步的解释："知，接也。"所谓"接"，也就是主体作用于对象，而正是在这一过程中，主体形成了对事物的最初摹写："知也者，以其知过物而能貌之，若见。"①此处之"貌之"（摹写），也就是感性的闻见。在肯定感觉经验可靠性的哲学家看来，"接物"（作用于对象）过程中所形成的感性知识，总是能够提供外部事物的真实图景，因而是可信赖的。荀子曾对此作了深刻的论证："凡同类同情者，其天官之意物也同。"②即人类属于同一个类，具有相同的情

---

① 《墨子·经上》。
② 《荀子·正名》。

态与本质,正是这一点,决定了人类对同一对象可以形成相同的感觉。换言之,感觉并不仅仅是纯个体的主观的东西,它具有确定的内容,可以在主体间加以传递(感觉的相同性质使之具有可传递性)。一般说来,怀疑论者否定认识的可能性,往往首先是从感觉论上打开缺口。在他们看来,感觉总是纯个体的,亦即因人而异的,因此是不可靠的;从而,要在感觉之上建立认识的大厦,必然难以成功,古希腊的皮浪,中国先秦的庄子,都曾有过类似的论证。相形之下,荀子强调具有相同感觉能力的主体对同一对象可以形成相同的感觉,这就较好地说明了感觉能够给予客观存在。

在接物(主体作用于对象)的基础上"意物",仅仅是由行到知的第一步。在古代哲学家看来,感性的闻见总是有其局限,如果仅仅停留于"声""色"等外部现象,则往往难以把握事物之间的真实关系。韩非说:"耳目竭于声色,精神竭于外貌,故中无主。中无主,则祸福虽如丘山,无从识之。"[1]所谓中无主,也就是不能运用心的思虑功能,而其结果则是无从揭示事物与人之间的肯定(福)或否定(祸)关系。王夫之对此作了更明确的阐述:"虽日之明,雷霆之声,为耳目所可听睹者,而无能穷其高远。""盖耳目止于闻见,唯心之神彻于六合,周于百世。"[2]就是说,耳目所感知的范围,总是有限的,它无法超越特定的时空,而心之思虑则可以不受特定时空的限制(彻于六合,周于百世),从而把握事物之间的普遍规律(道)。概言之,尽管践履(行)活动中的"意物"(闻见感知)是致知过程的基础,但闻见本身并非致知之终点,意物(感知)之后,还必须继以心的思虑,唯有如此,才能揭示对象的内在本质。

---

① 《韩非子·喻老》。
② 王夫之:《张子正蒙注·大心》、《张子正蒙注·太和》。

心的思虑作用首先表现为"辨""合",关于这一点,荀子作了如下的阐述:"凡论者,贵其有辨合,有符验。"[1]辨涉及分析,合则含有综合之意。质言之,在意物而貌之以后,必须对感性闻见加以分析梳理,并进而将各个方面联系起来考察,以形成完整的认识。这一过程,又称之为"征知"。王夫之将认识的过程区分为两个阶段:"博取之象数,远证之古今,以求尽乎理,所谓格物也。虚以生其明,思以穷其隐,所谓致知也。"[2]"大抵格物之功,心官与耳目均用,学问为主,而思辨辅之,所思所辨者,皆其所学问之事。致知之功,则唯在心官,思辨为主,而学问辅之,所学问者,乃以决其思辨之疑。"[3]格物的特点在于广泛地获取感性材料(博取之象数),这时虽然也要运用心之征知(逻辑思维),但它主要以接物而貌之的形式展开;致知则是在闻见基础上的辨合,它虽以耳目之官接物为中介,但主要表现为一个逻辑思维的过程。这些看法既注意到了理性之知与感性闻见的联系,同时又强调了认识应当超越耳目之知而上升到理性思维。

在践履的基础上,由耳目之貌物上升到心之征知,总体上展开为一个从行到知的过程。致知之后,是否还要回到行? 中国古代很多哲学家对此作了探索,而这种探讨,首先又与知的验证问题相联系。墨子是最早触及这一问题的哲学家之一。按墨子的看法,要判断一个人是否真正获得了知识,不能仅仅根据他能否对"名"作出解说,而要看他能否在实践中作出正确的取舍("以其取")。这里已蕴涵着以行来验证知的思想萌芽。韩非以政治主张的形式,对此作了更深入的阐释:"故群臣陈其言,君以其言授其事,事以责其功。功当其事,

---

① 《荀子·性恶》。

② 王夫之:《说命中二》,《尚书引义》卷三。

③ 王夫之:《大学》,《读四书大全说》卷一。

事当其言,则赏;功不当其事,事不当其言,则诛。"①"言"泛指具体的计划、方案,它实质上是理性之知(关于道与理的认识)的转化形式;"事"指人的活动,"功"则是行为的结果。总起来说,对言(知)的验证大致表现为如下过程:首先提出具体的计划,然后依此而行,这种行(事)所造成的结果即是功。言(知)与功(行为结果)通过事(人的活动)而相互沟通,因而通过考察言与事、事与功的关系,即可确定言与功是否相当。这些看法已从一个侧面,对行验证知的过程,作了较为细致的规定。

二、因 知 而 行

在知行之辩上,与知源于行说相对,另一些哲学家对知的来源问题作了不同的解释。在他们看来,认识的内容本质上是天赋的。孔子便认为:"生而知之者,上也。"②尽管孔子并不以生而知之自许,而且也并不完全排斥闻见思虑的作用,但在总体上却把生而知之视为认识的最高境界。孟子则更明确地提出了良知良能说,以为不学而能者为良能,不虑而知者为良知。这些看法无疑带有先验论的性质,而从知行之辩来看,承认不学不虑的生而知之,也就意味着强调知先行后:知形成于践履过程(行)之前。在宋明理学家,特别是程朱那里,孔孟的上述看法得到了进一步的发挥。朱熹便对知行关系作了如下规定:"论先后,知为先。"③"夫泛论知行之理,而就一事之中以

---

① 《韩非子·主道》。
② 《论语·季氏》。
③ 朱熹:《朱子语类》卷九。

观之,则知之为先,行之为后,无可疑者。"①肯定知先行后,也就是离行而言知,它在理论上当然不可能真正解决知的来源问题。

不过,强调知先行后,并不意味着知与行的完全隔绝。在持知先行后说的哲学家看来,尽管知的形成不依赖于行,但先天之知如果仅停留于自身,则难免有浮泛不实的特点,只有付诸行,主体才能对知有较深的体认。程颐在谈到这一点时,即指出:"知而不能行,只是知得浅。"②朱熹也认为:"方其知之,而行未及之,则知尚浅。"③这些观点尽管并未超出天赋观念论,但通过以行作为先天之知深化的条件,它毕竟对先验论有所限制。

当然,肯定知向行的转化,其涵义并不仅仅在于对先验论的限制。从知行之辩的逻辑演进来看,它的真正深刻的意蕴,在于强调知对行的规范作用。根据知先行后说,行为如果没有知的引导,则往往将导致盲动。早在先秦,《老子》便已注意到了这一点。在主张不行而知的同时,《老子》又认为:"不知常,妄作,凶。"④所谓不知常是指对道的无知,而如此去行,则必然在实践中碰壁。孟子从自发与自觉的区分上,提出了相近的看法:"行之而不著焉,习矣而不察焉,终身由之而不知其道者,众也。"⑤行之而不著,即是自发的行为,而这种自发性,又根源于"不知其道"。道家的老子和儒家的孟子的上述看法表明:他们已从不同角度注意到了只有在知的规范下,行才能由自发走向自觉。

先秦哲学家的上述观点,在宋明理学中又得到了进一步的发挥。

---

① 朱熹:《答吴晦叔》,《朱文公文集》卷四十二。
② 程颢、程颐:《二程集》(第一册),中华书局,1981 年,第 164 页。
③ 朱熹:《朱子语类》卷九。
④ 《老子·十六章》。
⑤ 《孟子·尽心上》。

程颐将知与行的关系比作光照与走路的关系,知对行来说,犹如指路之灯,唯有在认识(知)之光的照耀下,行才能达到目标。他举例说:"譬如人欲往京师,必知是出哪门,行哪路,然后可往,如不知,虽有欲往之心,其将何之?"①质言之,离开了知的指导,行动必然缺乏明确的方向,从而无法取得积极的成效。在这里,知先行后的命题,实际上已转化为无知则无行:知构成了行的必要环节。

知的规范不仅保证了行的自觉性,而且为克服行的偶然性提供了前提。程颐说:"学者固当勉强。然不致知,怎生行得,勉强行者,安能持久?"②未能持久,亦即缺乏一贯性、恒久性。就是说,无知而行,固然也可以勉强合乎义理,但这种行为往往带有偶然的特点,而不能一以贯之,唯有以知为指导,才能使行遵循必然之理,从而扬弃偶然性,具有稳定性。从伦理学上看,道德行为之一贯性,总是来自道德认识的自觉性,只有具有较自觉的精神境界,道德行为才能超越偶然的冲动,并表现为一种稳定的操守;就道德践履之外一般的实践活动而言,行为的确定性、可重复性,也总是来自对必然规律的认识。程朱的上述看法,多少触及了知与行的上述关系。

人类践履(行)作为一种自觉的活动,总是以一定历史阶段所达到的认识(知)为指导,正是这一点,使之区别于本能的、自发的行为,先秦的孟子及宋明的程朱等强调知对行的规范性,无疑有鉴于此。从知行之辩的逻辑演进来看,知先行后说在认识史上的地位,首先便在于以强化的形式突出了知对行的范导作用。然而,所见与所蔽往往纠缠在一起。孟子、程朱等虽然有见于行只有在知的指导下才能提升为自觉的活动,但却不了解,知作为一定历史阶段的产物,本身

---

① 程颢、程颐:《二程集》(第一册),第187页。

① 程颢、程颐:《二程集》(第一册),第187页。
② 程颢、程颐:《二程集》(第一册),第187页。

又根源于人的历史实践：它虽然可以先于一定阶段的行，但其内容最终又来自前此的人类实践。在肯定知对行的规范性的同时，他们又把知先于一定阶段之行，看作是知绝对地在先，从而使知的内容完全离开了人类实践的历史长河，并由此导向了知先行后的先验论。

不过，知先于行说虽然在总体上对知行关系作了先验论的解释，但毕竟在先验论的形式之下，触及了人类认识的某些特点，从这一意义上说，它又构成了知行之辩逻辑展开的一个环节。作为认识史中的一个环节，它在知行学说的历史演进过程中，也产生了不可忽视的影响。就先秦而言，荀子在肯定知来源于行的同时，又强调"知明"，则"行无过矣"。① 亦即把正确的认识，视为实践成功的必要条件，这种看法与孟子将"知其道"与行联系起来的思路，显然是一脉相承的。当然，它在理论上又以"行之，明也"②为前提，因而有别于孟子"不虑而知"之说。王夫之曾对程朱的知先行后说提出了深刻的批评，但对其肯定知指导行这一观点则并未绝对加以排斥，这一点，从王夫之的以下论述中即不难看出："察事物所以然之理，察之精而尽其变，此在事变未起之先，见几而决，故行焉而无不利。"③在这里，王夫之一方面以"察事物之理"否定了天赋观念论，另一方面又以必然之理的指导，作为行而无不利的前提，从而构成了对知先行后说的辩证扬弃。

三、知 行 相 资

知源于行说与知先行后说分别在相异的前提下，从不同的侧面，

---

① 《荀子·劝学》。
② 《荀子·儒效》。
③ 王夫之：《张子正蒙注·神化》。

对知与行的关系作了规定。那么,从总体上看,知行关系应当如何理解? 这一问题的解决过程,也就是知行之辩进一步展开的过程。

古代哲学家在着重突出知行关系某一方面的同时,又力图对知与行的相互作用作出总的说明。荀子是最早对此作出尝试的哲学家之一。如前所述,在知行之辩上,荀子的基本观点是行先知后;以此为前提,他又肯定了知必须向行转化,并以行作为认识的终点:"知之不若行之,学至于行之而止矣。行之,明也。"①将以上两个方面综合起来,便可以看到,其中内在地蕴涵着从行到知,又从知到行两个环节。换言之,荀子已开始在某种程度上将知行关系理解为二重转化(行转化为知,知又转化为行)的统一。

程朱理学以知先行后为基本论旨,由此出发,程朱也力图克服知与行的分离。朱熹在总论知行关系时,曾指出:"知行常相须,如目无足不行,足无目不见。"②不过,朱熹所说的知行相须,主要是就如下二重意义而言:其一,知必须付诸行,用朱熹的话来说,也就是所谓"行其所知";其二,行应当遵循知,在这两种情况下,知都是在行之前完成的,而以知为先,实质上也就是离行言知,它在逻辑上确认了知可以游离于行。这样,尽管程朱强调知行不可偏,但由于朱熹将知行相须建立在知先行后的基础上,因而并未能真正消除知与行的分离。

在朱熹之后,王阳明提出了知行合一说。按王阳明之见,凡人皆有天赋之良知,但这种良知最初只是一种本然(自在)之知,如果停留于此,则"虽曰知之而犹不知"。只有通过后天的致知工夫,主体才能达到对先天之知的自觉体认,而这种致知工夫,具体即展开于践履(行)过程之中。正是基于上述看法,王阳明指出:"尽天下之学,无有

① 《荀子·儒效》。
② 朱熹:《朱子语类》卷九。

不行而可以言学者……是故知不行之不可以为学，则知不行之不可以为穷理矣；知不行之不可以为穷理，则知知、行之合一并进，而不可以分为两节事矣。"①在此，王阳明实际上将知与行的合一，理解为天赋良知通过行而由本然之知上升为自觉之知，这一过程可以概括为如下形式：知（本然的天赋之知）——行——知（对天赋之知的自觉意识）。

王阳明以知与行的合一作为解决知行关系的基本论题，并把知与行的这种合一，理解为由知（本然之良知）到行，又由行到知（自觉把握之良知）的双重转化过程。相对于朱熹之知先行后说，王阳明显然更多地注意到了知与行的统一性。不过，应当指出的是，王阳明对知行关系的理解，是以先验论为前提的，这就决定了它在总体上仍有其理论的缺陷。这突出表现在，王阳明完全否认了行的作用在于揭示客观对象的内在本质与规律，而仅仅把它归结为天赋良知由本然到自觉的中介，由此导致的直接结果，即是将知与行的统一安置于知的基础之上：知既是过程的起点，又构成了过程的终点，而知行过程也相应地表现为从天赋之知出发，又复归于天赋之知。

不过，王阳明的知行合一说尽管存在上述缺陷，但对知行之辩的进一步展开却起了某种引发作用。稍后于王阳明的王廷相，便沿着知行统一的思路，提出了知行兼举说："学之术二：曰致知；曰履事，兼之者上也。"②当然，王廷相所说的知行兼举，是以"行一事即知一事"为前提，因而其立论的基础不同于王阳明。不过，王廷相尽管扬弃了知行统一的先验论前提，但并未对知与行的交互作用作更具体的规定。对这方面作了较为全面阐述的，是王夫之。

---

① 王守仁：《传习录中》，《王文成公全书》卷二。
② 王廷相：《小宗篇》，《慎言》卷八。

王夫之对王阳明的先验论倾向颇为不满。不过,他并未因此而完全否定王阳明知行学说中所包含的知行统一的思想。王夫之曾提出了"知行相资以为用"①的命题,并对知与行之相资作了深入的考察。按王夫之的看法,知与行的相互作用,首先表现为行对知的本原关系:"非力行焉者不能知也。"②知对行的这种依赖性,具体表现为两个方面:其一,只有在践履的过程中,知识才能形成;其二,将所获之知识运用于践履,如果成功,则可相信知识是正确的,失败了,便会对所得之知提出疑问,经过反复权衡,便可使道理明白起来。正是在此意义上,王夫之认为"行可兼知"。这一看法从知识的起源与知识的检验这两个角度,论证了行对知的作用,它使知行相资在总体上建立于行的基础上。

在肯定行对知的上述作用的同时,王夫之也注意到了知对行的制约,后者构成了知行相资的另一重涵义。在王夫之看来,知在形成于行之后,又具有"审行"的作用:"君子之知,以审行也。"③所谓审行,包含两方面的涵义:其一,在行之前,对践履的步骤、过程作出检查,以考察其是否具有可行性;其二,在践履活动的具体展开过程中,对其作出规范指导。人类之行作为一种自觉的活动,总是以知为依据,行在某种意义上即是知由观念转化为现实的一种手段,就此而言,"行者皆行其所知也"④。行只有遵循知,并以知为指导,才能取得成效:"要以所行者听乎知,而其知也愈广大愈精微,则行之合辙者,愈高明愈博厚矣。"⑤正是在这一过程中,知实现了对行的制约。

---

① 王夫之:《中庸衍》,《礼记章句》卷三十一。
② 王夫之:《四书训义》卷十三。
③ 王夫之:《诗广传》卷一。
④ 王夫之:《四书训义》卷二十。
⑤ 王夫之:《论语·为政》,《读四书大全说》卷四。

总起来，一方面，行决定知，另一方面，知又规范行，知与行既相互区别，又相互作用，而这种统一又并不仅仅表现为一种静态的关系，而是展开为一个动态的过程："盖云知行者，致知、力行之谓也。唯其为致知、力行，故功可得而分，功可得而分，则可立先后之序。可立先后之序，而先后又互相为成，则由知而知所行，由行而行则知之，亦可云并进而有功。"[①]行转化为知，知又向行过渡，就此而言，知与行亦有先后之序，但这种先后之序并非截然分隔，而是内在于同一过程之中，表现为一种"并进而有功"的统一关系。正是在知与行相互为成的统一中，知日趋精微，而行则愈益"高明"（自觉）而博厚。王夫之的上述看法不仅肯定了知与行的统一，并且将这种统一理解为一个基于行的发展过程，从而使中国古典哲学的知行学说在一定程度上达到了较为深入的层面。

四、致知过程与成人过程的融合

　　就狭义而言，知行学说主要与认识论相联系。然而，在中国传统哲学中，知行之辩一开始便超乎认识论而具有更广的意蕴。按照古代哲学家的理解，所谓知，并非仅仅是"纯粹理性"，它更多地涉及到对人伦的体认。孔子对知的界说更是"知人"。尔后的哲学家，特别是儒家后学，大致遵循了这一思路。与知的上述内涵相联系，行往往被理解为道德践履，它主要展开于事亲、事君、修身、齐家等过程之中。对知与行的这种理解和规定，内在地决定了致知过程总是关联着成人（理想人格的培养）的过程。换言之，在古代哲学家看来，知与行的辩证进展，与人格的完善本质上是一个统一的过程。

---

　　①　王夫之：《论语·为政》，《读四书大全说》卷四。

孔子曾提出了一个著名命题,即"性相近,习相远"①。这一观点人们往往主要从人性论的角度加以理解。其实,它在理论上毋宁说更多地体现了知行之辩与成人之道的统一。此处之"性",既是指人之为人的一般本质,又是指主体对这种本质的先天意识(知),"习"则是后天的习行(包括践履)。所谓性相近,即是指凡人皆有相近的本质及先天的道德意识(知),正是这一点,决定了每一个人都具有达到理想人格的可能;"习相远"则旨在提示:人究竟能不能达到理想人格,最终取决于人们在后天的不同习行。孔子将先天的本质与道德意识作为成人(达到理想人格)的内在根据,这无疑是一种知先行后的先验论观点;但他把习行视为先天道德意识自我实现(先天之性成为人格的现实要素)的中介,则注意到了知只有借助行才能获得现实性的品格。

相对于孔子而言,孟子对先天之知在成人过程中的作用作了更多的考察。在他看来,人性之中先天地包含着仁、义、礼、智等善端(道德意识),这种善端也就是良知,它决定了凡人皆具有成圣(达到理想人格)的可能。不难看出,在孟子那里,天赋之知与性善说有着内在的逻辑联系,正是基于这种联系,孟子将致知的过程,同时理解成为一个返归先天善端(求其放心)的过程,而二者的这种统一,便构成了成人的具体内容。孟子的上述看法注意到了理想人格的培养是一个以理性意识(实践理性)为依据的自觉过程,但较之孔子"性相近,习相远"之说,孟子对后天习行在塑造人格中的作用,未免有所弱化。

与孟子以先天良知为成人之出发点不同,荀子将注重之点转向了后天的积习。如前所述,按荀子之见,知并非先天所赋,而是来自

---

① 《论语·阳货》。

后天之行。由行而致知的过程,也就是成圣(德性完善)的过程:"行之,明也;明之,为圣人。"①明之意味着通过致知而达到理性自觉,以明之为成圣的前提,无疑继承了儒家将成人过程与理性之知联系起来的传统。但荀子强调这种"明"并非源于天赋之性,恰好相反,它乃是建立在"化性"基础之上的。所谓化性,也就是在后天的环境与习行中改造自然的本性:"注错(措)习俗,所以化性也。"②总起来说,正是在后天的举措践履中,一方面,主体意识由自发达到自觉(明之),另一方面,人的自然本性又得到升华(化性),通过这样的积习过程,人便能逐渐达到圣人的境界。

在宋明理学中,致知与德性涵养之统一这一思路得到了进一步的发挥。程颐将知行之辩与明诚之说联系起来,认为:"君子之学,必先明诸心,知所养,然后力行以求至,所谓自明而诚也。"③先明诸心而后力行,无非是知先行后的另一种表述,在程颐看来,这一过程同时表现为由明而诚。在此,理性的自觉(明)与正心诚意构成了同一过程的两个方面,而其逻辑终点则是成圣(成人)。关于这一点,程颐在另一处作了更明确的阐述:"始于致知,智之事也。行所知而至其极,圣之事也。"④致知与成人的统一,在这里便表现为圣与智的合一。

王阳明以知行合一为论旨,而知与行的动态统一,具体即展开为致良知与成圣的融合:"心之良知是谓圣……苟能致之,即与圣人无异矣。"⑤不过,与强调先天之知唯有通过后天之行(践履)才能转化为自觉之知相应,王氏认为,良知作为成圣之根据,主要为达到理想

---

① 《荀子·儒效》。
② 《荀子·儒效》。
③ 程颢、程颐:《颜子所好何学论》,《二程集》(第二册),第 577 页。
④ 程颢、程颐:《二程集》(第一册),第 211 页。
⑤ 王守仁:《书魏师孟卷》,《王文成公全书》卷八。

人格提供了可能,要使可能转化为现实,就必须经过一番为善去恶的道德践履:"区区格致诚正之说,是就学者本心日用事为间,体究践履,实地用功。"①此处之格致,亦即认识论意义上的格物致知(对天赋良知的体认),诚正则是道德涵养意义上的正心诚意(德性的完善)。综合起来,主体良知由本然到自觉与完美人格由可能到现实即统一于日用常行中的践履工夫。王阳明这一看法已在先验论形式下,注意到了理性的自觉(知)、德性的升华(诚)与后天的践履(行)是一个相互联系的过程。

王夫之从因行而知的观点出发,批评了王阳明以先天良知为成圣之根据的先验论偏见。他指出:"盖尝论之,何以谓之德?行焉而得之谓也。何以谓之善?处焉而宜之谓也。何以谓之至善?皆得咸宜之谓也。不行胡得?不处胡宜?"②这里的行主要表现为一种道德践履,而其结果则是德性的完善。对行的内涵及功能的如上理解,与理学家显然有相通之处。不过,王夫之强调德性完善并不是一个向先天善端返归的过程,而是以后天之行为必要条件。与肯定知行关系表现为一个动态统一的过程相应,王夫之认为,德性之培养本质上是日生而日成的:"习与性成者,习成而性与成也。""夫性者生理也,日生则日成也。"③德性成于习行,而人的道德践履又并非一次完成,它总是处于不断发展之中,这样,人的德性也必然经历一个升华过程。王夫之对这一过程作了具体的考察:"生之初,人未有权也,不能自取而自用也。……生以后,人既有权也,能自取而自用也。自取自用,则因乎习之所贯,为其情之所歆。"④人刚刚来到世间,还不能作用

---

① 王守仁:《传习录中》,《王文成公全书》卷二。
② 王夫之:《大学衍补传》。
③ 王夫之:《太甲二》,《尚书引义》卷三。
④ 王夫之:《太甲二》,《尚书引义》卷三。

于环境。因而表现为一种自在的存在,随着践履过程的展开(因乎习之所贯),"道乃益明",人便能对行为作出自觉的选择,并能动地作用于对象,"取之纯,用之粹而善",从而形成完美的德性(成为自为的存在)。① 在这里,以习行的展开过程为基础,理性之知的深化与道德人格的完善相互并进,而正是在二者的统一中,主体不断地从自在走向自为。

概而言之,知行之辩与成人学说的融合,构成了传统知行观的基本模式。尽管哲学家对知行关系的理解各不相同,从而,致知过程与成人过程合一的涵义也往往彼此相异,但肯定二者之统一,则是中国古代知行学说的共同特点。这种思维模式在理论上包含着多重意蕴。它首先使知行关系的讨论不同于形而上学的思辨。在致知与成人合一的理论格局中,知与行的辩证进展始终植根于现实的人生,真的探讨内在地关联着善的求索,正是在上述统一中,知获得了越来越具体的内容,而避免了流于超验的玄思。从另一侧面看,致知与成人的合一,同时又意味着将人格的培养规定为一个理性化的过程。从孔孟荀到程朱陆王,这一传统源远而流长,而在王夫之那里,它进一步获得了更为深入的阐述。道德践履规定着道德认识,道德认识又制约着道德践履,知行并进而有功,而主体则在这一过程中实现了从自在到自为的转化。总之,在知行之辩这一总的论题下,认识论与伦理学、理性自觉与德性升华、真与善呈现为一种统一的关系,这种思维趋向无疑凝结了中国传统的智慧。

当然,知行之辩的伦理化,同时也有其消极的一面。在致知与成人合一这一运思模式下,知与行往往局限于道德认识与道德践履,对知与行的这种理解,不仅多少妨碍了对知行关系更深入的探讨,而且

---

① 王夫之:《太甲二》,《尚书引义》卷三。

往往容易导致二重结果：其一，把价值评价置于事实认识之上。在传统哲学，特别是正统儒学中，价值往往被视为首要问题，它在一定程度上影响了对事物内在规定的把握；其二，忽视了对自然的研究，以成人为知行交互作用之目标，往往使自然对象的考察成为次要的任务。从这方面来看，传统的知行学说确实又包含着某种内在的缺陷。

知行之辩作为中国古典哲学的重要侧面，经历了一个辩证展开的过程，其中既包含着深沉的传统智慧，又留下了某些理论思维教训。具体地反省以上历史衍化过程，无疑有助于深化对知行关系的理解。

（原载《学术界》1991 年第 3 期）

古典哲学中的方法论

　　随着哲学思想的演进，中国古典哲学对如何澄明存在的探索也逐渐走向深入。通过总结科学活动、教育过程、政治实践，以及反省思维过程，哲学家们从不同的层面考察了如何敞开存在的问题，其中既关乎为道过程，亦涉及为学过程。古典哲学中的这种方法论思想尽管还呈现朴素的形态，但其中蕴含的哲学智慧，却仍有引人回溯的理论魅力。

一

　　如何按事物的本来状态把握事物，是传统哲学关注的基本问题之一。早在哲学思维的萌发时期，"仰则观象于天，俯则观法于地"已被视为把握对象的方式，而它所指向的目标,则是"类万物之情"(揭示万物的真实状况)①。随着哲学思维的发展,观物取象,以类万物之情的朴素观念,逐渐提升为解蔽等方法论原则。

作为方法论原则,解蔽首先表现为破除主观片面性。孔子已提出了"四毋"的要求,其具体内容包括:"毋意,毋必,毋固,毋我。"②毋意即不要凭空臆想,毋必和毋固是指不要强加于人和固执己见,毋我则是不要自以为是,这里的核心思想是反对主观独断。《管子》一书的作者主张"洁其宫,开其门,去私毋言",体现的也是类似的要求,即排除主观的好恶偏见,不强物就我。庄子曾批评一曲之士:"曲士不可以语于道者,束于教也。"③曲士的特点在于执着于一偏之见,以片面的观点看问题,这种思维定势构成了主观的"成心",而"随其成心而师之"的结果,则是远离客观之道。

主观片面性(蔽)是如何形成的?庄子以"束于教"解释曲士不可语道的原因,已试图对此作出回答。荀子在这方面作了更深入的分析:

> 欲为蔽,恶为蔽;始为蔽,终为蔽;远为蔽,近为蔽;博为蔽,浅为蔽;古为蔽,今为蔽。凡万物异则莫不相为蔽,此心术之公患也。④

这里所说的心术即思想方法。就客观对象而言,事物总是存在始与终、远与近、古与今等差异,如果只见一面而看不到另一面,便容易形

---

① 参见《周易·系辞下》。
② 《论语·子罕》。
③ 《庄子·秋水》。
④ 《荀子·解蔽》。

成片面性(蔽);另一方面,主体往往有好、恶等倾向,对自己积累的知识经验,不免有所偏爱,从而"私其所积,唯恐闻其恶也;倚其所私,以观异术,唯恐闻其美也"①,即对自己所赞同的论点,唯恐听到有人批评;对不同于自己的看法,则唯恐别人肯定和赞美,这样也容易产生主观片面性。对心术之"蔽"形成根源的以上二重分析,旨在从方法论的角度强调解蔽的必要性。

破除主观片面性,主要就消极的方面而言,从积极的方面看,解蔽的要求则具体化为静因之道。静即虚静:"心何以知?曰:虚壹而静。"②虚静即保持心灵的清明专一,避免成见及情欲等对思维的干扰。关于"因",《管子》有如下解释:

> 因也者,舍己而以物为法者也。感而后应,非所设也;缘理而动,非所取也。③

舍己是排除主观成见,以物为法,则是从客观对象本身出发。与先物行先理动的前识相对,以物为法的静因之道要求根据对象及其内在规律作出判定,并进而行动(感而后应,缘理而动)。这种静因之道,在中国哲学的尔后演进中一再得到了认同,韩非之倡导"因天之道,反形之理","虚以静后,未尝用己"④、王充之强调"凡天下之事,不可增损"⑤、嵇康之主张"观物于微,触类而长,不以己为度"⑥、朱熹之要

---

① 《荀子·解蔽》。
② 《荀子·解蔽》。
③ 《管子·心术上》。
④ 《韩非子·扬权》。
⑤ 王充:《论衡·语增》。
⑥ 嵇康:《嵇康集·答释难宅无吉凶摄生论》。

求"以物观物,不可先立己见"①等,都从不同角度展示了这一点。

　　以物为法,体现的主要是客观性原则。与反对片面性相应,解蔽的另一要求指向全面性。荀子在分析了"蔽"(片面性)产生的根源后,便进而指出:"圣人知心术之患,见蔽塞之祸,故无欲、无恶,无始、无终,无近、无远,无博、无浅,无古、无今。兼陈万物而中县(悬)衡焉,是故众异不得相蔽以乱其伦也。"②无始、无终,无近、无远,等等,也就是不仅仅局限于对象的某一方面,而是兼察其不同的规定,从而达到对事物的全面把握。王充认为对天下之事要"考察前后"③,体现的是同样的原则。

　　对传统哲学来说,遍为考察并不仅限于把握同一事物的各个方面;广而言之,要把握普遍之理,还应广泛地考察不同的对象。叶适指出:

　　　　观众器者为良匠,观众方者为良医,尽观而后为之,故无泥古之失而有合道之功。④

在这里,叶适将"合道"与"尽观"联系起来,而认识的全面性(尽观),则被视为在实践活动中合乎规律(合道)的前提。技艺的提升是如此,义理的辨析也不例外:"夫欲折衷天下之义理,必尽考详天下之事物而后不谬。"⑤质言之,要对不同观点作出合适的定位,便必须详尽地考察所涉及的对象,以辨其曲折是非。

---

① 朱熹:《朱子语类》卷十一。
② 《荀子·解蔽》。
③ 王充:《论衡·语增》。
④ 叶适:《法度总论一》,《水心别集》卷十二。
⑤ 叶适:《题姚令威西溪集》,《水心文集》卷二十九。

相对于天下之物,个人的所见所闻总是有限的,因此,要真正达到考察的全面性,便不能囿于一己之见闻。《管子》的作者已注意到了这一点:"夫民别而听之则愚,合而听之则圣。"①从方法论上看,合而听之也就是利用他人的认识,以克服个人认识的有限性。一旦把个人的认识与众人的认识结合起来,那就可以拓展视域:"以天下之目视,则无不见也;以天下之耳听,则无不闻也;以天下之心虑,则无不知也。"②不难看到,这里已涉及认识论上的群己关系,并在某种程度是把全面的考察与认识的社会性联系起来。

尽观遍考、合而听之主要从广度上展开了全面性的要求。作为一种方法论原则,全面性并不仅仅表现为数量关系上的多。如果光是枚举一些事例,即使罗列了很多,也很难避免"偏举一隅"③。有鉴于此,传统哲学在强调博考的同时,又要求贯本末:"凡学未至贯本末、彻精粗,徒以意衡量,就令载籍极博,犹所谓'思而不学则殆'也。"④从方法论的角度看,"末"大致可归入现象的层面,"本"则属于本质的规定。所谓贯本末、彻精粗,也就是把现象的考察与揭示事物的本质规定联系起来,在广泛考察的同时,着重把握体现事物本质的事实。与之相对的"以意衡量",则是一种类似前识的主观的臆度。传统哲学以贯本末、彻精粗反对以意衡量,避免了将广泛的考察等同于随意地挑选实例,它使全面性要求获得了更深刻的内涵。

当然,强调观察的客观性,并不意味着完全撇开已有的知识经验,事实上,作为认识环节之一的观察,总是以一定历史时期形成的理论为背景,并受其制约,而要真正把握反映事物本质联系的事实,

---

① 《管子·君臣上》。
② 《管子·九守》。
③ 戴震:《毛郑诗考正》卷三。
④ 戴震:《与任孝廉幼植书》,《戴东原集》卷九。

也不能离开这种知识背景。在要求"舍己而以物为法"时,传统哲学中的某些学派和人物似乎较多地关注于拒斥"成心",而对已有知识经验在认识中的积极作用,则有所忽视。

<h1 style="text-align:center">二</h1>

通过广泛的考察而获得反映事物本质联系的事实材料,只是把握对象的起点;博考尽观之后,还必须继之以理性的整理过程,后者首先便涉及归纳与演绎。传统哲学虽然没有使用"归纳""演绎"等术语,但对与之相关的方法论原则,却很早就有所注意。《周易》提出"引而伸之,触类而长之"①,已突出了推类的方法论思想,其中既包含从特殊事实到普遍结论的提升,又包含由一般结论到个别对象的推论。

孔子在总结其教学经验时曾指出:"举一隅不以三隅反,则不复也。"②意思是,学习的过程,要善于由已知的一个方面,推知相同类型的其他方面。这里不仅涉及类比的方法,而且也兼及归纳与演绎。与举一反三相联系的,还有"告诸往而知来者"③、"闻一以知十"④等。前者(以往知来)是从过去已有的经验而获得新知,它较多着重于归纳;后者(闻一知十)则主要表现为一个由一般到个别的推论,具有演绎的性质,二者从不同方面展开了举一反三的方法论思想。

在《周髀算经》等古代科学著作中,归纳方法得到了更深入的考察。通过反思科学研究活动,《周髀算经》的作者作了如下总结:

---

① 《易传·系辞上》。
② 《论语·述而》。
③ 《论语·学而》。
④ 《论语·公冶长》。

夫道术,言约而用博者,智类之明。①

问一类而以万事达者,谓之知道。②

一般的概念和理论相对于具体的对象,总是具有概括的形式(表现为"约"),而约又离不开博(广泛的考察);对类的普遍本质和规律的把握,乃是以具体地考察特殊对象(万事)为前提。朱熹从哲学的角度,对归纳方法作了进一步的说明:"盖能于分殊中,事事物物、头头项项,理会得其当然,然后方知理本一贯。不知万殊各有一理,而徒言理一,不知理一在何处?"③理一与分殊是理学的重要论题,理一表现为哲学的最一般原理,分殊则展开为天下万物。在朱熹看来,哲学固然应当追求最高原理,但对理一的体认,不能离开分殊;唯有通过理会事事物物,才能真正把握一贯之理,而这一过程便包含着归纳的作用。不难看出,无论在科学的研究中,还是在哲学探索中,归纳都被视为一个重要环节。

归纳作为一种科学方法,在清代朴学中被提到了更为重要的地位。清代朴学又称乾嘉考据学,它在整理古代文献、总结传统学术方面,都作出了令人瞩目的成绩,而在方法论上,清代朴学首先关注的便是归纳。阮元曾指出:"稽古之学,必确得古人之义例。执其正,穷其变,而后其说之也不诬。"④所谓义例,包括语言文字领域的条理通则等。在清代学者看来,只有对丰富的事实材料反复推究,严加剖析,从中概括出一般的条理规则,才能把握古代文献中纷繁复杂的具

---

① 《勾股方圆图注》,《周髀算经》卷上。
② 《勾股方圆图注》,《周髀算经》卷上。
③ 朱熹:《朱子语类》卷二十七。
④ 阮元:《汉读考周礼六卷序》,《揅经室一集》卷十一。

体现象。这种从具体的材料上升到普遍义例(通则)的过程,也就是一个归纳的过程。

在要求得其义例的同时,传统哲学也十分注重从一般到个别的推论。孔子的"闻一知十"已肯定了这种推论的意义,后期墨家对此作了进一步的考察。后期墨家分析了多种逻辑方法与推论形式,在谈到"效"时,它作了如下解释:"效者,为之法也。所效者,所以为之法也。故中效则是也,不中效则非也。"①"法"是指立论的标准、法式,"效"即是建立一个法式作为标准,符合法式(中效)便是正确的("是"),不合法式(不中效)便是错误的("非")。这种以一般法式为标准进行的推论,便是一种演绎的方法。荀子也发挥了孔子"闻一知十"的思想,强调"壹于道而以赞稽物"②,亦即从普遍的道出发,来考察千差万别的具体对象。

从一般到个别的推论,当然不仅仅是一种哲学的思辨,它总是展开于具体的科学研究过程。在科学研究中,数学与演绎方法往往有更内在的联系。刘徽在总结数学研究经验时,曾提出了如下方法论思想:"事类相推,各有攸归,故枝条虽分而同本干知,发其一端而已。"③"本干"即数学的一般原理,"枝条"则是数学的各个具体分支。数学的分支虽然是多样的,但它们又遵循共同的普遍原理,或者说,以同一原理为推论的出发点("发其一端")。从"本干"到"枝条"这种推论,主要便是一个运用演绎的过程。

相对于刘徽从数学研究上考察事类相推,王夫之更多地从哲学的角度,分析了由普遍到特殊的思维行程:

① 《墨子·小取》。
② 《荀子·解蔽》。
③ 刘徽:《九章算术注·序》。

故善言道者，言其宗而万殊得；善言治者，言其纲而万目张。循之而可以尽致，推之而可以知通。①

"宗"和"纲"属一般，"万殊"与"目"则是个别。就统一性原理探求而言，把握了普遍的道，便可进而认识万事万物；就政治实践而言，懂得了治国的一般原则，便可进一步指导具体的治国实践。在"循之而可以尽致，推之而可以知通"的过程中，所循、所推的，是普遍的原理，所致（达到）、所知的，则是万殊。王夫之的以上看法，无疑较为深入地揭示了演绎方法的特点及作用。

作为一种思维方法，演绎的内在根据是什么？早在先秦，哲学家已开始对此加以探讨。墨家提出"以类取，以类予"②，已注意到理性推论与类的关系：即推论应按事物的种属包含关系而进行。荀子进而指出："类不悖，虽久同理。"③即只要事物的分类和归类正确，那么，由此概括出来的一般原理就一定适合该类的一切个别事物。这里蕴含着如下思想，即理性的推论，乃是以客观存在的种属包含关系为其根据的。这一看法在尔后的哲学演进中同样得到了肯定，如《周髀算经》便认为："是故能类以合类，此贤者业精习智之质也。"④即数学研究中的演绎推论，必须以类的包含关系为根据（合类）。传统哲学对演绎根据的这种理解，体现了思维逻辑与客观过程的统一。

要而言之，由博而至约（归纳）与从道到万殊（演绎）构成了思维的二种方法。而在传统哲学中，二者并非彼此隔绝。孔子由举一反三引出以往知来与闻一知十，已注意到了特殊到普遍和一般到个别

---

① 王夫之：《宋论》卷十。
② 《墨子·小取》。
③ 《荀子·非相》。
④ 《勾股方圆图注》，《周髀算经》卷上。

二种推论之间的联系。荀子在肯定"欲知亿万,则审一、二"的同时,又强调"以道观尽"①,它所体现的,是归纳与演绎的统一。

作为一种方法论原则,归纳与演绎的统一在清代朴学中得到了更具体的体现。在主张会通义例的同时,清代朴学对一以贯之同样予以了相当的重视:"不会通其例,一以贯之,只厌其胶葛重复而已,乌睹所谓经纬途径者哉。"②会通其例是从特殊现象中抽象出一般的通则,一以贯之则是在这种一般通则的指导下,进一步考察具体的对象;前者是一个从个别到一般的归纳过程,后者则是从一般到个别的演绎过程,二者的统一,构成了清代学者治学的重要原则。正是善于将归纳与演绎结合起来,使清代朴学的文献考订工作表现出科学的性质。

对会通其例与一以贯之的内在统一进一步从理论上加以论证的,是王夫之。在王夫之看来,一方面,"学者之始事,固无能贯之力,而要不可昧于一之理"③。质言之,在多闻多识、考察各种具体对象的初始阶段,诚然还不能进行从一般到个别的推论,但这种考察又需要普遍之理的指导(不可昧于一之理);另一方面,"夫子之能一以贯之者,其得力之在多学而识之"④。就是说,从一般原理出发进而认识特殊对象的过程,本身又以博学多识为基础,正是在此意义上,王夫之强调:"不博学而详说,必无以说约。"⑤总之,从一般到特殊的思维行程在逻辑上以一般原理为前提,而一般原理的形成,又总是伴随着对具体经验的概括和归纳过程,这就决定了一以贯之不能

① 《荀子·非相》。
② 凌廷堪:《礼经释例·自序》。
③ 王夫之:《论语·卫灵公》,《读四书大全说》卷六。
④ 王夫之:《论语·卫灵公》,《读四书大全说》卷六。
⑤ 王夫之:《孟子·离娄下》,《读四书大全说》卷九。

离开多学而识之与会通其例;但同时,博学多识又往往是在一定的理论背景下进行并相应地受到其制约,从而并非完全脱离一以贯之的过程。

三

会通与一贯作为相互联系的思维方法,构成了把握对象内在之理的两个环节。然而,要真正深入到事物的本质,则不能停留于从个别到一般以及由普遍到特殊的推论。从方法论上看,归纳与演绎的过程总是包含着分析与综合的作用,传统哲学同样注意到了这一点。在肯定会通与一贯的同时,传统哲学对分析与综合方法也予以了相当的关注。

荀子在天人之辩上提出"明于天人之分"①。就天道观而言,它强调的是自然现象与社会现象具有不同的作用方式和演变规律,从方法论上看,它则要求具体地分析自然与社会的各自特点。相对于"明于天人之分"的宏观之维,韩非进一步从把握具体对象的角度,主张"明分以辩(辨)类"②,即通过分析以揭示事物类的规定。

前面曾提到,达到普遍的原理往往要通过会通(归纳)的过程,而在传统哲学看来,会通与辨析并非彼此相分。朱熹的如下论述已表明了这一点:"辨之明则断而不差,故能无所疑惑而可以见于行。"③会通总是要对理作出概括和断定,但只有在分析透彻(辨之明)的基础上,才能正确而无差失。正是在这一意义上,传统哲学强调:"学问须

---

① 《荀子·天论》。
② 《韩非子·扬权》。
③ 朱熹:《中庸或问下》。

严密理会,铢分毫析。"①"事物之理,必就事物剖析至微,而后理得。"②在这里,分析的作用已被提到十分突出的地位。

铢分毫析的对象是客观事物,而在传统哲学看来,任何事物都存在阴和阳这样两个对立的方面:"物物有阴阳,事亦如之。"③对象包含的这种差异和矛盾,决定了对事物的分析应着重于把握事物的矛盾关系。正是有鉴于此,传统哲学强调:"君子乐观其反。"④所谓"观其反",也就是对事物内在矛盾的分析:"相反而固会其通。"⑤在这里,传统哲学实际上将归纳的方法与分析的方法结合起来,使会通(归纳)不同于简单地求同(概括共同点),而是通过矛盾分析揭示事物的内在本质和规律。

主张严于辨析,当然并不意味着停留于铢分毫析。对传统哲学来说,"截然分析而必相对待者,天地无有也,万物无有也,人心无有也"⑥。这里所说的"分析",既涉及天道观,又具有方法论的意义。就天道观而言,事物固然包含对立着的两个方面,但二者又具有内在的统一性,而并非仅仅彼此对立;与之相应,就方法论而言,不能停留于对事物不同方面的分别把握,而应在铢分毫析之后进而合而观之:"分言之则辨其异,合体之则会其通。"⑦基于这一看法,传统哲学对综合的过程也予以了相当的关注。

分而辨析与合而会通作为把握事物之理的两种方法,本身又存

①　朱熹:《朱子语类》卷八。
②　戴震:《孟子字义疏证·权》。
③　王夫之:《张子正蒙注·动物》。
④　王夫之:《周易外传·杂卦传》。
⑤　王夫之:《周易外传·杂卦传》。
⑥　王夫之:《周易外传·说卦传》。
⑦　王夫之:《张子正蒙注·太和》。

在着内在的联系。早在先秦,荀子已提出辨合的思想:"凡论者,贵其有辨合。"①这里所说的"辨"含有分析之意,"合"则指观其会通;贵有辨合,意味着把分析与综合的统一视为方法论的基本原则。随着传统哲学的演进,这种方法论原则也一再得到了肯定。王夫之曾批评片面强调合一与片面突出分析的看法:"易曰:一阴一阳之谓道。或曰:抟聚而合一之也;或曰:分析而各一之也。鸣呼!此微言所以绝也。"②客观之道本来表现为阴与阳的统一,但有些人却仅仅抓住阴阳之合,在方法论上只注意综合;另一些人则仅仅看到阴阳之分,在方法论上一味讲分析,二者的共同特点是割裂了分析与综合。这种批评从另一个方面确认了分析与综合的统一。

在肯定分析与综合内在统一时,传统哲学首先将分析规定为综合的逻辑前提,朱熹的如下论述便表明了这一点:

盖必析之有以极其精而不乱,然后合之有以尽其大而无余。③

综合是对事物整体的把握,然而,要真正反映事物的全貌而无片面性(尽其大而无余),便必须对事物的各个方面作严密细致的分析(析之极其精)。从逻辑上看,离开分析而讲综合,则综合往往流于抽象的合一,而难以再现具体的整体。传统哲学要求将综合建立在分析之上,无疑已注意到了这一点。

按传统哲学的看法,分析之后的综合之所以可能,是因为分析本身并非完全隔绝于综合:

---

① 《荀子·性恶》。
② 王夫之:《周易外传·系辞上传》。
③ 朱熹:《大学或问上》。

故合二以一者,既分一为二所固有矣。①

从客观对象看,事物固然包含对立的两个方面,但对立面同时又存在于统一体之中;就思维的方法而言,对统一体各个方面的分析,是以统一体本身为依据的:分乃是对统一体的分(所谓"分一为二")。既然分析并非主观的任意分解,而是对统一体的分别考察,因而分析之后达到统一(综合),并非主观的合一:所谓"合二以一",无非是通过"分一为二",在思维过程中再现对象的内在统一。传统哲学的以上看法已注意到作为思维方法的分析与综合有其客观的根据。

    分与合各有所重,同时又相互统一,在总体上表现为一个动态的过程,戴震对此作了言简意赅的概述:"务要得其条理,由合而分,由分而合。"②由合而分,亦即从不同的方面对统一的整体加以分析,以分别把握整体中的各个规定;由分而合,则是在考察事物不同规定的基础上,将抽象出来的各个方面综合起来,在思维中达到新的统一。这里的思维行程表现为一个由合出发而又复归于合的过程,作为起点的"合",是未经分析的混沌整体;而作为终点的"合",则是经过抽象的具体,它已不同于原始的经验表象。在从合到分,又从分到合的进展中,分与合本身又始终处于互动的关系之中。王夫之指出:"君子乐观其反也。……杂因纯起,积杂以成纯;变合常全,奉常以处变;则相反而固会其通。"③就客观对象而言,杂表现的是事物的内在差异,纯则显示了事物统一的一面;从方法论上看,对事物差异(杂)的分析,是以统一体(纯)的存在为前提的,而统一体的再现,则以差异

---

① 王夫之:《周易外传·系辞上传》。
② 段玉裁:《戴东原先生年谱》,《戴东原集》卷一。
③ 王夫之:《周易外传·杂卦传》。

的分析为基础,二者相反而相成,表现为一种辩证的思维运动。

四

传统哲学以"究天人之际,通古今之变"为追求的目标。究天人之际涉及广义的天道观与价值观,通古今之变则指向历史的领域。从哲学史上看,注重历史现象的考察,确实构成了传统哲学的重要特点。孔子曾说:"殷因于夏礼,所损益,可知也;周因于殷礼,所损益,可知也。其或继周者,虽百世,可知也。"①夏、商(殷)、周表现为一个前后相继的历史过程,通过对历史延续关系的考察,便可以了解某一历史时期的特点,并进而预测未来的发展。在这里,孔子已把历史的考察理解为历史预见的前提,并相应地表现出关注历史源流的思维趋向。

《管子》进而从方法论的角度,把历史考察视为认识对象的一种方法,要求"原始计实,本其所生"②。"原""本"具有追溯、推求之义,"始""生"则是指事物的历史源头。所谓"原始计实",也就是从事物的现状推溯其起源,把握事物发展的整个历史过程,由此揭示事物的真实本质。与这一方法相联系的,是由历史推断现状:

疑今者,察之古;不知来者,视之往。③

考察历史(古)以解决研究现实过程中出现的疑问,其前提是历史与

---

① 《论语·为政》。
② 《管子·白心》。
③ 《管子·形势》。

现实之间存在内在的联系,正是这种联系,使历史的考察为理解现实提供了一种具体的背景。"原始计实"与"察古知今"相互联系,从不同方面展开了历史的方法。

　　与社会现象分析中注重历史的考察相联系,传统哲学在学术文化研究中也引入了历史的方法。清代学者指出:"学固有自源而达流者,亦有自流以溯源者。"①这可以看作是对历史方法的一种概括。所谓"自流以溯源",是指通过历史的回溯,把握对象的原始状况,然后将对象的原貌与现状加以比较,以揭示事实的真相。在史实考订中,溯源的方法具体化为根据原始的记载,以考证后起的叙述:"言有出于古人而不可信者,非古人之不足信也,古人之前有古人,前之古人无此言而后之古人言,我从前者而已。"②文献的流传总是有一个前后相继的过程,一般说来,后起的文本总是以早出的本文为根据,因此辨别文献记载的真伪,应追溯到最为原始的文本。

　　"自流溯源"旨在追溯对象的原始面目,相对于此,"自源达流"要求把握对象的本来状况后,进一步考察它在各个演变阶段的不同特点,以辨古今之异。在典章制度的考证中,这种方法表现为疏通源流,即纵向的考察对象的变迁沿革。在音学研究中,清代的学者反对援今议古,主张"审音学之源流",并运用历史方法对古韵演变作了相当细致的研究,如段玉裁以"音韵之不同,必论其世"的历史观点为依据,通过深入的分析比较,将先秦至隋代的古韵变化区分为三个阶段:"唐虞夏商周秦汉初为一时,汉武帝后洎汉末为一时,魏晋宋齐梁陈隋为一时。"③这种自源达流的考察,已不限于对发展过程的起点与

---

① 卢文弨:《答朱秀才理斋书》,《抱经堂文集》卷十九。
② 钱大昕:《秦四十郡辨》,《潜研堂文集》卷二十三。
③ 段玉裁:《音韵随时代迁移说》,《六书音韵表》,中华书局,1983 年,第17 页。

终点作历史的比较,而且将过程划分为若干阶段加以研究,即不仅力图找出其前后联系,而且注重把握各个阶段的特定形态,这就把历史考察与具体分析结合起来,从而深化了历史方法。

考察社会现象的变迁与文化(文献、文字等)的源流,主要以历史的具体过程为对象,并着重于再现对象发生、演变的历史线索。在疏通源流的同时,传统哲学也开始注意到对历史过程的内在逻辑关系的把握。从荀子对礼的起源等考察中,已可以看到这一趋向。在分析礼的形成时,荀子指出:"人生而有欲,欲而不得,则不能无求,求而无度量分界,则不能不争。争则乱,乱则穷。先王恶其乱也,故制礼义以分之,以养人之欲,给人之求。使欲必不穷乎物,物必不屈于欲,两者相持而长,是礼之所起也。"[1]礼并非人类社会一开始就有的现象,而是在历史演进过程中形成的。但荀子在这里并没有去考察历史演变的具体过程,而是从人的本性(人生而有欲)与社会纷争的关系上加以分析:在物质财富有限的条件下,人的无限度的欲求必然引起彼此的争夺,而争夺又必然导致社会的动乱,并最终走向衰亡,礼正是为了避免这种结果而产生的,它的作用在于规定一个度量分界,使人的欲求与物质财富之间达到适当的平衡,从而消除纷争。荀子的这种看法,显然有别于根据具体的历史线索所进行的分析,而更多地着重于社会现象之间的逻辑关系。

对历史现象的考察与历史过程内在逻辑关系的分析,在传统哲学中并非完全彼此隔绝。柳宗元在分析分封制的形成时,首先考察了人类从穴居野处的原始状态到国家制度的产生这一过程,由此进一步指出,从最高的天子到乡邑的长官,只要有惠于人民,那么,在他们去世后,人们就会拥戴他们的子孙继续管理天下或乡邑,于是,国

---

① 《荀子·礼论》。

家制度就采取了世代相袭的分封制形式。柳宗元由此得出结论:"故封建非圣人意也,势也。""彼封建者,更古圣王尧、舜、禹、汤、文、武而莫能去之。盖非不欲去之也,势不可也。"①与主观之"意"(意愿、要求)相对的"势",是指历史过程中内含的一种必然性。在这里,柳宗元从历史过程的必然性(势),来解释历史现象,表现出将历史现象的描述与历史演变内在逻辑的把握联系起来的趋向。

在王夫之那里,以上的思维趋向得到了进一步的发展。王夫之同样把社会历史看作是一个衍化的过程,并考察了人类从茹毛饮血到钻木取火、学会耕种,从不知父子之亲到懂得仁义礼制的发展过程。而在历史的演进过程中,则存在着"势"。王夫之对势作了如下界说:"凡言势者,皆顺而不逆之谓也,……不容违阻之谓也。"②顺而不逆、不可违阻,即无法违抗,这里更明确地把势理解为历史过程中的必然性。这种看法与柳宗元大致相近,不过,与柳宗元有所不同,王夫之进而将势与理联系起来:

迨已得理,则自然成势,又只在势之必然处见理。③

从历史对象看,理是指历史发展的规律,而这种规律正是在必然之势中体现出来;就方法论而言,则相应地要求通过分析历史演进的必然趋势以揭示其内在的规律。如果说,"势"以某种外在的形式展示了历史演进的逻辑,那么,理无疑以更内在的形式表现了这一点;而在势之必然处见理,则意味着更深入地把握历史过程的内在逻辑。

---

① 柳宗元:《封建论》。
② 王夫之:《孟子·离娄上》,《读四书大全说》卷九。
③ 王夫之:《孟子·离娄上》,《读四书大全说》卷九。

明势见理的方法论原则同样体现于学术史研究领域,在这方面,黄宗羲的学术思想颇具有代表性。黄宗羲曾对两宋至明末的学术思想作了系统的考察,在他看来,学术思想的发展往往表现为多样的形态,各人的思想道路,也彼此相异,正是在此意义上,黄宗羲认为学术之途,"不得不殊"①。但在学术的多样发展中,又包含着一以贯之的逻辑脉络,这种脉络,黄宗羲称为"一本",而学术的发展,也相应地表现为"一本而万殊"②。黄宗羲以明代学术的发展为例,对此作了阐述:"有明学术,白沙开其端,至姚江而始大明……逮及先师蕺山,学术流弊,救正殆尽。"③在这里,黄宗羲以心学为明代学术的主脉,而心学本身又经过了一个发生到极盛,由极盛而生流弊,又由流弊的产生到修正、纠偏的演变过程;质言之,明代学术固然"宗旨纷如"、殊途多样,但又以心学为主脉而前后相联。

从学术发展有其内在脉络观点出发,黄宗羲强调在学术史的研究中,应当通过分源别派,以揭示其中内含的"宗旨"和"学脉":

> 于是为之分源别派,使其宗旨历然,由是而之焉,固圣人之耳目也。④

宗旨各异的学术思想在历史的演进中并非杂而无序,而是有其内在的学脉,学术史的研究,应当在考察历史上各种具体学说流派的基础上,进而把握其中"数百年的学脉"⑤。从方法论上看,得其宗旨主要

---

① 黄宗羲:《明儒学案·自序》。
② 黄宗羲:《明儒学案·发凡》。
③ 黄宗羲:《移史馆论不宜立理学传书》,《南雷文定前集》卷四。
④ 黄宗羲:《明儒学案·自序》。
⑤ 黄宗羲:《明儒学案·自序》。

是分别研究殊途多样的体系在学术上的独创见解,明其学脉则意味着把握整个学术史演变过程中一以贯之的线索。与以上方法论原则相联系,黄宗羲要求将学术史中的一时偏重与学脉区分开来。在谈到朱熹与陆九渊思想的异同时,他对此作了具体说明:"非尊德性则不成问学,非道问学则不成德性。故朱子以复性言学,陆子戒学者束书不观,……此一时教法,稍有偏重,无关于学脉也。"①一时偏重是整个学术发展中带有偶然性的现象,在黄宗羲看来,朱陆的某些具体提法(如以复性言学等)便属于这一类现象,与之相对的学脉,则表现了学术演进过程中规律性的联系,这种联系以稳定的形式展示了学术发展的内在逻辑。黄宗羲认为学术史研究应超越一时偏重而明其学脉,在某种意义上已注意到历史考察与逻辑把握之间的联系。

五

在广泛考察的基础上,通过会通与一贯、分析与合观以及疏通源流、因势见理、明其学脉等环节而获得的认识,最终还要通过一个验证的过程。荀子指出:"凡论者,贵其有辨合,有符验。"②辨合含有分析与综合统一之意,符验则指对认识的检验。王充也强调:"事莫明于有效,论莫定于有证。"③只有经过验证的认识,才可视为定论。

在传统哲学中,对观点的验证有多重形式。韩非曾提出了参验说,主张"因参验而审言辞"④。参和验都是检验认识的方法,但二者的侧重又有所不同。验含有事实验证之意,"参"则指比较分析,所谓

① 黄宗羲:《复秦灯岩书》,《南雷文定前集》卷四。
② 《荀子·性恶》。
③ 王充:《论衡·薄葬》。
④ 《韩非子·奸劫弑臣》。

"行参必拆"①,拆即分异,引申为分析。要判断言辞的真伪,便要借助"参"的方法:"参言以知其诚。"②作为一种比较分析的方法,"参"对言论观点的验证,具有某种逻辑论证意义。与韩非相近,王充提出"论则考之以心,效之以事"③。效之以事是事实的验证,与之相对的"考之以心",则含有逻辑论证之意。

行参、考之以心在清代学者中进而被引申为虚会:"事有实证,有虚会。"④所谓虚会,即是从逻辑关系上加以推论,其形式之一是根据前后是否贯通,推断某种记载或观点的真伪:"事之真者,无往而不得其贯通,事之赝者,无往而不多所抵捂(牾)。"⑤此处所说的"抵捂(牾)",即是形式逻辑意义上的矛盾,在清代学者看来,正确的思维首先应当在逻辑上始终一贯,具有内在的自洽性;凡是前后相悖,上下冲突,则很难断定其为真。这里实际上是用形式逻辑的矛盾律,来确定某一结论能否成立。

行参、虚会主要着重于从逻辑关系上对言说观点加以论证,这种验证并没有终结检验言论的过程。逻辑上的推断之后,最终还要诉诸事实的验证。早在先秦,墨子已提出了著名的三表,以此判定言论的是非。从事实的验证来看,这里应当注意的是前二者。首先是以"古者圣王之事"为本,亦即用间接的历史事实为证;以历史事实验证言论,在传统哲学中又称为"援古证今":"有一疑义,反复参考,必归于至当;有一独见,援古证今,必畅其说而后止。"⑥反复参考而归于

---

① 《韩非子·八经》。
② 《韩非子·八经》。
③ 王充:《论衡·对作》。
④ 阎若璩:《尚书古文疏证》卷五。
⑤ 阎若璩:《尚书古文疏证》卷二。
⑥ 潘耒:《日知录·序》。

当,属逻辑的推断;援古证今,则是以历史事实为证。与圣人之事相对的是百姓耳目之实,亦即直接的经验事实;传统哲学十分注重经验事实的验证,言论如果缺乏事实的这种验证,则往往被视为是虚妄的,所谓"无验而言之谓妄"①。

虚会与实证的如上结合,在方法论上即表现为逻辑论证与事实验证的统一,在传统哲学看来,只有在两者的这种联系中,才能达到十分之见:"所谓十分之见,必征之古而靡不条贯,合诸道而不留余议,巨细毕究,本末兼察。"②"十分之见"可以看作是已得到确证的真理,与认识的出发点上强调广泛考察相一致,认识的检验也被理解为一个博证(巨细毕究)的过程。对认识的这种检验方法既不同于仅仅停留于抽象的推绎,也有别于简单地列举实例,它从一个方面为达到全面的认识提供了较为可靠的基础。

可以看到,传统哲学要求以物为法,通过会通与一贯、分与合、疏通源流与明势见理、虚会与实证的统一,以达到十分之见,它所包含的方法论原理,无疑从一个方面展示了传统哲学的深沉意蕴。

(原载《孔子研究》1998 年第 1 期)

---

① 扬雄:《法言·问神》。
② 戴震:《与姚孝廉姬传书》,《戴东原集》卷九。

乾嘉学派的治学方法

乾嘉学派又称清代朴学或清代汉学。它发轫于清初,极盛于乾嘉两朝。就研究范围而言,朴学以经学为中心而旁及史学、小学、天文、历算诸学。在古代文献的整理方面,朴学的成就是前无古人的。梁启超说:经过清代学者的爬梳,"吾辈向觉难读难解之古书,自此可以读、可以解;许多伪书及书中窜乱芜秽者,吾辈可以知所别择,不复虚糜精力"①。乾嘉学派之所以能在学术上作出如此建树,与其治学方法的精密有着不可分割的联系。当然,由于历史的局限,乾嘉学派的治学方法也不可避免地有其内在缺陷。

---

① 梁启超:《清代学术概论》,四川人民出版社,2018 年,第64 页。

一、遍为搜讨——注重考察的全面性

就学术思想的演变而言,乾嘉学派可以视为对宋学的某种否定。宋儒好谈性理而轻视名物训诂,为了论证一己之见,他们往往不惜曲解乃至擅改古代文献。这种尚空论、轻实证的学风,在元明时代进一步发展,其流弊日重一日。乾嘉学派对这种束书不观的风气深为不满,江声说:"盖性理之学,纯是蹈空,无从捉摸,宋人所喜谈,弟所厌闻也。"①这实际上代表了清代学者的一般看法。与空疏的宋学相对立,清儒"以通经博物相尚",强调无证不言,论必有据。在文史考证中,所谓证据,主要即是指古代文献。如钱大昕关于古无轻唇音与古无舌头、舌上音之分的断论,即以《尚书》《诗经》《吕氏春秋》《周礼》等先秦古籍为依据。相对于蹈空的性理而言,古代文献属于客观的事实材料,以古本群籍为研究的起点,实质上也就是从具体的对象出发。如果说,宋儒的性理之学带有思辨的特点,那么每立一说,必凭证据的乾嘉学派方法,则具有实证的性质,它在本质上接近于近代实证科学的方法。

由主张"据古本",乾嘉学派又进而反对以孤证为立论的基础。在清儒看来,片面地挑选例证必然导致迷误,"偏举一隅,惑滋多于是矣"②,因而他们要求广搜群籍,多方探究。在训诂上,清儒每释一字,往往博考子史百家。如王引之对虚词的诠诂,即以遍搜博讨为基础:"自九经三传及周秦西汉之书,凡助语之文,遍为搜讨。"③这里所说的

---

① 江声:《问字堂集赠言》,见孙星衍:《问字堂集·岱南阁集》,中华书局,1996年,第6页。

② 戴震:《毛郑诗考正》卷三。

③ 王引之:《经传释词·自序》。

遍为搜讨,也就是对所研究的领域的有关对象逐一加以考察,不放过任何可能的反例,由此形成较为系统的、能反映事物全貌的材料,然后将这些材料综合起来加以参伍比较,得出结论。这种力求毫无遗漏地把握对象的各个方面的要求,与偏举一隅的主观方法相对立,它在客观上接触到了观察的全面性这一原则。

与注重遍为搜讨相联系,清儒强调考察的客观性。戴震说:"凡学未至贯本末,彻精粗,徒以意衡量,就令载籍极博,独所谓思而不学则殆也。"①所谓"贯本末,彻精粗",即是全面考察;"以意衡量",则是主观臆测。朴学家以前者反对后者,这就使旁搜博讨同时成为客观性的原则。在具体的考证中,清儒善于把贯本末、彻精粗与排除主观成见结合起来。如在考订史实时,他们一方面主张广泛搜罗各种史料:"搜罗偏霸杂史、稗官野乘、山经地志、谱牒簿录……尽取以供佐证。"另一方面,又反对"横生意见"②。从方法论上说,全面性原则与客观性原则本质上是相互联系的:离开了对事物各个方面的系统研究,就很难提供一幅有关事物的客观图景;而全面考察所获得之材料如不能真实地反映对象的本来面目,则同样也是有害的。乾嘉学派在要求遍为搜讨的同时,又反对"以意衡量"、"横生意见",这就在一定程度上揭示了客观性与全面性的相互制约关系。

然而,乾嘉学派的考据性质,又使其搜讨主要限于文献材料。以地理学为例,在清代,地理学仅仅作为历史学的附庸而存在。顾祖禹的《读史方舆纪要》、阎若璩的《四书释地》、胡渭的《禹贡锥指》等虽被誉为地理学的佳作,但其内容不外是诠释与考订经史中的山川地望、郡县设置,对自然地理则很少有人问津。虽然就考证学而言,以

---

① 戴震:《与任孝廉幼植书》,《戴东原集》卷九。
② 王鸣盛:《十七史商榷·自序》,商务印书馆,1937 年,第 2 页。

文献为研究材料有其合理性，但乾嘉学派把遍为搜讨等同于"贯穿经史"，这就或多或少使其博考方法受到了限制。

二、会通义例与一以贯之的统一

通过旁搜博讨而广泛地占有材料之后，乾嘉学派进而要求揭示其中的义例："稽古之学，必确得古人之义例。执其正，穷其变，而后其说之也不诬。"①所谓义例，包括语言文字领域的条理通则以及古书著述体例等。在清儒看来，只有对丰富的事实材料反复推究，严加剖析，概括出一般的条例规则，才能把握纷繁复杂的具体现象。王引之在《经义述闻》末卷（三十二卷）中即以前三十一卷中所收集的资料为基础，通过缜密的比较分析而总结出若干条例，如"旁记之文误入正文则成衍文"、"形近易误"等。乾嘉学派正是通过这种概括而初步了解了古籍传抄过程中各种错误产生的规律，从而使校勘工作有理可循。这里体现了一条重要的方法论原则，即经验材料只是认识的起点而不是其终点，科学研究不能停留于现象的观察，而必须从材料上升到义例，以揭示对象内在的、规律性的联系。

在主张会通义例的同时，乾嘉学派又要求"一以贯之"："不会通其例，一以贯之，只厌其胶葛重复而已耳，乌睹所谓经纬途径者哉。"②所谓一以贯之，即是在一般的义例通则的指导下，考察千差万别的特殊现象。如果说，会通其例主要是从个别到一般的归纳过程，那么，一以贯之则是从一般到个别的演绎过程，二者统一，构成了清儒治学的重要特点。戴震对《水经注》的校勘，在这方面提供了典型的一例。

---

① 阮元：《汉读考周礼六卷序》，《揅经室一集》卷十一。
② 凌廷堪：《礼经释例·自序》。

自唐代以来,《水经注》的经与注一直混杂相错,故校勘此书的任务主要即在于分别经注。戴震首先通过参伍推敲,归纳出三条通则,然后又"以是推之",即运用这三条通则逐句审订,从而对经与注作了明确区分,①这种会通义例与一以贯之相统一的考订方法,既反对了重归纳轻演绎的偏向,又否定了以演绎排斥归纳的唯理论观点,因而多少具有辩证的性质。

与主张一以贯之相联系,清儒十分注重条理分析:"务要得其条理,由合而分,由分而合。"②在考据领域中,所谓条理,主要即是小学理论,特别是音学原理。乾嘉学派认为,只有把握了"声音之理",才能了解古注所以是、所以非之故,从而作出正确的识断,因而他们主张"取古人传注而得其声音之理,以知其所以然"③。在训诂方面,清儒运用古音通假的原理及古韵分部的知识,对古代文字的本意作了成功的考释。如《诗经·小雅》有"或勿从谓"一句,其中"勿"字历来未得确解。戴震在《毛郑诗考正》中,以古音借假之理为依据,对勿、没、勉之间的声韵关系作了具体分析,认为"勿有没音,没、勉一声之转。"据此,释勿为勉。从性质上说,考订古籍,诠释古义属于科学研究的经验层次。清儒强调在考释过程中要进行条理分析,实质上便肯定了理论(条理知识)对经验层次研究活动的指导意义。就这一点而言,条理分析的方法不仅体现了"一以贯之"的要求,而且涉及经验性知识与理论性知识之间的联系。

但是,乾嘉学派的条理分析主要限于考据领域,在考据之外,他们多少具有轻视理论思维的倾向。这突出地表现为以"求于实"排斥

---

① 参见戴震:《水经郦道元注·序》,《戴东原集》卷六。
② 段玉裁:《戴东原先生年谱》,《戴东原集》卷一。
③ 王引之:《经籍籑诂·序》,参见阮元:《经籍籑诂》。

"求于虚"："盖学问之道，求于虚不如求于实，议论褒贬，皆虚文耳，作史者之所记录，读史者之所考核，总期于能得其实焉而已矣，外此又何多求邪。"①求于实即对一事一物的考订，求于虚则是对历史事实、历史人物的分析评价。清儒强调"得其实"，以此否定"求于虚"，这就使"条理分析"在总体上未能摆脱经验论的束缚。正是这一点，构成了乾嘉学派的主流始终偏于"考史"，而未能进而"论史"的重要原因。

三、虚会与实证相结合

乾嘉学派认为，在博考的基础上，通过比较归纳、条理分析而作出识断，必须经过严格的审察和验证："其有新意，即下己意……当以精义古音贯串证发。"②乾嘉学派的证发大致包括两个环节，即虚会与实证："事有实证，有虚会。"③清代乾嘉学派的殿军孙诒让曾以校勘为例，对此作了比较具体的说明："综论厥善，大抵以旧刊精校为据依，而究其微旨，通其大例，精研博考，不参成见。其諟正文字讹舛，或求之于本书，或旁证之它籍，及援引之类书。"④所谓"究其微旨，通其大例"大体相当于虚会，亦即根据对象的内在联系或一般特征加以论证，"如东坡谓蔡琰二诗，东京无此格，此虚会也"⑤。这里所谓的格（诗的律式）即属于内在的特征，以东汉无此格论证蔡琰二诗系伪托，便是以内在特征为根据加以推论。所谓"求之本书，旁证之它籍"，则相当于实证，亦即事实验证。

---

① 王鸣盛：《十七史商榷·自序》。
② 阮元：《与高邮宋定之论尔雅书》，《揅经室一集》卷五。
③ 阎若璩：《尚书古文疏证》卷五。
④ 孙诒让：《札迻·自序》。
⑤ 阎若璩：《尚书古文疏证》卷五。

乾嘉学派的虚会,可以概括为三种形式。其一,根据前后是否贯通,推断某种记载或观点的真伪:"事之真者,无往而不多得其贯通,事之赝者,无往而不多所抵牾。"①这里所说的"抵牾",即是形式逻辑意义上的矛盾。在清儒看来,正确的思维首先应当始终一贯,具有内在的自洽性,凡是前后抵牾,上下相舛,则很难断定为真。这实质上是运用形式逻辑的矛盾律来确定某一结论能否成立。其二,通过对文献的内容或结构的分析,以论证某一假设。如《史记·陈丞相世家》云:"平为人长美色。"王念孙在《读书杂志》中指出:此句"当如《汉书》作'长大美色'"。然后又分析上下文义以论证这一看法:"下文'人谓陈平何食而肥',肥与大同义,若无大字,则与下文义不相属。"质言之,历史记载作为客观的文献材料,其前后各个部分有着内在的关联,通过考察不同部分的联系,即可判断某一记载是否真实。这里包含着根据整体中各部分之间的相互联系来验证某一观点的思想。其三,通过明故析因以论证某一断论。乾嘉学派虽然蔽于从宏观的角度分析历史现象的因果联系,但在具体的考订中,则主张"每事穷彼根源,各得其所以然"②。即通过分析某字所以致误或所以当释为某义的原因,以论证校勘训诂上提出的新见解。如王引之在《经义述闻》中,便从文字的外形、句子的排列等方面,分析古籍传抄致误的原因,从而为勘正旧本之误字提供了依据。这种因果分析,显然比仅仅从思维形式及文义的前后联系上检验某一观点深入了一层。

如果说,虚会主要为"新义"作了逻辑上的论证,那么,实证则进一步为这种论证提供了客观的根据。与遍搜旁讨相联系,清儒注重博征。如顾炎武在《诗本音》中,首先以假设的形式提出"服"字"古

---

① 阎若璩:《尚书古文疏证》卷二。
② 顾广圻:《与阮芸台制府书》,《思适斋集》卷六。

音蒲北反,与匐同",然后即广泛援引《楚辞》《诗经》《尔雅》《仪礼》诸书中的材料,以为佐证。在朴学家看来,只有在获得了充分的证据之后,新义才转化为"十分之见"(定论):"所谓十分之见,必征之古而靡不条贯,合诸道而不留余议。"①因此,在验证中,继虚会之后,清儒总是进而诉诸客观的实证。如《史记·秦本纪》引李斯语"若欲有学法令者",王念孙在《读书杂志》中,经过比较推敲,提出"欲有"当作"有欲",接着即通过文义分析加论证:"置欲字于有字之上,则文不成义。"最后又以他书为证:"《通鉴·秦纪二》正作'若有欲学法令者'。"总之,虚会与实证相结合,构成了"贯串证发"过程的二个相互联系的环节,它使朴学的验证既不同于抽象的推绎,也区别于简单的枚举实例,而是在一定程度上接近于逻辑论证与事实检验的统一。

四、阙疑与推求的统一

遍为搜讨、会通义例、虚会实证的朴学考据,有其贯串前后的基本原则,这就是实事求是:"通儒之学,必自实事求是始。"②清儒认为,要真正达到求是而不惑,就必须反对盲目尊信:"世之学者往往惑焉,何也?……尊信太过,先有成见在心。即有可疑,亦必曲为之解,而断不信其有伪也。"③基于上述看法,朴学家强调阙疑。所谓阙疑,也就是以存疑的态度对待一切历史记载及传闻之说。在辨伪中,朴学家摈弃了"含糊轻信"的态度,主张对古人之事严加考究,以明其真伪。如阎若璩即通过深入周密的考察,列举一百二十多条证据,对伪

① 戴震:《与姚孝廉姬传书》,《戴东原集》卷九。
② 钱大昕:《卢氏群书拾补序》,《潜研堂文集》卷二十五。
③ 崔述:《考信录提要》卷下。

古文《尚书》大胆提出质疑。在校勘方面，阙疑的具体形式即是反对盲从旧本："谓旧本必是，今本必非，专己守残，不复别白，则亦信古而失之固者也。"①与迷信旧本相反，他们主张以事实证旧本之失，即凡史书中出现了误字，则应参照各本以纠正之，而不能曲意解说。就其本质而言，信古尊古具有蒙昧主义的特点，它把圣传古训视为万古不变的教条，以此禁锢学者的思想，扼杀一切独创性的见解。同时，盲目尊信势必导致独断论：以古为是的结果总是排斥众说，独存一家。与此相对立，阙疑存异的态度则强调无征不信，要求以事实作为信与疑的准则，兼采各家之说。这一看法不仅多少具有反对蒙昧主义的意义，而且否定了独断的治学方法。

与提倡阙疑，反对盲信联系，乾嘉学派又提出了"推求"的主张："信古而愚，愈于不知而作，但宜推求，勿为株守。"②这里所说的株守，亦即指人云亦云，依傍古人；推求则是通过探索性的思考以提出新的见解。朴学家以后者否定前者，这就把反对盲从独断与主张推求创新结合起来，从而使阙疑的方法不同于消极的否定。顾炎武在《日知录·自序》中，曾把治学比作铸钱，批评仅仅以旧钱充铸，即拾人牙慧、囿于旧说，而提倡"采山之铜"，即另辟蹊径、学有新意。在文献考订及音韵研究中，清儒善于冲破前人的束缚，大胆提出新的见解。如在古韵分部上，传统的看法皆把支脂之三韵并为一部，段玉裁通过研究《诗经》，发现三者在上古实际上各自独立成部，于是推翻旧说，提出了新的分韵观点，从而把古音学的研究推进了一步。王引之曾从方法论的角度，对这种推求新义的过程作了概括："前人传注不皆合于经，则择其合经者从之，其皆不合，则以己意逆经意，而参之他经，

---

① 钱大昕：《卢氏群书拾补序》，《潜研堂文集》卷二十五。
② 戴震：《戴震集》，上海古籍出版社，1980 年，第 54 页。

证以成训,虽别为之说,亦无不可。"①所谓以己意逆经义,即是摆脱传注的影响,通过独立地理性思考,以把握经籍的原意。这样,朴学家即把注重独立思考的理性原则作为内在的要素纳入阙疑推求的方法之中,而使之具有更深刻的理论意义。

在主张大胆推求、别立新说的同时,乾嘉学派又反对专己武断,怀疑一切。顾广圻在《礼记考异·跋》中,曾对凭主观意见轻疑擅改古书提出批评:"凡遇其所未通,必更张以从我,时时有失,遂成疮痕。"②钱大昕进而指出:"穿凿附会,自出新意而不衷于古,其失也妄。"③质言之,怀疑旧说,提出新意,必须以古代文献为根据。清儒认为,疑其可疑者与信其可信者是并行不悖的,例如对于前人的传注,他们既反对曲从,也反对全盘否弃:"古注之善者采之,浅者误者弃之。"④所谓采之,即是肯定古注中的合理部分,弃之则是否定其中谬误的方面,采与弃的统一,也就是肯定与否定的统一,这种具有辩证性质的观点,把乾嘉学派的阙疑推求方法与绝对的怀疑论区别开来。

但是,乾嘉学派本身又具有双重性质:一方面,乾嘉学派的研究范围包括小学、天文、历算、金石等,这些学科本身属于科学的领域,正是在对这些具体学科的研究中,乾嘉学派提出了实事求是、推求阙疑的原则;另一方面,乾嘉学派又具有经学的性质,小学、天文、历算等在某种意义上只是经学的附庸(虽然这些附庸久已蔚为大国)。与此相应,乾嘉学派本身也具有双重身份:他们既是从事科学研究的学者,又是经学家,作为经师,尊经就成了乾嘉学派的共同信

① 王引之:《经义述闻·自序》,商务印书馆,1936年,第5页。
② 顾广圻:《礼记考异·跋》,《思适斋集》卷十四。
③ 钱大昕:《赠邵冶南序》,《潜研堂文集》卷二十三。
④ 阮元:《与高邮宋定之论尔雅书》,《揅经室一集》卷五。

条。他们主张奉六经为圭臬,强调对六经只能信、不准疑:"治经断不敢驳经。"①这种凡经皆是的观点,多少弱化了宁缺所疑、大胆推求等原则之科学性质,其中所体现的,是传统经学对乾嘉学派方法的限制。

五、溯源达流——朴素的历史方法

作为历史考据学,乾嘉学派十分注重考察源流。卢文弨说:"学固有自源而达流者,亦有自流以溯源者。"②自流以溯源与自源而达流,大致构成了朴学历史考察方法的两个方面。

所谓"自流以溯源",即是通过历史的回溯,把握对象的原始状况,然后将对象的原貌与现状加以比较,以弄清事实的真相。在辨伪中,这种方法表现为追溯伪书之材料来源以证其伪。阎若璩在《尚书古文疏证》第一卷中,曾对此作了分析:"盖作伪书者不能张空弩,冒白刃与直自吐其中之所有,故必依托往籍以为之主,摹拟声口以为之役而后足。"即伪书作者不能凭空造作,他必然要以已往的材料为依据,一旦找出了伪书之所本,就可以暴露其伪迹。阎氏在辨《古文尚书》之伪时,即广泛地运用了这一方法,如他通过溯源,考证出《伪古文尚书》中"人心惟危,道心惟微"等十六字,实际上来自《荀子·解蔽》所引之《道经》,从而为判定《古文尚书》之伪提供了一大佐证。在史实考订中,溯源具体化为以原始记载证后起之言:"言有出于古人而未可信者,非古人之不足信也,古人之前尚有古人,前之古人无此言而后之古人言之,我从前者而已矣。"③崔述在《考信录提要》中,

---

① 王鸣盛:《十七史商榷·自序》。
② 卢文弨:《答朱秀才理斋书》,《抱经堂文集》卷十九。
③ 钱大昕:《秦四十郡辨》,《潜研堂文集》卷十六。

曾以早出的《论语》中所录的事实,证晚出的《孔子家语》所记之误。在训诂方面,乾嘉学派主张"识字当求其源"。所谓字源,即是文字之本义,洞悉了文字之源(本义),即可以进而把握其引申义:"源同则流不当有异。"①客观上,古代文献及语言文字都经过了一个历史演变过程,作为这一过程出发点的原始记载、文字本义等与后世的再传之文及引申之义往往有或多或少的出入,要把握史实之真相及文字之古义,即必须以近世的传本及文义为过程的终点,通过还原而向起点上溯。这种动态考察的方法,不仅体现了还事物本来面目的客观性原则,而且肯定了历史过程的起点与终点具有内在联系,从而与割断历史的形而上学方法相对立。

如果说,"自流溯源"旨在追溯对象的原始面目,那么"自源而达流"则要求在把握对象之最终状况之后,进一步考察它在各个演变阶段的不同特点,以辨古今之异。在典章制度、舆地艺文等考证中,这种方法表现为疏通源流,以纵观对象的变迁沿革。阮元在《明堂论》中,曾依次考察了殷周至两汉的明堂格局,从而对不同时代明堂的特点提出了自己的看法。在音学研究中,乾嘉学派反对援今而议古,主张"审音学之原流"②。在乾嘉时期,乾嘉学派运用历史方法对古韵演变作了相当细致的探究,如段玉裁以"音韵之不同,必论其世"的历史观点为依据,通过深入的分析比较,将先秦至隋代的古韵变化区分为三个阶段:"唐虞夏商周秦汉初为一时,汉武帝后洎汉末为一时,魏晋宋齐梁陈隋为一时。"③这种自源达流的考察,已不限于对发展过程的起点与终点作历史的比较,而是将过程划分为若干阶段加以研究,即

---

① 钱大昕:《潜研堂文集》卷十五。

② 顾炎武:《音学五书·后叙》,中华书局,1982 年,第 4 页。

③ 段玉裁:《音韵随时代迁移说》,《六书音韵表》,中华书局,1983 年,第 17 页。

不仅力图寻找其前后联系,而且注重把握各个阶段的特点。通过历史考察与具体分析的如上结合,乾嘉学派同时深化了历史方法。

乾嘉学派认为,一定的文字、语言等都与特定的历史背景相联系:"唐虞有唐虞之文,三代有三代之文,春秋有春秋之文,战国秦汉以迄魏晋,亦各有其文焉。非但其文然也,其行事亦多有不相类者。"①因此,在溯源达流时,他们不仅要求考察某一对象本身的演变过程,而且强调要从对象与特定历史条件的联系中分析其特点。以辨伪为例,乾嘉学派注意到伪书的文辞风格总是难免留有某种历史痕迹:"盖作伪书者,多因其时之所尚,与文辞格制亦限于时代,虽极力洗刷出脱,终不能离其本色。"②据此,他们主张对伪书的辞章与特定的时代的文风作历史的比较,以揭示伪书的真实年代。如阎若璩在《尚书古文疏证》中,便通过对伪古文尚书与魏晋时期的诗文之对照,考证出伪书中"玉石俱毁"一词,乃是魏晋檄文中的习语,从而推断此书出于魏晋之时。这种溯源达流与分析特定的时代背景相统一的历史方法,既是朴素的历史观念的具体运用,又体现了从相互联系中考察对象的原则。

综上所述,乾嘉学派揭橥实事求是的原则,即主张从现实对象出发,博考精思,分析条理,寻源溯流。尽管由于时代的限制,乾嘉学派方法也有其理论缺陷,但在总体上,它具有注重实证、严于求是的科学性质。反思与总结这一传统的治学方法,对于今天的历史考证乃至其他领域的科学研究,都将是不无裨益的。

(原载《华东师范大学学报》1985 年第 4 期)

---

① 崔述:《考信录提要》卷下。
② 阎若璩:《尚书古文疏证》卷一。

心性之学与意义世界

对心体与性体的关注,构成了理学的重要特点。心性作为哲学问题,当然并非始于宋明,但正是在这一时期,心性问题被提到了比较突出的地位。从哲学的层面看,心性问题涉及多重理论维度;理学的不同人物对心体与性体也各有侧重。从总体上看,较之对天道的形上追问,心性之学更多地指向人自身的存在。以心性为关注之点,理学既从内在的层面反思人的实然形态(人是什么)及应然形态(人应当成为什么),又从人与对象的关系考察与理解世界,二者从不同的方面展示了对意义的追寻。

就人与对象世界的关系而言,心性论的进路不同于对存在的超验构造。在超验的构造中,世界往往被理解为知行过程之外的抽象存在。从形上之学看,理学对存在的沉思包含多重路向;当它从宇宙演化或理气关系方面勾画世界图景时,往往表现出以上的思辨性。在周敦颐的太极图说中,便不难看到这一点:他首先设定了一种超验的存在,即无极或无形之太极;这种超验的存在又作为终极的根据而构成了宇宙之源。由无极或无形之太极衍生出阴阳之气,阴阳之气又分化为五行,由此进一步形成了四时的变化、万物的化生。这种宇宙模式基本上表现为离开知行过程的思辨构造。

相对于以上的超验进路,心性之学所注重的更多地是世界对人所呈现的意义,而不是如何在人的存在之外去构造一个抽象的世界。较之无极、太极或理气对于人的外在性,心性首先关联着人的存在;进入心性之域,则同时表明融入了人的存在之域。与之相联系,从心性的视域考察世界,意味着联系人自身的存在以理解世界。在王阳明的心学中,这一点得到了具体的体现。按王阳明的理解,人所面对的世界,与人自身的存在有不可分离的关系:"人的良知,就是草木瓦石的良知。若草木瓦石无人的良知,不可以为草木瓦石矣。岂惟草木瓦石为然,天地无人的良知,亦不可为天地矣。"①这里主要不是在实存的意义上强调外部对象依存于人,而是着重指出草木瓦石的意义总是相对于人而言。天地、草木、瓦石本是自在的,作为自在之物,它们原处于本然的混沌之中,并无所谓"天地"之分,"草木"之别。天地作为"天地",草木作为"草木",其意义只是对人才敞开;换言之,无人的良知(主体意识及其活动),天地、草木、瓦石等就不再以"天地""草木""瓦石"等形式呈现出来。这样,依王阳明,人便不能在自身的存在之外去追问超验的对象,而只能联系人的存在来澄明世界的意

① 王守仁:《传习录下》,《王阳明全集》,上海古籍出版社,1992年,第107页。

义;换言之,人应当在自身存在与世界的关系中,而不是在这种关系之外来考察世界。

以人与对象的关系为出发点,使心性之学难以悬空地去构造一种宇宙的图式,也无法以思辨的方式对世界的结构作逻辑的定位。在王阳明那里,物的界定总是关联着心,正是以此为前提,王阳明提出了"意之所在便是物"之说①。所谓"意之所在便是物",并不是意识在外部时空中构造一个物质世界,而是通过心体的外化(意向活动),赋予存在以某种意义,并由此建构主体的意义世界;与之相关的所谓心外无物,亦非指本然之物(自在之物)不能离开心体而存在,而是指意义世界作为进入意识之域的存在,总是相对于主体才具有现实意义。不难发现,这种意义世界不同于形而上的实体:它不是超验的存在,而是首先形成并展开于主体的意识活动之中,并与人自身的存在息息相关。较之以无极、太极等形式对存在作思辨的构造,将存在的考察限定于意义世界,确乎表现了不同的思路。

可以注意到,相对于无极、太极等超验存在,进入心性之域的世界更多地表现为与人相关并为人所理解的对象,尽管较之现实形态的知行之域,心性之域仍具有思辨、抽象的性质,但就其联系人的存在考察世界而言,无疑又呈现扬弃存在之超验性的趋向。在这方面,广义的理学似乎表现出某种两重性:一方面,从它没有放弃以无极、太极等形式来构造世界看,它仍囿于思辨的进路;另一方面,当它从心性的视域理解世界时,则又向联系人的知行过程把握世界接近了一步。这种两重性往往并存于同一哲学家之中。当然,如上所说,即使在后一情形中,理学对存在的理解仍具有抽象性:化本然世界为心性领域的存在所侧重的,是世界的"为我"形式,对世界的自在性(不

---

① 王守仁:《传习录上》,《王阳明全集》,第6页。

依赖于人的规定性），理学似乎未能给予充分关注。事实上，对心性之域中存在的"为我"之维的强调，往往使之忽视乃至消解了世界的自在性质。

心性之学对意义的追寻，当然并不限于化对象世界为心性之域的存在。从更内在的层面看，以心性为出发点的意义追寻所进一步指向的，是精神世界的建构和提升。在张载的如下名言中，后者得到了具体的展现："为天地立心，为生民立道，为去圣继绝学，为万世开太平。"①这里既体现了理想的追求，又包含内在的使命意识。理想的追求以"人可以期望什么"或"人应当期望什么"的问题为指向，使命的意识则以"人应当承担什么"的自我追问为内容。按理学的理解，人为天地之心，民为社会之本，往圣之学体现了文化的精神命脉，天下安平则构成了历史的目标；理想的追求就在于真正确立人在天地之中的价值主导地位，顺应民的意愿，延续文化命脉，实现天下的恒久安平，而化上述理想蓝图为现实，则构成了人的历史使命。理想追求与使命意识的以上统一，同时取得了境界的形式。境界当然不限于理想意识与使命意识，但二者无疑构成了其核心的内容。

作为精神世界的具体形态，境界更多地与个体相联系，并以个体的反省、体验等为形式。对理学而言，理想意识与使命意识总是具体化为对待人与世界的意向与态度。在以"为天地立心，为生民立命"等自勉的同时，张载便提出了"民胞物与"之说："乾称父，坤称母；予兹藐焉，乃混然中处。故天地之塞，吾其体；天地之帅，吾其性。民吾同胞，物吾与也。大君者，吾父母宗子；其大臣，宗子之家相也。尊高年，所以长其长；慈孤弱，所以幼其幼。圣其合德，贤其秀也。凡天下疲癃残疾、茕独鳏寡，皆吾兄弟之颠连而无告者也。于时保之，子之

---

① 张载：《近思录拾遗》，《张载集》，中华书局，1978 年，第 376 页。

翼也。乐且不忧,纯乎孝者也。违曰悖德,害仁曰贼,济恶者不才,其践形,惟肖者也。知化则善述其事,穷神则善继其志。不愧屋漏为无忝,存心养性为匪懈。"①这里既包含着对人的价值关切,又渗入了人与天地万物为一体的观念。类似的看法亦见于程颢。在著名的《识仁篇》中,程颢即以与物同体为其仁学的中心思想:"学者须先识仁。仁者,浑然与物同体。"②万物一体的观念进一步引申,往往导向内外两忘之境,所谓"精神流贯,志气通达,而无有乎人己之分,物我之间"③。这里无疑可以看到人文关怀与仁道原则相统一的儒学传统,而从境界的角度看,则人我之间、物我之际不再呈现为相互对峙的二重序列,自我似乎内不觉其一身,外不察乎宇宙,小我与大我似乎浑然为一体。如果说,化对象世界为心性之域的存在首先伴随着对存在意义的理解,那么,物我一体之境则更多地包含着对存在意义的个体领悟。

理学从心性的维度理解世界,也从心性的层面体悟存在的意义。如前所述,这一进路既在一定程度上扬弃了对世界的超验构造,也从一个方面表现了对人自身存在价值的独特关注。作为意义世界的表现形式之一,精神之境蕴含了对存在的体与悟,同时又凝结并寄托着人的"在"世理想。与存在与"在"的探寻相联系,境界表现了对世界与人自身的一种精神的把握,这种把握体现了意识结构不同方面(包括理性与情意等)的综合统一,又构成了面向生活实践的内在前提。就人与世界的关系而言,境界展示了人所体验和领悟的世界图景;就人与内在自我的关系而言,境界又表征着自我所达到的意义视域并

---

① 张载:《正蒙·乾称》,《张载集》,第 62 页。
② 程颢、程颐:《二程集》(第一册),中华书局,1981 年,第 16 页。
③ 王守仁:《传习录中》,《王阳明全集》,第 55 页。

标志着其精神升华的不同层面。以心性之学与内圣追求的交融为内涵,理学将存在意义的领悟与存在价值的体认提到了引人瞩目的地位,空前地突出了人性的自觉,内在地表现了走向人性化存在的历史意向。

然而,从心性的视域出发考察存在的意义及精神境界,同时也包含自身的限定。在将意义的追寻与心性之域中的存在及精神境界联系起来时,理学对意义世界的丰富性及多方面性似乎未能给予充分的关注。历史地看,作为"为我"之物的意义世界一开始便与人的作用与变革对象的知行过程难以分离。在价值的层面,意义首先涉及人的需要。从基本的生存,到社会、文化层面的发展,人的存在总是面临多方面的需要,然而,世界不会主动地适应人,也不会自发地满足人的需要,唯有通过以不同的方式作用于世界,自在的对象才能获得"为我"的性质。事实上,化本然的存在为人化的存在,其实质的指向,就在于使自在意义上的世界,成为合乎人需要的"为我"之物。"可欲之谓善",从更本原的层面看,这里的"可欲"可以理解为合乎人的需要;当本然的存在通过人的作用过程而与人的需要一致时,它无疑也呈现了"善"的价值意义。由此形成的"人之天",同时便表现为现实形态的意义世界。

从以上前提看,意义世界的构成,首先基于人变革对象的现实活动,正是通过人的这种活动,"天之天"(本然对象)逐渐摆脱自在的性质,取得人化的形式。从对象的人化这一维度看,人的活动最本原的形态是劳动。劳动既是人与自然联系的直接中介,又是人作用于世界的基本方式。从早期的渔猎采集,到现代高科技领域的生产活动,劳动改变了世界,也改变了人自身。通过"人与自然的物质变换",劳动不仅在狭义的经济学层面创造了价值,而且在更广的维度、更深的层面赋予世界以意义。以劳动为本原形式的人类活动,同时内在地体现了人的创造性和人的本质力量,事实上,赋予对象以价值意义的过程,同时也是人的创造性和人的本质力量对象化的过程,人的这种创造性和本质力量本身可以视为意义之源。作为凝结了人的创造性和本质力量的现实存在形态,人化世界的深层意义,同时表现为对人的创造性和本质力量的历史确证。

　　意义世界的以上内涵及意义世界与历史实践之间的关系,显然处于理学的视域之外。在注重意义世界内在形态或观念形态的同时,理学对其现实的、外在的形态未能给予必要的关注,这既限定了意义世界本身的"意义",也使其意义的追寻呈现某种抽象的形式。后者不仅如前所述,体现在理学往往以心性之域中存在的"为我"之维消解了对象世界的自在性,而且表现为境界的思辨化、玄虚化。前文提到的"为天地立心,为生民立道,为去圣继绝学,为万世开太平"固然展现了宏阔的精神旨趣和追求,但当这种旨趣和追求脱离了现实的历史实践过程时,便不免显得苍白、空泛。黄宗羲曾批评理学末流疏离经纬天地的现实活动,"徒以生民立极、天地立心,万世开太平之阔论,铃束天下。一旦有大夫之忧,当报国之日,则蒙然张口,如坐云雾"①。这种评论并非毫无所据。理学一再以所谓醇儒为理想的人格,这种人格每每也以精神世界中的穷理去欲为指向,实际的经世活动则难以进入其视域。在这种抽象的世界中,境界往往被理解为个体的精神"受用"。晚明心学的一些人物将这种受用与归寂联系起来,便十分典型地表现了这一点。他们视内在心体为寂然之体,认为一旦达到了这种寂然的本原,便可进入"精义入神"之境:"充养乎虚

---

① 黄宗羲:《赠编修弁玉吴君墓志铭》,《南雷文定前集、后集、三集》第三册卷三,商务印书馆,1936 年,第 31 页。

灵之寂体而不以一毫意欲自蔽,是谓精义入神,而用在其中也。"①此处所谓"用",即为抽象的精神受用,它隔绝于现实的认识和实践过程之外,仅仅以反身向内的心性涵养和思辨体验为其内容。不难看到,这一意义上的境界,已呈现为一种封闭、玄虚的精神世界。从这方面看,理学在心性之域展开意义的追寻,无疑又有其消极的一面。

（原载《河北学刊》,2008 年第 1 期

转载于《新华文摘》2008 年第 9 期）

---

① 聂豹:《答陈明水》,《双江聂先生文集》卷十一。

论朱熹的伦理思想

按其本来意义,道德既有形式的方面,亦有实质的维度。作为道德的二重规定,形式与实质各有其存在的根据,而非彼此相斥。以此为前提考察朱熹伦理思想的特点,我们将看到,其中包含多方面的意蕴。

一 理与普遍原则

讨论朱熹的伦理思想,首先不能不涉及"理欲之辩"。在朱熹那里,理既是所以然之故,又是所当然之则,理欲之辩中的理,更多地是指"当然之则",而所谓当然之则,则具有规范(包括道德规范)的意义。朱熹首先强调了理的普遍性,"夫天下之事莫不有理,为君臣者有君臣之理,为父子者有父子之理,为夫妇、为兄弟、为朋友，以至于出入起居，应事接物之际，亦莫不各有理焉"①。质言之，理制约着一切人伦关系。作为普遍的规范，理具有超越一切经验现象的特点："未有这事，先有这理。如未有君臣，已先有君臣之理，未有父子，已先有父子之理。"②应当指出的是，这里的"先"，主要不是时间上的先，而是侧重于逻辑的关系；"君臣""父子"作为事，是经验领域的对象，从逻辑上看，在具体的君臣、父子出现以前，作为伦理规范的君臣、父子之理已经存在；普遍规范并不因伦理关系中的具体对象的有无而有无。这种逻辑意义上的普遍性，是抽去了经验内容之后的形式化普遍性。

与理相对的欲或人欲，则首先与身相联系："然人有是身，则耳目口体之间，不能无私欲之累，以违于礼而害夫仁。"③身在这里表现为一种感性的、经验性的存在，有身而有欲，意味着欲导源于人的感性存在。事实上，朱熹一再将人欲理解为一种感性的追求，在所谓"饮食者，天理也，要求美味，人欲也"④的表述中，要求美味便是一种感性的追求。

和理与欲的如上界说相应，朱熹对天理的强调，同时意味着突出道德规范和道德原则普遍性，而这种普遍性又以道德规范与道德原则的形式化为前提：正是通过将作为当然之则的"理"从具体的伦常关系与经验对象加以提升和抽象，朱熹赋以"理"以普遍的品格。而他对人欲的抑制和排拒，则隐含着将感性的、经验的因素从道德领域剔除出去之意。

在道心与人心说中，同样可以看到类似的趋向。道心又称为"义

---

①　朱熹：《行宫便殿奏札二》，《朱文公文集》卷十四。
②　朱熹：《朱子语类》卷九十五。
③　朱熹：《论语或问·颜渊》。
④　朱熹：《朱子语类》卷十三。

理之心"，它以理为内容，具有"公共"的性质；人心则是"形气之私"，生于"血气形体"，属于"私有底物"①。公共性与普遍性相通，而私则表现为个体性。人有感性的形体，便不免有人心，"人莫不有是形，故虽上智不能无人心"②，这是实然。但就当然而言，则"必使道心常为一身之主，而人心每听命焉"③。作为公共的义理之心，道心更多地表现为普遍的理性追求，而道心对人心的支配，亦表现为普遍的理性形式对感性的超越。

从伦理学上，具体的道德行为总是展开于一定的时空关系中，具有特殊的形态和品格。相对于道德行为，道德原则或道德规范更多地呈现为普遍的规定：它超越特定的时空关系而制约着不同的行为。如前所述，在道德领域，普遍的原则与规范的形成过程，往往伴随着一个形式化的过程，它抽去了人伦关系的具体内容，将这种关系所规定的义务（特定的"应当"），提升为一般的道德要求。在逻辑的层面上，形式化是道德原则与规范超越特定的时空关系、获得普遍性品格的前提。

与形式化相联系的普遍性，构成了道德原则的基本规定。道德原则的这种普遍性，为社会成员超越个体的特殊意向、形成共同的道德选择和道德评价标准，提供了基本的依据。即使是主体的道德自律，同样也离不开普遍性的向度。康德在谈到道德自律时，便强调了意志的自我决定与遵循普遍法则之间的一致性。④ 这种共同的行为准则和评价标准，同时又是社会道德秩序所以可能的前提。当个体

①　朱熹：《朱子语类》卷六十二。
②　朱熹：《中庸章句序》。
③　朱熹：《朱子语类》卷六十二。
④　参见 Kant, *Grounding for the Metaphysics of Morals*, Hackett Publishing Company, 1993, p.49.

仅仅以各自的偏好为选择和评价的标准时,道德怀疑论和道德相对主义便是其逻辑的结果,而社会成员间的道德冲突亦将相应地取代社会的道德秩序。在这里,道德原则的普遍性既为个体超越单纯的经验存在提供了范导,又从一个方面担保了社会共同体中的道德秩序。当朱熹强调作为当然之则的天理的公共性、普遍性时,无疑亦有鉴于此。

就道德原则与感性规定的关系而言,康德曾对二者作了严格的划界。对康德来说,在感性的层面上,人完全属于现象界,并受因果规律的支配,唯有纯粹的(形式的)道德法则,"才使我们意识到自己作为超感性存在的崇高性"[1]。不难看到,道德法则对感性的超越与道德的崇高性在这里被理解为相互关联的两个方面。由此出发,康德进而将道德意志的自律规定为人性尊严(the dignity of human nature)的基础。[2] 意志的自律从内在的方面看,即意味着摆脱感性的冲动(impulse)、偏向(inclination)等的影响和限制,仅仅以理性的普遍法则为道德决定的根据。康德将认同形式化的道德法则视为实现存在崇高性的主要方式,当然不免过于抽象,但通过接受扬弃了特殊经验内容的普遍法则,从单纯的感性欲求等偏向中提升出来,确乎也构成了达到人的内在尊严的一个重要方面。在感性欲望的层面,人与其他存在往往相互趋近,如果仅仅以感性欲望的满足为追求的目标,则人固然在"实质"(material)的意义上得到了肯定,但其存在的崇高性往往难以展现,在此,以理性的"形式"(普遍的道德法则),对感性的"实质"作某种扬弃,无疑构成了实现人的尊严和存在价值的

---

① Kant, *Critique of Practical Reason*, Macmilan Publishing Company, 1993, p.92.

② 参见 Kant, *Grounding for the Metaphysics of Morals*, p.41.

前提之一。由此反观朱熹以理排拒人欲、以道心支配人心等要求,则不难看到,其中亦包含着通过抑制感性的冲动以彰显人性的尊严等意义。

当然,在肯定理对欲、道心对人心的优先性以突出理性及当然之则的普遍性的同时,朱熹无疑又表现出过分强调道德的普遍性、形式性的一面,在他看来,天理与人欲无法并存:"天理存则人欲亡;人欲胜则天理灭。未有天理人欲夹杂者。"①在这里,理性与感性、普遍原则与经验存在似乎具有不相容的性质,这种看法与康德要求在实践理性的领域净化一切感性的、经验的因素,似乎亦有某种相通之处。

二 仁、礼与道德境遇

不过,如舍勒(Scheler)所批评的,康德在伦理学上表现出过强的形式主义倾向,对实质的方面则不免有所忽视。相对于此,朱熹的伦理思想呈现更为复杂的特点,在强调当然之则的普遍性的同时,朱熹并没有完全忽略实质的方面。这首先表现在他对理与仁的沟通上,在谈到仁与理的关系时,朱熹一再指出,"浑然天理便是仁"②,"仁者,爱之理"③。这既是以理规定仁,又是以仁界说理。特别值得注意的是,朱熹将爱视为仁的具体内容。在朱熹看来,"这个仁,是爱的意思"。从事亲、从兄到事君、仁民,都以爱为本,"爱是个源头,渐渐流出"。④ 爱是一种情感,相对于普遍的形式,它更多地与人的具体存在相联系,具有实质的意义,将爱引入道德领域,同时也意味着对伦理

---

① 朱熹:《朱子语类》卷十三。
② 朱熹:《朱子语类》卷二十八。
③ 朱熹:《论语集注·学而》。
④ 参见朱熹:《朱子语类》卷二十。

学中实质层面的关注。

同时,以爱人为内容的仁道观念所体现的基本要求,是对人的存在价值的确认,以仁规定理,意味着道德原则应当体现人的存在价值,并以实现这种价值为实质的内容;它与舍勒价值优先的实质伦理学在若干方面似乎存在着彼此契合的取向。如果说,强调理超越于欲的伦理意义在于对道德原则普遍性的确认,那么,仁的观念则突出了人道的原则,就此而言,人与理的沟通,又蕴含着人道原则与普遍性原则的统一。

由肯定仁爱,朱熹对情予以了相当的关注。朱熹所说的情,既指恻隐、羞恶、辞让、是非四端,又泛指喜、怒、哀、惧、爱、恶、欲等所谓七情。① 四端之情更多地表现为一种道德情感。在朱熹看来,情在道德实践中具有重要的作用,在谈到恻隐之情时,朱熹指出:"恻隐只是动处,接事物时,皆是此心先拥出来。"②就是说,当人处于某种具体情景时,究竟选择何种行为,往往受到情的制约。在另一处,他对此作了更简要的论述:"盖欲为善,欲为恶,皆人之情也。"③在这里,情实质上被理解为道德的内在动因。

从理论的层面看,理作为当然之则,首先以普遍的形式,规定了道德主体应当承担的一般义务,情首先与生活世界中的具体个体相联系,以遵循理为要求,主要表现为以义务的承诺为行为的推动力(为完成道德原则所规定的义务而选择某种行为);就其以为义务而义务(即义务的自我同一)作为道德行为的动因而言,它似乎可以看作是一种形式因;与之相对,出于道德的情感而承担某种行为,则意

---

① 参见朱熹:《孟子集注·公孙丑章句上》、《朱子语类》卷八十七。
② 朱熹:《朱子语类》卷九十五。
③ 朱熹:《朱子语类》卷一百三十七。

味着将行为的动因与生活世界中的具体存在联系起来,它在实质的层面构成道德行为的动力因,从这方面看,朱熹在强调合乎理的同时,又注意到行为具有出乎情的一面,多少有鉴于道德实践中形式因与动力因的相互联系。当然,在朱熹那里,这种联系始终是以肯定理的主导性为前提的;正是这种主导,使作为动力因的情,不同于一般的心理情感。

从道德行为的发生机制,回到道德行为本身,便涉及行为方式问题。与注重普遍的规范相应,朱熹十分注重行为的方式。在谈到礼的作用时,朱熹指出:"礼谓之天理之节文者,盖天下皆有当然之理。今复礼,便是天理。但此理无形无影,故作此礼文,画出一个天理与人看,教有规矩,可以凭据,故谓之天理之节文。"①"节"有约束、调节等意,文则指美化、修饰等,其作用更多地呈现于外:"礼自外作,故文。"②作为外在规定,"文"包含着行为方式文明化的要求。如果缺乏这种文饰,则行为往往会导向"野":"敬而不中礼,谓之野。"③野与文相对,意指不文明、粗野等;敬本来是具有正面意义的行为,但如果不注意礼的文饰,则仍不免流于前文明的形态,从而难以成为完善的道德行为。礼对道德行为的这种调节、文饰作用,早期儒家已经注意到了,朱熹的以上论点则通过礼与天理的沟通,对此作了进一步的发挥,按朱熹的看法,抽象的天理,唯有具体化为礼,才能为行为的完美性提供担保。也正是基于这一点,朱熹强调:"《仪礼》,礼之根本,而《礼记》乃其枝叶。"④在任同安主簿官时,朱熹对当地"无婚姻之礼"极为不满,严格规定"士庶婚娶,仪式行下,以凭遵守,

---

① 朱熹:《朱子语类》卷四十二。
② 《礼记·乐记》。
③ 《礼记·仲尼燕居》。
④ 朱熹:《朱子语类》卷八十四。

约束施行"。① 这里已注意到,社会生活的有序化,离不开行为方式的文明化。

　　行为方式的合乎礼,主要是形于外者,就道德行为内在的方面而言,主体自身的德性便是一个不能忽视的问题。对朱熹来说,只有仁义礼智等德性"充积于中",才能"以时发见于外"。② 在谈到圣人的特点时,朱熹曾这样说:"圣人只是一个大本大原里发出,视自然明,听自然聪,色自然温,貌自然恭。在父子则为仁,在君臣则为义。从大本中流出,便成许多道理。"③这里的大本,主要指完善的德性,圣人的特点即在人格上达到了完美之境,唯其如此,故立身行事、言行举止,无不合乎道德的规范。圣人是朱熹心目中的道德典范,肯定圣人的内在德性和人格对行为的本原性,也意味着在道德理想与道德目标的层面,对人格意义的注重。从伦理学上看,人格是行为主体在道德品格上的综合统一,它在总体上表征着主体所达到的道德境界;相对于行为的多样性,人格往往展现为主体在时间中的绵延统一,具有相对稳定的特点,它与行为主体的存在具有本体论上的同一性(在某种意义上,人格即其人)。如果说以礼的节文为行为的完美提供了外在形式方面的担保,那么,人格的完美则更多地在主体的实际存在形态(自我的绵延同一)上构成了行为完美的内在根据。在这里,道德领域中形式与实质的沟通,具体表现为行为的完美与人格的完美之间的一致性。

　　行为不仅受到人格的内在制约,而且以道德原则为外在的规范。从人格美进而考察道德原则的作用方式,便往往涉及所谓经与权的

---

① 朱熹:《申严婚礼状》,《朱文公文集》卷二十。
② 朱熹:《中庸章句·三十一章注》。
③ 朱熹:《朱子语类》卷四十五。

关系。先秦儒家已注意到"权"在道德实践中的意义,孟子便已指出"执中无权,犹执一也"①,并举例作了解释:"男女授受不亲,礼也;嫂溺援之以手者,权也。"②按当时的普遍规范(礼),男女之间不能直接以手接触,但在某些特定的情景之下(如嫂不慎落水),则可以不受这一规定的限制。在这里,具体的情景分析,即构成了对规范作变通、调整的根据。朱熹很注重"权"的作用,他曾对孟子的如上思想作了发挥:"执中而无权,则胶于一定之中而不知变,是亦执一而已矣。""道之所贵者中,中之所贵者权。"③执一,即拘守某种规范而不知变通,与之相对的"权",则意味着通过对特定条件的分析,对原则的作用方式作相应的调整。相对于"经"主要突出道德原则的普遍性、绝对性,"权"更多地侧重因时变通。朱熹特别肯定时间条件的意义,在解释"时中"之意时,朱熹指出:"盖中无定体,随时而在,是乃平常之理也。"④一般原则的作用,不能无视具体的时间条件,而应注意其在不同时间中的不同作用方式;唯有如此,才能达到"事事有个恰好处"⑤。所谓"事事有个恰好处",即是通过具体的情景分析,使行为既合乎一般规范,又适应于具体情景。

以确定性、稳定性为特点,经主要从形式的方面体现了原则的普遍规范作用;与具体的境遇相联系,权则更多地从实质的层面涉及了规范作用的条件性。可以看到,经(普遍之理)与权的统一通过普遍原则与情景分析的双重肯定,从另一个侧面触及了形式与实质的相关性。按其理论内涵,普遍规范与情景分析同时又涉及理念与境遇

---

① 《孟子·尽心上》。
② 《孟子·离娄上》。
③ 朱熹:《孟子集注·尽心上》。
④ 朱熹:《中庸章句·第二章注》。
⑤ 朱熹:《朱子语类》卷六十二。

的关系：理念以超越特定时空关系的一般本质和普遍关系为其根据，境遇则反映了存在的历史性、特殊性，从而，普遍规范与情景分析的相摄互容，又蕴含着理念与境遇、或理念伦理与境遇伦理之间的互动。

概而言之，在理欲之辩上，朱熹的总体倾向是强调理欲之间的对峙，而理的优先性的确立，则使当然之则的普遍性及其超越感性经验的一面得到了空前的强化，后者相应地亦意味着道德领域中形式规定的突出，然而，通过仁与理的沟通、情的引入，通过肯定礼仪的节文与人格的统摄之间的统一，以及对"权"与境遇分析的关注；朱熹又确认了道德原则与人在生活世界中的具体存在之间的联系，并注意到了道德实践中实质的方面，从而不同于形式主义的伦理学。朱熹伦理思想中的多重趋向无疑表现了其体系的复杂性，而它的更深刻的意义则在于为我们重新思考伦理学中形式与实质的关系并对二者作合理的定位，提供了某种理论的资源。

（原载《孔子研究》2001 年第 3 期）

仁 与 通

    存在的沉思与政治哲学的相互沟通,是中国哲学的重要特点之一,它既可以看作是天道与人道相统一的古典哲学传统的延续,又以近代的社会、文化变革为背景。在谭嗣同那里,以上特点得到了较为典型的体现。

    谭嗣同一生的哲学思想经历了前后两个不同的时期。其前期思想明显地受气一元论的影响,后期哲学则比较复杂,很难用一句话来概括其总貌。《仁学》是谭氏后期的主要著作,它以内容繁杂而著称于中国近代哲学史:格致(自然科学)与佛学、以太与心力、三世一时与大同世界彼此交织在一起,形成了一种斑驳纷然的外观。不过从形式上看,《仁学》诚然有博采众说、兼容并收的特点,但各种哲学成分并不是彼此矛盾或互不相关地并存其内,它们之间有着内在的逻辑联系,体现了同一个哲学论题,即"道通为一"。而在"通""一"的侧重之后,则是近代的政治哲学观念和世界一体的视野。

一

仁是《仁学》的基本范畴。自孔子提出仁道原则后,仁一直是中国古代哲学中的伦理范畴。然而,在谭嗣同那里,这一范畴的内涵开始发生了重要的转换。综观整部《仁学》,除了某些表述,"仁"基本上都不限于道德规范的意义。正如康有为在一定程度上扬弃了古典哲学中"气"这一范畴的直观性与朴素性,赋予它以近代自然科学的内容一样,仁这一范畴也被剔除了传统的陈旧内容,而获得了全新的意义。这种新意首先在于:仁已被运用为说明世界统一性的哲学范畴。《仁学》开宗明义第一条界说就是:"仁以通为第一义。"什么是通?谭嗣同的看法是:"通有四义",即中外通、上下通、男女内外通、人我通。概言之,通即中外、上下、男女、人我等不同事物之间的统一。在这里,仁似乎带有形上原理之意,表现为对万物之间的统一性的哲学概括。从以下论述中,可以进一步看到这一点:"仁一而已","一则通矣,通则仁矣"。① 为什么谭氏把统一性原理提到如此突出的地位?要说明这一点,就不能不联系他的政治思想。

哲学理念与政治思想的水乳交融,构成了中国近代哲学的显著特点。近代中国的中心问题是中国向何处去,围绕这一问题,近代的改良主义志士提出了一套又一套的变法方案,而他们的哲学思想则直接或间接地被用来论证其政治主张。康有为打的是托古改制的旗

---

① 谭嗣同:《谭嗣同全集》,中华书局,1981年,第291—293页。

号,他致力于从传统思想中寻找变法的根据,以公羊三世说为形式的历史进化论,就是康有为论证维新变法的主要理论武器。谭嗣同则公开鼓吹向西方学习,在他看来,变法维新与向西方学习是同一过程的两个方面:"变法必先从士始,从士始则必先变科举……善夫,西人学校科举之合为一也。"①变法要从变革科举制入手,而变科举的具体内容,则是学习西方的教育制度。这里,谭氏便从一个侧面,将变法与效法西方重合为一。如果说,康有为着重从古今关系上论证变法势在必行,那么,谭嗣同则主要从中西关系的角度,论证变法的必要性与合法性。在谭氏看来,当时变法的最大障碍就在于将中(中国)与外(西方)截然对立起来,盲目排外。他曾对当时的顽固派作了如下批评:"及语以中外之故,辄曰'闭关绝市',曰'重申海禁',抑何不仁之多乎!"②在谭氏看来,当务之急即在从中西统一的角度,为变法——学习西方提供理论根据。仁—通说便是在这种情况下应运而生。如前所述,谭氏以通为仁之第一义,而通首先就是中外通。正是从通的观点出发,谭氏指出,中国与西方受共同的规律支配,中国人与西方人有共同的本质,因而中国人完全可以吸取西方一切有益的东西,为我所用:"夫岂天独别予一性,别立一道,与中国悬绝,而能自理其国哉?……苟明此理,则彼(西方)既同乎我,我又何不可酌取乎彼?酌取乎同乎我者,是不啻自取乎我。"③在这里,以仁—通的形式表现出来的统一性原理,构成了取法西方的直接前提。

对传统伦理纲常的猛烈抨击,是谭嗣同政治思想的又一重要特色。两千余年来一直被视为天经地义的君臣父子夫妇等伦常规范,

---

① 谭嗣同:《谭嗣同全集》,第 159 页。
② 谭嗣同:《谭嗣同全集》,第 297 页。
③ 谭嗣同:《谭嗣同全集》,第 200 页。

几乎无一不受到谭氏的无情鞭挞,而他用以冲决网罗的主要武器,就是仁—通说。通意味着不同事物之间的统一,而这种统一在人与人关系上就表现为平等:"通之象为平等。"反过来,平等一旦达到,也就标志着统一的实现:"平等者,致一之谓也。"①

仁—通说主要从统一性("一")这一角度为谭氏的政治思想提供了理论根据,但从哲学上说,这种"通""一"本身还需要作更深入的论证:统一(通、一)的本体论基础是什么? 在解决这一问题的过程中,谭氏提出了"以太"这一范畴,由此进一步展开了统一性原理。

以太本来是指传递光、热、电、磁的一种假定的媒质,谭嗣同从近代自然科学中借用了这一范畴,并对它作了新的规定,使之成为世界统一性的基础。谭氏认为,以太遍布宇宙:"遍法界、虚空界、众生界,有至大、至精微,无所不胶粘、不贯洽、不筦络、而充满之一物焉……名之曰'以太'。"以太构成了万物的最小单位:"至于原质之原,则一以太而已矣。"②依谭氏之见,以太不仅是万物的基质,而且具有使事物相互联结而形成统一体的功能,小至一身、大至社会及星球星系,都通过以太的作用而相互聚合:"身之骨二百有奇,其筋肉、血脉、脏腑又若干有奇,所以成是而粘砌是不使散去者,曰惟以太。……由一身而有家、有国、有天下,而相维系不散去者,曰惟以太……地统月,又与金、水、火、木、土、天王、海王为八行星……而皆互相吸引不散去,曰惟以太。"③一言以蔽之,万物统一于以太。

以太的性质是什么? 好些论者断言,谭氏对以太作了纯粹精神性的规定。这种看法很难苟同。毋庸讳言,谭氏对以太的表述的确

① 谭嗣同:《谭嗣同全集》,第 291、293 页。
② 谭嗣同:《谭嗣同全集》,第 293、306 页。
③ 谭嗣同:《谭嗣同全集》,第 294 页。

有某些含糊之处,他对以太的作用有时也渲染到近乎神奇的地步。但是,从总体上看,他基本上从物的层面对以太作了具体解释。首先,谭氏把以太界说为电与脑气。电的物质性是不言而喻的,至于脑气,不少论者把它视为一种精神性的实体。事实上,脑气并不是一种精神现象,这一点,只要看一下谭氏的如下论述便不难了然:"欲断意识,必自改其脑气之动法。"①在这里,谭氏明确地把脑气规定为决定意识的本原性的实体,而意识则相应地被归结为从属于脑气的现象,这实际上从脑气与意识的关系上论证了脑气的实在性,后者同时意味着肯定以太的物质性。

其次,谭氏虽然在某些场合将以太与仁等量齐观,但并不能据此断言他把以太精神化了。这里的关键在于必须准确地把握仁的主要含义。前文一再提到,《仁学》中的仁,基本上不限于道德规范,而是表示世界的统一性("通""一"),而以太又是这种统一的基础。正是在这个意义上,谭氏将仁与以太相提并论。可见,这里并不含有将以太归结为精神现象之意。

其三,谭氏曾说:"以太也,电也,粗浅之具也,借其名以质心力。"②心力无疑属于精神范畴。不少论者认为,谭氏在此处把以太与心力合而为一,并由此推断以太是一种类似心力的精神性范畴。这至少是一种误解。"质"在此表示正,用以太质心力,亦即用以太正心力,这与通过"自改脑气"以断意识,意思大致相近。显然,谭氏不仅没有把以太与心力加以混同,而且把后者视为从属于前者的现象。

其四,谭氏认为:"以太者,亦唯识之相分。"③这一论断常被引为

---

① 谭嗣同:《谭嗣同全集》,第 365 页。
② 谭嗣同:《谭嗣同全集》,第 291 页。
③ 谭嗣同:《谭嗣同全集》,第 331 页。

以太即意识的重要根据。然而对谭氏的这一提法必须作具体分析。相分是唯识宗的用语,他们认为认识活动包括主体与对象两个方面,前者称为见分,后者即是相分。尽管唯识宗把二者规定为意识的两个方面,但从一定意义上说,二者的区分与能知与所知的差别有某种相似之处,不同的是,后者在唯识宗那里带上了一层神秘的色彩,并被人为地纳入了观念的范围。正由于相分具有对象性的含义,因而经过改造,它也可以用来指一般的物质现象。事实上,谭氏即是在对相分这一概念作了改造的基础上加以运用的,从谭氏对以太与识的区分中,我们不难窥见这一点,在谭氏看来,识是无始有终的:"识者,无始也,有终也。"而以太则是无始无终的,"以太固无始终也"①。识即意识现象,强调以太不同于识,在逻辑上意味着肯定以太与心的区别。从另一个角度看,在区别以太与识的前提下将以太与相分等而同之,同时也就含有赋予相分以对象性规定之意,而后者反过来又进一步将以太与意识区别开来。

概而言之,谭嗣同的仁—通说强调了世界的统一性,而他的以太说则为这种统一提供了本体论基础,二者结合,构成了《仁学》的逻辑起点。

二

从仁—通(统一原理)出发,谭嗣同肯定万物都处于相互联系之中,而非彼此隔绝:"近身者家,家非远也;近家者邻,邻非远也;近此邻者彼邻,彼邻又非远也……衔接为邻,邻邻不断,推之以至无垠,周

---

① 谭嗣同:《谭嗣同全集》,第 331 页。

则复始,斯全球之势成矣。"①质言之,不同的事物或直接相关(如身与家),或通过中介而相互沟通(如家与彼邻),这种直接或间接的联系,构成了统一的世界。在谭氏看来,事物之间的联系不仅表现在彼此并列上,而且表现为对立面之间的相互关联及相互作用:"有此则有彼,无独有偶焉。"彼此本来相互对立,但同时又相互依存,对立的双方一方面相互排斥,另一方面又相互作用:"相反莫如水火,而相济以为利。"②从普遍联系到对立面的统一,仁—通的观念得到了进一步的展开。

相互联系与相互作用仅仅是万物统一的一个侧面。万物的统一同时又更深刻地表现为事物之间的相互转化、生生不息。谭嗣同认为,新与旧、神奇与腐朽之间的界线都不是凝固不变的:"今日之神奇,明日即已腐臭。""昨日之新,至今日而已旧;今日之新,至明日而又已旧。"③概言之,正是在这种新旧转化的过程中,世界才成为通而不塞的活生生的统一体。

从相互联系与日新转化的角度理解世界的统一性,这本来不失为一种具有辩证色彩的看法。然而,这些观点在谭氏那里并没有得到展开与升华,而是按其自身的逻辑成了通向相对主义的环节。

如前所述,在论证仁—通说时,谭氏把以太视为维系一切自然现象和社会现象的基质:从人的肌肤血肉,到君臣父子等社会关系以至天体星球都凭借以太而相互聚合。这种看法在肯定事物的普遍联系的同时,又把这种联系归结为单一的、机械的模式,从而抹煞了事物联系形式的多样性。基于以上观点,谭氏又进而否定了事物在质上

---

① 谭嗣同:《谭嗣同全集》,第 296 页。
② 谭嗣同:《谭嗣同全集》,第 317、234 页。
③ 谭嗣同:《谭嗣同全集》,第 458、417 页。

的多样形态："就其本原言之,固然其无性,明矣;彼动植之异性,为自性尔乎?抑无质点之位置与分剂有不同耳。""至于原质之原,则一以太而已矣……谓以太即性,可也;无性可言也。"①这里的性,是指事物的特殊规定或本质。在谭氏看来,事物皆由以太构成,它们之间并无质的差别,至多只是在以太排列的位置或数量上有所不同,换言之,一切事物只有以太这个共同的"性",而无自己特定的本质。"谓以太即性,可也,无性可言也",强调的正是这一点。在这里,谭氏已开始将统一原理引向泯灭事物质的差别。

以泯灭差别为前提,谭氏提出了"无成毁"说。他以陶埴的成毁为例,对此作了具体阐述:"譬于陶埴,失手而碎之,其为器也毁矣。然陶埴,土所为也。方其为陶埴也,在陶埴曰成,在土则毁;及其碎也,还归乎土,在陶埴曰毁,在土又以成。但有回环,都无成毁。"②意即:陶埴之破碎,对器来说是毁,就土而言则又是成,既然同一状态(破碎)既可视为成,又可视为毁,故成与毁本身也就没有什么区别。事实上,成与毁是两种不同的质态,它们分别通过不同的联系而表现出来(如破碎的陶埴在与完好的陶埴的联系中,表现为毁,而在与土的联系中则表现为成),谭氏否定了不同的联系之间的客观界线,从而也就相应地抹煞了事物在一种联系中的质态与另一种联系中的质态的区别。

如果说,并列式的联系是静态的统一,那么,相互转化则表现了事物之间的动态统一。肯定相互转化,是对将对立凝固化的形而上学观点的否定。但是,对转化又可以作不同的理解。这种不同,从根本上说,就在于是否承认转化的条件性。如果离开条件谈转化,则毫

---

① 谭嗣同:《谭嗣同全集》,第306页。
② 谭嗣同:《谭嗣同全集》,第307页。

无例外地将导致相对主义。谭嗣同的理论失误,便在于忽视了转化的条件性。谭氏认为:"天地以日新,生物无一瞬不新也。"①新表现为一种质的变化,而质变又是通过转化而实现的,"无一瞬不新"即意味着事物每时每刻都在发生质变(转化)。这样,谭实质上把转化归结为一种无条件的、不间断的过程。而把质变(转化)绝对化,则不仅将导致否定事物的质的稳定性,而且势必引出万物融化为一的结论:"亦逝而已矣,亦不舍而已矣。非一非异,非断非常。旋生旋灭,即灭即生。生与灭相授之际,微之又微,至于无可微;密之又密,至于无可密。夫是以融化为一,而成乎不生不灭。"②这种看法与庄子的"方生方死"说几乎如出一辙:在无条件的旋生旋灭的质变中,生灭之间的差异消失了,万物完全融为一体。这种无差别的统一,在总体上表现为道通为一:"通之义,以'道通为一'为最浑括。"③这一结论带有明显的相对主义性质。④

综上所述,谭嗣同从仁—通说出发,在强调万物的统一性的同时,又表现出忽视事物具有特殊的规定的倾向;并进而通过把事物之间的质变(转化)绝对化而泯灭了事物的差别,从而走向了相对主义。

三

无条件地突出"通",意味着否定差别的存在,但客观上,山川星

---

① 谭嗣同:《谭嗣同全集》,第 458 页。

② 谭嗣同:《谭嗣同全集》,第 314 页。

③ 谭嗣同:《谭嗣同全集》,第 291 页。

④ "道通为一"本是庄子提出的论点(参见《庄子·齐物论》),其义主要在于强调,从道的观点看,事物之间存在着普遍的相通性。谭嗣同对此作了相对主义的发挥。

云、草木鸟兽都千姿百态、各不相同,如果不能对这种现象作出圆满的解释,相对主义理论也就难以立足。正是在解决这一难题的过程中,谭嗣同进一步由相对主义导向以"我"为第一原理。

在谭氏看来,差异并不是客观对象本身具有的,它仅仅是相对于主体——人而言,人之所以感到星空浩阔,是因为相对于星空,人自己显得十分渺小;同样,人之所以感到微生物之微小,是因为相对于微生物,人成了一种庞然大物:"虚空有无量之星日,星日有无量之虚空,可谓大矣。非彼大也,以我小也。有人不能见之微生物,有微生物不能见之微生物,可谓小矣。非彼小也,以我大也。何以有大? 比例于我小而得之;何以有小? 比例于我大而得之。然则但有我见,世间果无大小矣。多寡长短久暂,亦复如是。"①所谓"但有我见",便是把主体(我)归结为差别的尺度,在这里,谭已开始由相对主义而认同唯我论。

以人作为差别的尺度,意味着将差别视为主体感知的产物。那么,这种感知是否可靠? 换言之,它是不是对象的真实状况的把握? 如果回答是肯定的,那就表明差别是事物本身固有的,从而与相对主义观相抵牾。对谭氏来说,对此只能作出否定的回答:"且眼耳所见闻,又非真能见闻也。眼有帘焉,形入而绘其影,由帘达脑而觉为见,则见者见眼帘之影耳,其真形实万古不能见也。岂惟形不得见,影既缘绘而有是,必点点线线而缀之,枝枝节节而累之,唯其甚速,所以不觉其劳倦,迨成为影,彼其形之逝也亦已久矣;影又待脑而知,则影一已逝之影,并真影不得而见也。"②这里包含两重含义:其一,人只能感知外部事物在人的感官上留下的印象,至于这种印象的原型,则万

---

① 谭嗣同:《谭嗣同全集》,第 316 页。
② 谭嗣同:《谭嗣同全集》,第 317 页。

古不能见。其二,这种印象本身并不是客观对象的反映,而是"缘绘而有是",即主体通过点线相缀,枝节相累而构成的。换言之,它是主观的产物。既然人的认识不能超出主观范围,那么关于外部事物差别的感知("我见"),当然也就不可能是真实可靠的。至此,谭氏完成了如下的逻辑推论:万物的差别是相对于主体(人)而言的,主体通过感知了解事物的差别,而感知的内容又是纯主观的,因而客观对象的差别也只存在于主观范围。

从差别的主观性中,谭氏进而导出了万法唯识的结论:"自有众生以来,即各各自有世界;各各之意识所造不同,即各各之五识所见不同。小而言之,同一朗日皓月,绪风晤雨,同一名山大川,长林幽谷,或把酒吟啸,触境皆虚,或怀远伤离,成形即惨,所见无一同者……三界惟心,万法惟识。"[1]客观对象因人而异,不同主体的心境不同,则感知的对象也相应地千差万别,进而言之,外部世界、本身也不过是一种意识("心""识")现象。

如果说,在上述过程中,相对主义主要是从理论的内在需要上促使谭氏转向万法唯识论,那么,在心力说中,相对主义则成了谭氏夸大精神力量的直接根源。

在评述谭氏的心力说时,首先必须把他所说的"心力"与"心"这两个范畴加以区别。大体说来,作为一个表示精神现象的范畴,心主要有两种含义:其一,指一般的意识,如"三界惟心"中的心,便是在这一意义上使用的;其二,指理性思维:"念人所以灵者,以心也……再阅万万年,所谓格致之学,真不知若何神奇矣。然不论神奇到何地步,总是心为之。"[2]这里的心涉及理性思维,心力则既不是一般的精

---

[1]　谭嗣同:《谭嗣同全集》,第 372 页。

[2]　谭嗣同:《谭嗣同全集》,第 460 页。

神现象,也不同于与格致之学相关的理性思维,而是一种神秘的统一意识。谭氏说:"盖心力之实体,莫大于慈悲。慈悲则我视人平等,而我以无畏;人视我平等,而人亦以无畏。无畏则无所用机矣。"①慈悲的内在含义是不分彼我、平等待人。换言之,亦即人我统一:"人与人不相偶,尚安有世界?"与此相应,以慈悲为心力的实体,也就意味着把心力规定为以"人人相偶"为内容的统一意识。这里的"机",亦即机心,谭氏认为它是人与人之间尔虞我诈、明争暗斗的根源,只有通过增强心力这种统一意识,才能泯灭导致人我隔绝的机心:"使心力骤增万万倍,天下之机心不难泯也。"②如果说,以太构成了世界统一的客观基质,那么,心力则可以看作是意识现象统一的根据。

然而,正如谭氏将基于以太的统一性(通)绝对化一样,谭氏也夸大了人与人之间在心理上的统一性:"我之心力,能感人使与我同念……彼己本来不隔,肺肝所以如见。"③这种人我一念论多少抹煞了人在意识现象与心理活动上的差别。由此出发,谭氏进而得出了人我同体的结论:"一切众生,并而为我,我不加大;我遍而为一切众生,我不减小。"④众生即我,我即众生,人我一体,道通为一。众生相对于我而言,是不依赖于我的存在,谭氏泯灭了众生与我的差别,同时也就意味着取消我与对象的界线,后者在逻辑上必然导向以"我"消融万物。事实上,谭氏最后正是由彼我为一的相对主义前提,引出了"无往非我"的结论。

在理论演进的内在逻辑支配下,谭嗣同一步步地从相对主义走向自我至上论。但是,《仁学》的宗旨并不是论证"万法唯识""无往

---

① 谭嗣同:《谭嗣同全集》,第 357 页。

② 谭嗣同:《谭嗣同全集》,第 357 页。

③ 谭嗣同:《谭嗣同全集》,第 295 页。

④ 谭嗣同:《谭嗣同全集》,第 315 页。

非我",而是试图寻找一条达到通天地万物人我为一的道路,从而为变法——学习西方与冲决传统网罗提供哲学论证,这就决定了"万法唯识"论难以构成《仁学》的理论归宿。那么,谭氏思想进一步的衍化方向是什么呢? 这就是下文所要讨论的问题。

四

如何达到"道通为一"的无差别境界? 这是《仁学》研究的中心问题。这一问题最后解决于破对待说。破对待说的展开过程,也就是谭嗣同哲学进一步推演的过程。

谭嗣同说:"凡对待之词,皆当破之。"①所谓对待,也就是相互对立的两个方面,如彼此、大小、多寡、长短、久暂等。谭氏将纷杂的差别归结为对待,表明他已意识到对立面之间差异是最本质的差异。这本来不失为一种辩证的观念,但谭氏却由此引出了如下结论: 既然对待是最本质的差异,那么,欲达到无差别,也就不必逐一"合同异",而只需消除对待。不难看出,谭氏在这里已开始向相对主义返归。

如何破对待? 在对此作出回答以前,首先必须解决对待的起源及实质问题,亦即必须说明: 对待是对象本身固有的,还是主体感知的产物? 正是这一问题,把破对待说与"万法唯识"论联系起来。前文曾提到,谭氏将"我"视为万物相异的原因,这一观点反过来又成为破对待说的出发点和根据。谭嗣同认为:"对待生于彼此,彼此生于有我。我为一,对我者为人……由是大小多寡,长短久暂,一切对待之名,一切对待之分别,涊然哄然。"②推本溯源,对待生于"我",这可

---

① 谭嗣同:《谭嗣同全集》,第 292 页。
② 谭嗣同:《谭嗣同全集》,第 316 页。

以看作是差别皆"比例于我"说的逻辑引申。

对待因"我"而起,这就决定了破对待首先必须破我相:"我相除,则异同泯;异同泯,则平等出。"如何破我相?谭氏认为,关键在于断意识:"意识断,则我相除。"①为何断意识即可除我相?谭氏借用唯识宗的理论作了说明:"佛与众生,同其不断,忽被七识所执,转为我相。"在唯识宗那里,七识是联结藏识与其他六识的中介;在这里,七识则泛指一般的意识现象。既然"我"相源于识,则除我相自然就被归结为断识。这种观点显然是三界唯心、万法唯识说的逻辑推导。

如何断意识?谭氏着重从认识论上对此作了考察。如前所述,谭嗣同认为人的感知不能超出主观的范围,感知之外的真相,是主体永远无法达到的。由此,他进而对主体感知的可靠性表示怀疑:"眼耳之果足恃耶否耶?鼻依香之逝,舌依味之逝,身依触之逝,其不足恃,均也。"②与此相应,断识首先即意味着摒弃一切感知乃至思虑活动:"苟不以眼见,不以耳闻,不以鼻嗅,不以舌尝,不以身触,乃至不以心思,转业识而成智慧,然后'一多相容'、'三世一时'之真理乃日见乎前,……斯对待不破以自破。"③业识与智慧是佛教用语,前者意为执着分别,后者则指破除世俗迷妄。至此,我们看到,所谓断意识而破对待,无非是通过不见不闻、不触不思而排除外物的影响,从而在主观范围内泯灭各种差别,达到"三世一时""一多相容"的境界。在谭氏看来,一旦破除了彼我等对待,即可实现人人平等的大同理想:"彼我亡,平等出,且虽有天下,若无天下矣。……殆仿佛《礼运》大同之象焉。"④如果说,仁一通说主要以统一性原理为"中外通"提

---

① 谭嗣同:《谭嗣同全集》,第 365 页。
② 谭嗣同:《谭嗣同全集》,第 318 页。
③ 谭嗣同:《谭嗣同全集》,第 318 页。
④ 谭嗣同:《谭嗣同全集》,第 367 页。

供论证,那么破对待说则以相对主义理论为谭氏的"大同"理想提供了同样的论证。正是这种大同理想,透露出思辨形式掩藏下的具体的社会历史内容。

通观谭氏的破对待说,我们注意到一个耐人寻味的现象,即相对主义理论与万法唯识论难分难解地纠缠于一处。从总体上说,破对待的实质即在泯灭差别与对立。这一点,从前文的分析中已不难看出,而在谭氏的如下界说中则表现得更为明白:"此即彼,彼即此,破对待之说也。"①这种论点的相对主义性质是显而易见的。但破对待的前提,却是"三界唯心""万法唯识"。正是由这一前提出发,谭氏得出了对待起于我见的结论,并把破对待限制在主观的范围之内。由此自然产生了如下问题,即谭嗣同哲学的基本倾向是什么? 这一问题涉及《仁学》的逻辑结构,因而只有联系以上所考察的整个体系才能得到说明。

谭嗣同哲学(主要是后期哲学)的性质一直是一个聚讼纷纭的问题。一些论者抓住以太的物质规定,突出了其朴素实在论方面,另一些研究者则以"心力"说、"万法唯识"说为依据,强调谭氏构筑了一个以自我为第一原理的思辨体系。而持这些看法者的共同倾向,即是把以太、心力、仁一通与破对待诸论并列起来,对它们之间的关系几乎很少论及。从前面的评述中,我们可以看到:谭嗣同的哲学并不是以太、心力、破对待诸说堆砌而成的杂烩,而是一个具有内在逻辑联系的体系,这一体系的核心,就是以抽象之"通"为第一原理的相对主义。对此,谭氏本人在《仁学·自序》中说得很明白:"循环无端,道通为一,凡诵吾书,皆可于斯二语领之矣。"②从夸大仁一通说(统一原

---

① 参见谭嗣同:《谭嗣同全集》,第 317 页。
② 谭嗣同:《谭嗣同全集》,第 290 页。

理），走向"道通为一"论，又由"道通为一"论引出物我一体、"无往非我"、"万法唯识说"；最后又通过"破对待"而返归"道通为一"论。这就是谭嗣同后期哲学思想发展的主要进程，也是《仁学》的基本逻辑结构，而这种思辨推绎所折射的，则是"中外通"、"冲决网罗"、"平等"等政治理想。

（原载《中国哲学史研究》1987 年第 4 期）

走向近代：方法论思想的演变

  随着古典哲学向近代哲学的衍化,方法论思想也出现了重要的变迁。就总体而言,中国近代哲学是在传统思想与近代西学的双重制约下曲折演进的,这一格局亦构成了近代方法论思想展开的历史背景。与传统方法论思想往往表现出某种思辨向度有所不同,近代方法论思想对经验科学与实证领域予以了更多的关注。从存在的敞开这一角度看,后者无疑为沟通为道过程与为学过程提供了某种历史前提;由近代中西哲学的互动加以考察,它则表现为中西哲学的彼此激荡和交融。

一　西　学　的　引　入

  在中国近代,严复第一次比较自觉地将西方近代科学方法作为富国强兵的手段而加以突出。当康有为热衷于把西方的声光电化知识与中国传统思想中的"仁""元"等概念加以糅合,以构成一种"不中不西,即中即西"(梁启超语)的自然哲学体系时,严复以他独具的眼光,敏锐地注意到了西方近代科学方法的重要作用。在严复看来,富强必须以格致(科学)为基础,而格致的昌明,则应归功于培根提出的科学方法。在著名的《原强》一文中,严复指出:"二百年学运昌明,则又不得不柏庚(培根)氏之摧陷廓清之功为称首。""事功之士,窃以为术,而大有功焉。"基于这一看法,严复在引入西学时,特别注重介绍西方近代的科学方法。总起来看,严复主要阐述了西方近代科学方法中的如下两个方面:

其一,即物实测。严复认为,科学研究不能停留于书册,而应当读无字之书:"吾人为学穷理,志求登峰造极,第一要知读无字之书。"①所谓无字之书,也就是自然对象。这种看法否定了埋首故纸、以穷经相尚的经学研究传统,明确地将探索自然的奥秘列为"为学穷理"的主要任务。按严复之见,探索自然首先即必须揭示自然规律(理),而自然之理只有在事物的相互作用中才能表现出来:"理者,必物对待而后形焉者也。"②因此,要把握自然之理,就必须积极地作用于自然,而近代西方格致之学的特点,也正在于此。《原强》一文便指出了这一点:"其为学术也,一一皆本之于即物实测。"此处之实测,即指科学实验,即物实测具体展开为三个阶段:

大抵学以穷理,常分三际:一曰考订,聚列同类事物而各著其实。二曰贯通,类异观同,道通为一。考订或谓之观察,或谓

① 严复:《西学门径功用》,《严复集》第一册,中华书局,1986年,第93页。
② 严复:《〈阳明先生集要三种〉序》,《严复集》第二册,第238页。

之演验。……第三层,谓之试验,试验愈周。理愈靠实矣,此其大要也。①

概而言之,所谓穷理三际,也就是在观察与实验(演验)的基础上,通过比较分析,揭示对象的本质与规律(道、理),最后又以实验(试验)加以验证。这一过程大致包括了近代实验科学研究方法的几个基本环节。在训诂校勘、探赜索隐等传统的经史方法尚占据主要地位的当时,这种方法论思想无疑给人以耳目一新之感。如果说,天演哲学(进化论)在一定意义上把人们从以古为尚的传统观念中解脱出来,那么,即物实测之学则在方法论上打开了人们的眼界。

其二,内籀之学。严复认为,在即物实测的基础上,还必须通过内籀以会通公例:"内籀者,观化察变,见其会通,立为公例者也。"②由观化察变而会通公例,也就是对经验材料加以概括归纳而引出一般的定律。依严复之见,这种归纳本质上又离不开分析,"盖知之晰者始于能析,能析则知其分","而后有以行其会通,或取大同而遗其小异,常、寓之德既判、而公例立矣"。③ 在这里,严复已开始把分析视为归纳的内在要素,强调只有通过分析推敲,把握事物的同异关系,揭示其稳定的联系(常寓之德),才能形成科学的定律(公例)。这种把归纳与分析统一起来的方法论思想无疑是深刻的,它在某种程度上已注意到单纯的归纳并不足以把握事物的内在本质,只有将归纳与分析结合起来,才能提供普遍必然的知识。

由归纳分析而立其公例,是不是一蹴而就的?严复的看法是否

---

① 严复:《西学门径功用》,《严复集》第一册,第 93 页。
② 严复:《原富·译事例言》。
③ 严复:《〈穆勒名学〉案语》,《严复集》第四册,第 1046 页。

定的。在《救亡决论》一文中,严复指出:"必其部居群分,层累枝叶,确乎可证,涣然大同。"这一看法令人十分自然地联想起培根的观点。培根曾强调,在进行归纳时,"不能够允许理智从特殊的事例,一下跳到和飞到遥远的公理和几乎是最高的普遍原则上去"。他认为:"只有根据一种正当的上升阶梯和连续不断的步骤,从特殊的事例上升到较低的公理,然后上升到一个比一个高的中间公理,最后上升到最普遍的公理,我们才可能对科学抱着好的希望。"①严复主张由"层累枝叶"(层层上升)逐渐"涣然大同",可以看作是对培根上述思想的发挥。这种注重归纳的过程性的方法论原则,与一次完成的独断论相对立,包含着辩证思维的因素。

如果说,系统地阐述和发挥西方近代的实测内籀之学是严复方法论思想的第一个特色,那么,把引入和介绍西学与回顾旧学结合起来,则构成了严复方法论思想的第二个特色。从实测内籀之学出发,严复对旧的治学方法作了深刻的反省。

与注重即物实测相联系,严复首先批评旧学仅仅停留于书册文字。他曾借赫胥黎之语,对此作了抨击:"天下之最为哀而令人悲愤者,无过于见一国之民舍故纸所传而外,一无所知。"②在严复看来,这种囿于文献材料的治学方法,又与"好古而忽今"相关,正是以古为尚,构成了于故纸中求古训的重要根源,而后者又导致是非不明:"且中土之学,必求古训。古人之非,既不能明,即古人之是,亦不知其所以是。"③在此,严复进而从反对尊古的角度,对徒求书册的旧学作了抨击。

① 《十六—十八世纪西欧各国哲学》,北京大学哲学系外国哲学史教研室编译,商务印书馆,1975 年,第 43—44 页。
② 严复:《论今日教育应以物理科学为当务之急》,《严复集》第二册,第 282 页。
③ 严复:《原强》,《严复集》第一册,第 29 页。

在批评旧学局限于故纸的同时,严复又从方法论的角度,对陆王心学之弊作了考察,《救亡决论》一文便已包含这方面的内容:"夫陆王之学,质而言之,则直师心自用而已。""唯其自视太高,所以强物就我。"①严复的上述批评同时也是针对整个旧学中的先验方法而发的。严复认为,师心自用,强物就我在方法论上即具体表现为以心成之说为本:"旧学之所以多无补者,其外籀非不为也,为之又未尝不如法也,第其所本者大抵心成之说。"②传统的先验方法之实质,即在于从臆造的公例出发,尽管这种推绎在形式上合乎逻辑程序,但由于其前提是心成之说,故势必难以再现事物的本来面目。按严复之见,以心成之说为据的主观独断方法,与"西学格致"刚好相对:"然而西学格致,则其道与是适相反。一理之明,一法之立,必验之物物事事而皆然,而后定之为不易。"③不难看到,通过传统旧学中的独断方法与西方近代科学方法的比较,严复进一步揭露了前者的先验主义本质。对旧学的以上批评虽然有失之笼统之蔽(如未能对旧学中的不同方法论路向加以区分),但它无疑亦有助于人们接受西方近代科学方法。

不过,严复在批评以心成之说为本的传统外籀(演绎)方法的同时,又走向了另一个片面,即抬高内籀(归纳),贬抑外籀(演绎)。这首先表现在,严复把外籀归结为仅仅重复古人之理:

夫外籀之术,自是思辨范围。但若纯向思辨中讨生活,便是将古人所已得之理,如一桶水倾向这桶,倾来倾去,总是这水,何处有新智识来?④

---

① 严复:《救亡决论》,《严复集》第一册,第44页、第45页。
② 严复:《〈穆勒名学〉案语》,《严复集》第四册,第1047页。
③ 严复:《救亡决论》,《严复集》第一册,第45页。
④ [英]耶方斯:《名学浅说》,严复译,商务印书馆,1981年,第65页。

事实上，作为科学研究内在环节的演绎，绝非仅仅是一种思辨的推绎，它在本质上也是一种获得新知的方法：当人们从一个普遍的理论命题推出一个预测性的特殊命题时，即意味着向新的知识领域迈出了一步。严复将演绎比作二水互倾，多少抹煞了演绎方法在科学发现中的作用。与此相联系，严复把科学方法简单地等同于内籀："格致真术，存乎内籀。"①这种重归纳、轻演绎的观点，表明严复在总体上未能摆脱经验论的立场。

此外，在介绍西学、批判旧学时，严复往往忽视了中国传统方法论思想中的合理因素，这突出地表现在把中学与西学绝对地对立起来，并将前者完全排斥在学术之外。从《救亡决论》一文中，便不难看到这一点："取西学之规矩法戒，以绳吾'学'，则凡中国之所有，举不得以'学'名。"②这种看法使严复未能对旧学的糟粕与科学因素加以区分，而后者又使他在否定旧学时，未免有玉石俱毁之弊。如严复把清代考据学（朴学）与宋明的性理之学相提并论，以为二者皆"无用""无实"，从而一概归入贬斥之列，从而抹煞了清代朴学注重实证、严于求是的治学原则。正因未能融入古典方法论中的优秀成分，因而严复的实测内籀之学多少带有与中国传统思想疏远隔绝的特点。

二　以新知附益旧学

章太炎在一定程度上注意到了严复的局限。他批评严复在介绍西学时，"与此土（中国）历史习惯固相隔绝"，并认为"只佩服别国的学

---

① ［英］耶方斯：《名学浅说》，严复译，第 66 页。
② 严复：《救亡决论》，《严复集》第一册，第 52 页。

说,对着本国的学说,不论精粗善恶,一概不采,这是第一种偏心"。①
这些看法的内在含义,是反对片面以西学排斥中学,主张吸取传统学
说中的精华。就方法论而言,对近代哲学产生重要影响的传统思想,
主要是清代朴学。在治学方法上,朴学揭橥实事求是的原则,主张从
证据出发,博考精思,无征不信。章太炎早年从学于清末朴学大师俞
樾,受过朴学的严格训练,深谙朴学方法的真谛。在章氏看来,清代
朴学方法可以概括为两个方面:

其一,注重实证。朴学的特点首在排除主观成见,不以好恶为是
非标准,不以好恶定是非,在方法论上即表现为尊重事实:"近世经师
(朴学家——引者),皆取是为法。审名实,一也;重佐证,二也;戒妄
牵,三也;守凡例,四也;断情感,五也;汰华辞,六也。"②审名实,即考
察名与实是否相符;戒妄牵,断情感,汰华辞,是指反对主观附会,守
凡例则是遵循客观的条例。这六个方面综合起来,即是注重实证。

其二,分条析理。"盖近代学术,渐趋实事求是之途,自汉学(朴
学——引者)诸公分条析理,远非明儒所能企及。"③所谓分条析理,即
是运用一般的条理通则,对客观对象加以分析。章太炎认为,朴学的
条理,主要是小学(语言文字学)理论,后者构成了考据的基础。而小
学之本则是音韵学。朴学家之所以在古籍考证方面成绩卓著,主要
即在于他们"从音韵上辟出新的途径,发明'以声音合文字,以文字考

---

① 章太炎:《论教育的根本要从自国自心发出来》,《章太炎政论选集》上册,
中华书局,1977年,第506页。

② 章太炎:《说林下》,《太炎文录初编》文录卷一,《章太炎全集》(四),上海
人民出版社,1985年,第119页。

③ 章太炎:《答铁铮》,《太炎文录初编》别录卷二,《章太炎全集》(四),第
370页。

训诂'的法则",然后又运用这些法则"推寻故言"。①

基于以上的反思与总结,章太炎进而对朴学方法作了引申和改造。

首先,深化朴学"重佐证"的方法论原则。清代朴学具有双重性质:一方面,朴学的研究范围包括小学、天文、历算、金石诸学,这些学科本身属于科学的领域,正是在对这些学科的研究中,朴学家提出了实事求是的原则;另一方面,朴学具有经学的性质,其考证以群经为中心,小学、天文、历算在某种意义上只是经学的附庸。与此相应,朴学家本身也具有双重身份:他们既是从事科学研究的学者,又是经学家。作为经师,尊经即成了朴学家的共同信条。他们把六经视为众说之指归,强调对六经只能信、不准疑:"治经则断不敢驳经。"这种凡经皆是的观点,本质上与实事求是的原则相对立,它反映了传统经学对朴学的限制。章太炎在吸取朴学注重实证的思想的同时,又针对朴学的以上局限,提出了六经皆史的观点,在《经的大意》一文中,章太炎便明确肯定:"六经都是古史。"这一看法本来并非章太炎首倡,在章氏以前,王阳明及清代史学家章学诚等已提出了类似的观点。不过,章太炎对六经皆史的理解,与王阳明、章学诚有着根本的不同,这种差异归根到底表现为尊经与抑经的对立。章学诚仍奉六经为"纲维天下"之"政教典章",②并把六经放在众史之上,以《春秋》为群史之原:"史之大原本乎《春秋》。"③与这种尊经抑史的观点不同,章太炎完全将六经与普通的史籍等量齐观:"仆闻之:《尚书》、《春秋》,左右史所记录,学者治之,宜与《史记》、《汉书》等观。"④这种看法无

---

① 章太炎:《国学概论》,巴蜀书社,1987 年,第 47 页。

② 章学诚:《经解上》,《文史通义》卷一。

③ 章学诚:《答客问上》,《文史通义》卷五。

④ 章太炎:《与简竹居书》,《太炎文录初编》文录卷二,《章太炎全集》(四),第 166 页。

疑降低了六经的地位,否定了六经的至尊性质,从而为克服尊经的传统观念提供了理论前提。因此,正是在章太炎那里,六经皆史的观点才具有使朴学重佐证的方法论原则摆脱经学束缚的意义。

由等观经史,章太炎又进而提出了破除迷信的主张。所谓破除迷信,也就是反对盲从包括传统经典在内的一切权威,主张以科学的态度从事研究。如果说,六经皆史之说主要通过并列经史而动摇了尊经的基础,那么,破除迷信的主张则直接要求打破传统的桎梏,它具有把理性从经学权威中解放出来的启蒙意义。

其次,赋予"分条析理"的方法论原则以新的内容。朴学家虽然主张以声音之理去分析具体的语言文字现象,但这种条理分析基本上限于考据领域,在考据之外,他们多少具有轻视理论思维的倾向。这突出地表现为以求于实排斥求于虚。所谓求于实,亦即对于一事一物的考订;求于虚,则是从宏观的角度,对历史事实、历史人物加以分析评价。从方法论上说,前者属于材料的收集、审核,后者则是对材料的理论研究。清儒强调得其实,以此否定求于虚,或多或少使其条理分析方法受到了某种限制。章太炎注意到了朴学的这一局限:"清代的订训诂,又仅求一字的妥当,一句的讲明,一制的考明,'擘绩补苴',不甚得大体。"[1]质言之,朴学仅仅囿于文字考订,而未能在总体上把握材料之间的联系。与朴学不同,章太炎主张"窥大体"。在《检论·哀清史》中,章氏写道:"作史者当窥大体,大体得,虽小有抵牾无害。"[2]窥大体在方法论上即表现为"分析事类、各详原理"。这里所说的原理,首先是事物之间的因果联系:"因以求果,果以求

---

① 章太炎:《国学概论》,第 112 页。

② 章太炎:《近史商略》,《检论·哀清史附》,《章太炎全集》(三),上海人民出版社,1984 年,第 590 页。

因，……是抽文之枢要也。"①质言之，在历史研究中，必须具体地分析各种历史现象之间的因果关系。如在考察文化史时，便不仅要广泛地搜集和考核材料，而且必须进而了解："各处的文化，是哪一方盛，哪一方衰，盛衰又为甚么缘故？"在这里，章太炎比较明确地把揭示对象之间的因果关系，列为分条析理的内在环节，从而在一定程度上匡正了朴学将求于虚排斥在条理分析之外的局限。

与要求各详原理相联系，章太炎主张以新思想指导条理分析："必以古经说为客体，新思想为主观。"②所谓新思想，便是近代的新观念与科学知识。值得注意的是，章太炎在这里已肯定科学研究并不是一种机械归纳的过程：它总是与主体已有的认知结构相联系。换言之，主体认知结构构成了整理经验材料的主观条件。这种看法与现代的发生认识论、认知心理学以及解释学颇有相通之处。在学术史研究中，章太炎十分注重运用"新思想"去分析前人的学说，如在《国故论衡·明见》中，章氏曾以原子论的观点，解释惠施"至小无内谓之小一"的命题。章氏的这种研究，可以看作是以近代的观点治学术史的滥觞，它摆脱了朴学拘泥于文字考察之弊，对尔后的学术史研究产生了深刻的影响。从另一个角度看，章太炎强调以新思想为主观，反对将科学研究等同于对经验材料的机械归纳，对严复贬抑演绎、夸大归纳的经验论局限，也有所克服。

然而，由强调以新思想为主观，章太炎又不适当地夸大了演绎的作用。他认为，从有限的经验材料中，不能推出普遍的结论，因而以

① 章太炎：《征信论下》，《太炎文录初编》文录卷一，《章太炎全集》（四），第59页。

② 章太炎：《中国通史略例》，《訄书·哀清史附》，《章太炎全集》（三），第331页。

经验材料为基础的归纳总是不完善的。在《国故论衡·原名》中，章氏举例说，从特殊的经验事实中，无法得出"凡火尽热"的普遍命题："已往未尝遍验天下之火，则言凡火尽热，为逾其所验之境。"①这固然注意到归纳的局限性，但同时亦似乎多少否认了归纳的合理性。在章氏看来，真正可靠的方法是推绎（说）："原物之质，闻不如说。"因为通过推度，可以闻一知十，举一反三："心能推度曰恕……故夫闻一以知十，举一隅而以三隅反者，恕之事也。"②这种重演绎、轻归纳的观点，与章氏在认识论上的唯理论倾向相联系。他在《訄书·颜学》中曾批评颜元"物物习之，而概念抽象之用少"，认为"名起于想"。在《四惑论》中，章氏更进一步将因果范畴归结为原型观念："因果非物，乃原型观念之一端。"正是基于如上看法，章太炎片面地将演绎置于归纳之上。

从中西古今之争这一历史演变过程来看，章太炎对朴学方法的发挥和改造，或多或少对严复简单地以西学排斥中学（包括传统的治学方法）起了纠偏作用。但是，章氏由此又走向了另一个极端。这不仅在于他过分强调演绎的作用，而且表现在章氏偏爱国故、低估西方文化。在章太炎的心目中，中国在医学、音乐、政教、工艺等方面都远胜于"远西"，因而不必"仪刑"西方。在学术上，中国的史学也超过他国："中国历史的发达，原是世界第一，岂是他国所能及的。"③从这种观点出发，章氏对西方近代的某些科学研究方法采取了贬斥的态度，如认为以甲骨等地下考古实物证史是"惑于西方之说"。这种偏见，

---

① 章太炎：《原名》，《国故论衡》下，《章氏丛书》第十六册，江苏广陵古籍刻印社，1981，第 137 页。

② 章太炎：《订孔下》，《检论》卷三，《章太炎全集》（三），第 426 页。

③ 章太炎：《中国文化的根源和近代学术的发达》，《章太炎的白话文》，艺文印书馆，1972 年，第 23 页。

妨碍了他对西方近代科学方法作更深入的考察。正由于对西学(包括西方近代科学方法)缺乏深刻和系统的认识,因而章太炎虽然在某些方面把朴学方法与西方近代科学思想及方法联系起来,但诚如梁启超所说,这种联系在很大程度上是"以新知附益旧学",而没有真正达到内在的融合。

三　中学与西学之间

与章太炎不同,王国维在一定程度上摆脱了"附益"的特点。王氏长期从事古史考证,精通清代朴学的方法;同时,又受过近代科学方法的训练,对西方的逻辑学也有较深造诣。在中学与西学的关系上,王国维的看法较之严复、章太炎更为全面。他认为,学问之事,本无中西之分,中学与西学有其相通之处。据此,王氏主张"破中外之见",即反对把中学与西学对立起来。如果说,严复主要致力于引入、发挥西方的实测内籀之学,章太炎更多地注重于从传统学说中总结与发掘有价值的因素,那么,王国维则力图在严复与章太炎分别考察的基础上,进而对西方近代科学方法与传统的朴学方法加以沟通。这种沟通大致表现在如下几个方面。

第一,揭橥二重证据法。在《古史新证·总论》中,王国维指出:

> 吾辈生于今日,幸于纸上之材料外,更得地下之新材料。由此种材料,我辈固得据以补正纸上之材料,亦得证明古书之某部分全为实录……此二重证据法,惟在今日始得为之。[1]

---

[1]　王国维:《古史新证·总论》,《王国维先生全集》初编第十一册,台湾大通书局,1976 年,第 4794 页。

所谓二重证据法,也就是通过传统的古代文献(纸上之材料)与地下考古材料(如甲骨卜辞)的相互参证,以研究古史。较之朴学,这种方法论原则无疑具有新的含义:朴学虽然注重实证,但这种实证基本上限于书证。如在小学研究方面,朴学家基本上以古代文献中的古字、古音、古义为对象,而未能参之以考古的材料。王国维强调纸上之材料必须以地下之新材料相互印证,这就在一定程度上将朴学的考据方法与近代西方的考古方法结合起来,从而突破了单纯的文献考证的界限。同时,地下考古材料相对于传统的文献材料,具有更原始、更直接的特点,王国维认为"纸上之学问,赖于地下之学问",实质上也就把朴学重实证的原则与参之以直接的原始材料的要求联系起来,从而使之更接近于近代实证科学的方法。不难看出,王氏的上述思想,既不同于严复对朴学的笼统否定,也有别于章太炎对西方近代科学方法(包括考古方法)的偏见。

第二,考据与理论分析相结合。王国维对朴学的技术性的考据方法作了充分肯定,认为考释之根底在文字,而音与义又有内在联系,故必须"考之古音以通其义之假借"。一些研究者曾指出,王氏继承乾嘉朴学的治学方法,最得力、最有效、成绩最大的就是就古音以求古义。这一评价是有道理的。在古史考证中,王国维确实善于运用传统的小学理论,揭示甲骨卜辞与铭文的内在含义。不过,在吸取和运用朴学的考据方法的同时,王国维又反对"以具体的知识为满足",主张以西方"长于抽象"(理论分析)的方法来克服朴学停留于具体考证的局限。在《曲录·自序》中,王氏指出,他之辑录、考订戏曲材料,"非徒为考镜之资,亦欲作搜讨之助"。这里所说的搜讨,即是指在考订整理的基础上,进而对事物作理论上的分析和说明,就其内容而言,这种搜讨包括以下两个方面:

其一,明变化之迹及变化之故。王国维认为,对象总是随着时代的变迁而变迁,因而在历史研究中首先必须"究其渊源,明其变化之迹"。在研究戏曲时,王国维即考察了宋元之间戏曲演变的线索,否定了以为元曲发端于异域的观点。在王国维以前,清代朴学提出了溯源达流的历史方法。所谓自流以溯源,即是通过历史的回溯,把握对象的原始状况,然后将对象的原貌与现状加以比较,以弄清事实的真相;自源而达流,则是在把握对象的最初状况以后,进一步考察它在各个阶段的不同特点。不过,朴学的历史考察不仅基本上囿于一字之义的演变等狭隘的领域,而且以直观的变易思想为依据,因而具有朴素的特点。王国维则不仅扩大了明变的范围,而且以进化的观念为其基础,这就进一步使之科学化了。

在王国维看来,对象的变迁并不是不可捉摸的,它有其所以变之故。因此,在求其变迁之迹之后,还必须进而明其因果:"求事物变迁之迹而明其因果者,谓之史学。"①所谓"迹",是指具体的历史现象,而因与果所体现的,则是一种必然的、本质的联系,由求其迹到明其因果,表现为一种从现象到本质的进展。在《殷周制度论》中,王氏通过对殷周制度的比较,分析了周之所以定天下的原因:"欲观周之所以定天下,必自其制度始矣。周人制度之大异于商者,一曰立子立嫡之制,由是而生宗法及丧服之制……二曰庙数之制,三曰同姓不婚之制,此数者,皆周之所以纲纪天下。"②尽管从史学的角度看,王国维的以上分析亦有自身的局限,但不满足于史料考据,而要求明其变迁之故,在方法论上毕竟有其合理性。这种求变明因的方法论原则与章太炎"详考原理"的主张有相通之处,不过,由于它与西方近代的进化

---

① 王国维:《〈国学丛刊〉序》,《观堂别集》卷四,《王国维先生全集》初编第四册,第 1424 页。

② 王国维:《殷周制度论》,《观堂集林》卷十,《王国维先生全集》初编第二册,第 451—452 页。

论相联系,因而更带有新的时代特征。

其二,以科学知识整治经验材料。王国维认为,学术研究必须以科学知识为指导:

> 治科学者必有待于史学上之材料,而治史学者亦不可无科学上之知识。[1]

这里的科学知识,泛指一般的理论知识。在戏曲史研究中,王国维首先运用考证方法,对各个时代的戏曲材料加以搜集审订,整理成《曲录》、《戏曲考源》、《曲词流表》、《古剧脚色考》等系统的资料,然后进而以美学及文学理论对古剧的艺术形式加以考察。如王国维认为:"元剧最佳之处,不在其思想结构,而在其文章。其文章之妙,亦一言以蔽之,曰:有意境而已矣。"[2]意境是一种美学理论,其要义在于强调艺术形象、艺术理想及情感的内在统一。王国维以意境说分析元剧,在一定程度上揭示了其艺术特点。正由于注重考据与理论分析的统一,因而王氏对宋元戏曲的研究,不仅有开山之功,而且具有相当高的学术价值。郭沫若在《历史人物》中,曾把王国维的《宋元戏曲史》与鲁迅的《中国小说史略》并称为"中国文学史研究上的双璧"。就这方面而言,王国维以科学知识治史的方法论原则不仅突破了朴学仅仅"求于实"的界限,而且显然较章太炎以"新思想"比附"古经说"为深刻。

第三,由全知曲与致曲知全的统一。清代朴学家在主张会通其

---

① 王国维:《〈国学丛刊〉序》,《观堂别集》卷四,《王国维先生全集》初编第四册,第 1427 页。

② 王国维:《宋元戏曲史》,商务印书馆,1915 年,第 125 页。

例的同时,又兼重一以贯之。所谓会通其例,即是通过比较分析,概括出一般的义例;一以贯之,则是在一般义例通则指导下,考察千差万别的特殊现象。前者主要是从个别到一般的归纳过程,后者则是由一般到个别的演绎过程,二者统一,构成了清儒治学的重要特点。但是,从总体上说,朴学家往往更偏重于具体的运用,而较少作方法论的反思,这就使其上述方法论思想多少带有自发的性质,西方近代的逻辑学家则比较自觉地提出了类似的观点。在王国维所译的《辨学》中,耶方斯指出:"就实际言之,吾人于追求真理时,往往并用此二者(归纳与演绎)。"①与此相联系,耶氏进而肯定了分析与综合的统一。王国维一方面主张引入近代西方这种自觉的逻辑方法,"今日所最亟者,在授世界最进步之学问之大略,使知研究之方法"②;另一方面又肯定朴学的方法在本质上与近代西方的科学方法相通:"夫学问之品类不同,而其方法则一……乾嘉诸老用之以治经史之学。"③基于这一看法,王国维进而将西方近代逻辑学家与乾嘉学者的上述思想综合起来作了总体上的概括:"夫天下之事物,非由全不足以知曲,非致曲不足以知全。"④此处之全,大致相当于整体与一般,曲则指部分与个别,由全而知曲,致曲而知全,既是指分析与综合的统一,又是指归纳与演绎的结合。这样,王国维即在一定意义上将朴学会通其例与一以贯之的方法论原则与西方近代的逻辑方法作了沟通,从而在

---

① 耶方斯:《辨学》,王国维译,生活·读书·新知三联书店,1959 年,第159 页。

② 王国维:《奏定经学科大学文学科大学章程书后》,《静庵文集续编》,《王国维先生全集》初编第五册,第 1940 页。

③ 王国维:《沈乙庵先生七十寿序》,《观堂集林》卷二十三,《王国维先生全集》初编第三册,第 1165 页。

④ 王国维:《〈国学丛刊〉序》,《观堂别集》卷四,《王国维先生全集》初编第四册,第 1429 页。

使前者摆脱朴素的性质的同时，又使后者获得了某种传统的根据——亦即避免了与传统方法的隔绝。

从上述观点出发，王国维对抬高归纳的经验论与夸大抽象推绎作用的唯理论都提出了批评。在王氏看来，经验总是有限的："经验之为物，固非有普遍及必然之确实性者也。天下大矣，人类众矣，其为吾人所经验者，不过亿兆中之一耳。"①正由于经验缺乏普遍必然性，因而单凭经验归纳不运用抽象思维，便不能用实而知名。在《论新学语之输入》一文中，王国维对此作了阐述："乏抽象之力者，则用其实而不知其名，其实亦遂漠然无所依，而不能为吾人研究之对象。"这里，王氏通过对经验论的抨击而肯定了理性思维的重要性：理性思维不仅影响着主体对客体之本质的把握，而且对事物能否进入认识范围（由自在之物转化为认识对象）也起着制约作用。那么，是否可以仅仅凭借理性的抽象推绎？王国维的回答是否定的。在他看来，过分强调抽象，往往容易像欧洲中世纪的经院哲学家那样偏离事实："夫抽象之过，往往泥于名而远于实，此欧洲中世纪学术之一大弊，而今世之学者，犹或不免焉。"②这里的抽象之过，主要是指从一般前提出发而进行的空泛推绎，它仅仅限于思维形式之间的抽象转换，而不涉及对象（泥于名而远于实）。与囿于抽象相反，王国维主张以事实决事实："吾侪当以事实决事实，而不当以后世之理论决事实。"③这里的要义在于反对以抽象的推绎排斥对事实材料的分析归纳。如果

① 王国维：《书叔本华遗传说后》，《静庵文集》，《王国维先生全集》初编第五册，第1798页。

② 王国维：《论新学语之输入》，《静庵文集》，《王国维先生全集》初编第五册，第1831页。

③ 王国维：《再与林博士论洛诰书》，《观堂集林》卷一，《王国维先生全集》初编第一册，第47—48页。

说,对经验论的批评,客观上纠严复重归纳、轻演绎之偏,那么,对唯理论的否定,则在一定程度上克服了章太炎贬抑归纳的局限。在此,传统的朴学方法与西方近代科学方法的交融,同时表现为归纳方法与演绎方法由分离而走向统一。

总括前述,我们可以看到:在中国近代方法论思想的演变过程中,交织着经验论与唯理论、归纳万能与演绎至上的争论,这种争论在总体上又以中西古今之争为其历史背景。严复着重介绍、发挥了西方近代的实测内籀之学,但又忽视了传统方法中注重条理分析等积极因素,对西方自培根以来的经验论原则作了片面的引申,从而表现出夸大归纳作用之弊;章太炎在继承和改造传统的朴学方法的同时,又有低估西方近代实证科学方法的偏向,后者与强化朴学的条理分析方法相联系,使章氏走向了拔高演绎的唯理论;王国维则在某种程度上将引入西学与反省传统结合起来,并对严章之局限作了扬弃。经过方法论上的中西古今之争,西方近代科学方法与中国传统方法中的精华开始合流。不过,由于时代的限制,严、章、王诸氏所理解的近代科学方法,大致还是 19 世纪以前的实验科学方法,现代科学的思维方式,基本上处于他们的视野之外。与此相应,他们对传统方法的发掘,主要限于与实证科学相通的那些方面。就方法论思想的演变而言,严、章、王所做的这些工作当然有其不可低估的意义:它在一定程度上克服了中国古典方法论中朴素直观与忽视形式逻辑等缺陷,但从今天来看,停留于这一水平显然是不够的。如果说,严、章、王主要是从不同角度提出了方法论的近代化这一问题,那么,今天面临的问题则是如何在更深的层面上推进这一过程。当然,方法论的近代化,并不意味着与传统脱节。相反,它要求我们站在更高的阶段,对传统方法加以反省与总结。事实上,除了朴学方法之外,中国传统的辨合互补、辩证理性以及建立在元气论之上的整体统观等思维方式,对发展现代的方法论具有重要的启迪作用(这一点,西方的不少有识之士,如李约瑟等,已经注意到了)。从一定意义可以说,思维方式现代化的过程,同时也将是西方现代科学方法与中国传统方法在更深的层面上进一步融汇的过程。

(原载《福建论坛》1988 年第 1 期)

"再造文明"的历史内涵

从 20 世纪中国文化史的演进过程看,胡适无疑是一个值得注意的人物。他对中西文化的评价,在相当程度上代表了一种独特的思想倾向,具体地分析胡适的文化立场,既可进一步把握其思想内涵,也将深化对 20 世纪文化史的认识。

一

在中国近代思想史上,胡适常常主要被视为旧文化的批判者或激烈的反传统主义者。这种看法当然并非毫无根据,然而,这仅仅触及了问题的一个方面。作为近代文化史上的风云人物,胡适所扮演的并不仅仅是一个破坏者的角色。在文学革命的八不主义之中,便包含着运用新的语言形式(白话)的要求。换言之,胡适的"破"一开始即伴随着"立";同样"重新估定一切价值"也并不仅仅意味着对传统的否定。胡适在批判旧传统的同时,又将目光投向了新时代的文化建设。就在主张"重新估定一切价值"的那篇著名文章——《新思潮的意义》中,胡适便明确提出了"再造文明"的要求:"新思潮的唯一目的是什么呢? 是再造文明。"这并不是一种偶然提法,而是胡适文化理论中前后一贯的深层观念。

再造文明当然不是一种抽象的口号或空泛的理想,它展开于胡适文化理论与文化实践的各个方面。早在文学革命方兴未艾之时,胡适即已把"建设"提到了突出的地位。1918 年 7 月,胡适便开始倡导"建设的文学革命论"。这一看法可以视为再造文明的主张在文学领域的具体化。尤为难得的是,胡适不仅在理论上提出了建设的主张,而且力图通过创作实践为新文学提供一个更现实的基础。首先应当一提的自然是著名的白话诗创作。从艺术上看,胡适的白话诗创作可称道之处并不很多,这不仅是因为诗的白话化绝非轻而易举之事(以白话作诗难度远远高于以白话作文),而且还在于胡适本人缺乏一种诗人气质。然而,胡适的《尝试集》毕竟是中国第一部白话诗集。在胡适的提倡与尝试之下,白话诗很快风靡近代诗坛,一大批新诗人喷涌而出,形成了近现代文学史上蔚为壮观的一幕。不难看出,在这里,胡适的历史影响主要在于建设,而不是破坏。

胡适在近代文化史上的另一著名主张,是所谓整理国故。早在"五四"期间,胡适已倡导整理国故,并身体力行,以后又始终未曾放弃这一主张。综观胡适的一生,他在文化史上用力最勤、费时最多的,恐怕当首推整理国故。从哲学史研究到小说考证,从禅宗史的梳理到《水经注》的翻案,胡适的工作一直与整理国故绵绵相联,他本人也因此而受到了人们的种种非议。那么,从文化史的角度看,整理国故的主张与实践究竟有何意义？胡适本人对此提供了一个简要的解答。在《新思潮的意义》一文中，胡适特别在篇首标出"整理国故，再造文明"的纲要，这一排列是意味深长的，它表明：一方面，文化的重建要以对传统的反省总结（整理）为前提；另一方面，反省传统并不仅仅是一种否定性的工作，它最终乃是指向文明的再造（建设）。

　　与文学建设一样，胡适在整理国故上也同样作了种种的尝试，其中最引人瞩目的便是以《中国哲学史大纲》（上卷）为代表的哲学史研究，以《〈红楼梦〉考证》为代表的小说考证，以及对禅宗史的一系列疏解。从理论深度、学术功力等方面来看，胡适的研究并不算十分出色，然而，诚如不少论者所指出的，胡适在上述领域的工作，程度不等地都具有开创意义。就哲学史而言，胡适越出了经学的框架而代之以近代意义上的哲学分析；就《红楼梦》等小说考证而言，胡适一扫附会索隐之风而代之以事实的考辨；就禅宗史疏解而言，胡适则以历史的态度剔除了宗教的神话。这些工作从今天看固然既平且稳，并不新颖，但在当时确实不失为一种范式性的变革，这种变革的真正意义即在于通过引入新的理论和方法而推进了学术的现代化，正是这种变革，使胡适的整理国故不同于乾嘉学派的考据，而与整理国故相联系的学术现代化，本身又构成了文化重生（再造文明）的一个重要侧面。这样，在胡适那里，整理国故便具有了双重的建设意义：它一方面通过对传统的反省（包括区分"国粹"与"国渣"，评判其得失等）而为新文化的再建提供了历史的前提，另一方面又通过学术的现代化而使文化的再建获得了具体的内容。从文学建设到整理国故，文明的再造开始扩及更广的文化领域。

　　从形而上的层面看，文化同时包括广义的价值观念，后者构成了文化更为深层的内容。胡适在提倡再造文明的过程中，对价值观念同样予以了相当自觉的关注。早在"五四"时期，胡适便写下了一系列讨论人生观、价值观的文章,诸如《易卜生主义》、《非个人主义的新生活》、《不朽》、《科学与人生观·序》,等等。在这些文著中,胡适力图为人们提示一种新的价值观和人生观,其中影响最广的便是所谓"健全的个人主义"。这种个人主义首先要求造就"自由独立的人格",充分发展自己的个性,它的核心,则是一种个体性的原则。这种强调义务与权利相统一的健全个人主义,当然并不完全是一种新的观念,它在西方近代的启蒙思想那里早就得到了阐释,然则,在旧的价值观念受到普遍冲击,新的价值体系尚未确立的转折时期,胡适提倡健全个人主义便不仅仅表现为对传统的整体主义价值观的批判,而且具有正面建构价值原则的意义。

胡适在价值领域的另一理论建树,是科学的人生观(又称自然主义人生观)。1923年,以丁文江为主将的科学派与张君劢所代表的玄学派就科学与人生观的关系展开了激烈的论战。胡适在这场论战中旗帜鲜明地站在科学派的阵营,并提出了其科学的人生观,主张以此"来做人生观的最低限度的一致"。所谓科学的人生观,也就是以科学作为人生观的基础,以科学的态度、精神、方法作为生活的态度、生活的方法,其具体内容即展开于胡适提出的十大主张之中。① 毋庸讳言,这里明显地表现出某种科学主义的倾向:在科学的"无上尊严"(胡适语)下,人生的特殊性多少有所忽视;然而,同样应当看到的是,在联结科学与人生观的尝试中,确实又注入了建构新人生观的真诚努力。从整理国故到重建价值观与人生观,文明的再造在某种意义上由文化的表层进入了文化的深层。

总之,从文学建设到整理国故,从价值观的更新到政治结构的设

① 胡适:《〈科学与人生观〉序》,《胡适文存二集》卷二,亚东图书馆,1924年,第25—27页。

计,再造文明的主张展开于文化的各个领域和层面。尽管如后文将要指出的,胡适文化重建的实际成效在力度和深度上并无太多可称道之处,然而,从中国近代文化史看,胡适重建文化的主张及实践,都有不可忽视的历史意义。如所周知,自晚清以来,随着维新、革命等历史运动的展开,对传统文化的批判即逐渐开始成为时代的主旋律。严复、谭嗣同、梁启超、章太炎等,都在不同程度上对传统文化作了种种抨击。这种批判思潮在"五四"时期达到了空前激烈的程度。"五四"的风云人物,几乎都或多或少具有反传统的倾向;自号"疑古玄同"的钱玄同,甚至由抨击传统而主张废汉字,这类主张背后所蕴涵的,显然是一种破坏的意向。在否定、批判、破坏旧传统已成为压倒一切的主流这一特定历史背景之下,胡适敏锐地提出了"再造文明"(文化重建)的问题,并将其具体化于文化的各个领域,这确实表现了其独具的眼光。不妨说,胡适在中国近代思想文化史上的地位,主要不在于他对旧传统的批判和否定(在这方面,他所达到的深度和激烈程度,往往远远不及他的同时代人),而是其重建文化的主张和实践。一般说来,对旧传统的否定和破坏如果不与正面的重建联系起来,往往将导致某种消极的结果。尼采曾通过对基督教伦理的猛烈抨击而抽去了西方传统的价值支柱。在"上帝死了"的无情宣告下,西方人几乎突然跌入了价值真空的深渊,于是,各种形式的相对主义、虚无主义便应运而生。在中国,随着旧文化的崩坏,由于缺乏新范式的引导和依归,同样在某种程度上出现过文化心理的失衡。而单纯地否定常常容易加剧这种失衡,从而将人们引向相对主义与虚无主义。前引钱玄同的废汉字之论,即从一个方面表现了这一趋向无疑。在文化的变革时期,"破"的趋向无疑有其历史的理由(对传统真正深刻的批判,是重建文化的必要条件),但一旦"破"完全压倒了"立"(建设),则常常很难避免文化变革的负面效应。从这一前提看,胡适提出再造文明并把这一主张具体展开于文化建设的各个领域,多少表现了某种历史的自觉。

二

任何文化主张,总是直接或间接地受到一定哲学观念的制约,胡适的再造文明,便以实用主义,特别是杜威哲学为指导原则。实用主义作为实证论的一个流派,明显地表现出拒斥形而上学的趋向。与这一趋向相联系,实用主义更多地注重具体的问题情景,亦即主张通过解决特定的问题,以化解人与环境之间的紧张,达到二者的和谐。这种哲学观念在文化社会领域中即具体化为改良主义的原则。本着实用主义的这一原则,胡适在倡导再造文明的同时,又一再强调:"文明不是笼统造成的,是一点一滴的造成的。"①换言之,按照胡适的理解,文明的再造(文化的重建)主要是一个渐进改良的过程。

这种改良的性质体现于胡适文化理论与实践的各个方面。胡适在新文化运动中崭露头角的第一篇文章,即以《文学改良刍议》为题,尽管后来胡适被陈独秀誉为文学革命的"急先锋",但革命并非他的初衷,文学革命后来之形成席卷之势,实在是超出了胡适原来的预想。胡适后来也承认,如果仅仅按照他的改良意图,那么,文学革命"至少还须经过十年的讨论与尝试"②。

点滴进步的文化建设原则,在整理国故中便具体化为对微观考证的注重。如前文所指出的,胡适通过整理国故的实践,确实开创了

---

① 胡适:《新思潮的意义》,《胡适文存》卷四,亚东图书馆,1921 年,第164 页。

② 胡适:《五十年来中国之文学》,《胡适文存二集》卷二,第 197 页。

新的学术范式,推进了学术的现代化。在这方面,其建设工作无疑功不可没。然而,改良的文化取向,一开始便使胡适更多地将传统文化的反省与整理转向了微观的考证。从学术研究的角度看,这种具体的考证当然并非毫无意义,然而,文化的重建毕竟不仅仅是微观领域的工作,过早地将整理国故转向零星的考证,往往会妨碍对传统文化中带根本性的方面作出深刻的转换;而局部细节的探求,也常常容易掩盖对全局性问题的关注,就此而言,人们对胡适整理国故的主张与实践的种种批评,都并非毫无道理。

再造文明的改良性质,更典型地表现于社会政治领域,早在"五四"时期的问题与主义之争中,胡适便反复强调,社会政治领域不可能有根本的变革,文明的建设工作只能展开于具体问题的解决过程中,在他看来,旨在追求社会根本变革的主义,都只是一些抽象的名词,中国的当务之急,是研究与解决问题。在这里,文化重建这一恢宏的主题,多少被分解于近乎琐碎的问题。以后,在 20 世纪 30 年代,胡适又提出五鬼闹中华的著名论点,以为中国之所以未能成为一个现代的国家,主要是因为贫穷、疾病、愚昧、贪污、扰乱这五大仇敌在捣鬼,一旦打倒了五大仇敌,中国便可步入现代文明。[①] 这些看法,基本上没有超出研究与解决问题的改良视域。

改良主义的内在制约,使胡适再造文明的主张同时具有某种负面的意义。文化的重建本质上是一项系统工程,它固然离不开具体的改造,同时也更需要整体的、根本性的转换,如果撇开整体性的转换,仅仅注重零星的改良,则"再造文明"往往将流于对旧文化的修补,这一点,在社会政治领域表现得尤为明显。与舍本求末相联系,

---

① 参见胡适:《我们走那条路?》,《胡适论学近著》第一集卷四,商务印书馆,1935 年,第 441—442 页。

改良的消极面还在于未能深入到文化的深层结构。以点滴进步的形式展开文化的再建,固然多少遏制了消极否定的倾向,但往往也限制了反思的深度;而在深层的反省之前匆匆进行文化的重建,则容易导致浅近浮泛,它所涉及的,通常只是文化的表层因素。胡适在文化史上的建树固然都有开创之功,但却往往缺乏一种深沉的力度,这与胡适在"再造文明"中的改良倾向,显然不无关系。

不过,如果作进一步的分析,则可注意到,胡适以具体改良再造文明的原则,同时又具有另一重历史意蕴。在中国近代,随着社会的急剧变革,逐渐形成了一种文化浪漫主义的潜流。太平天国提出了建立人间"小天堂"的理想蓝图,这种蓝图固然具有反封建的意义,但同时又带有浓厚的空想色彩。康有为的《大同书》进一步描绘了一个破除九界、无邦国、无家族、无阶级、无私产、人人相亲、人人平等的大同世界。如果说《天朝田亩制度》主要表现为对传统封建制的否定,那么,《大同书》则同时蕴涵了超越西方近代文明之弊端的意向,从太平天国的小天堂蓝图,到康有为的大同理想,无不渗入了一种多少与现实相脱节的浪漫趋向。在后来的孙中山那里,我们同样可以看到类似的趋向,孙中山提出了"天下为公"的社会理想,并试图通过"毕其功于一役"的方式来实现这种理想,这种看法与其哲学上的"突驾"说相联系,明显地带有超越时代的浪漫性质。

至"五四"时期,近代广义的文化浪漫主义便进一步衍化为无政府主义的思潮。朱谦之曾说:"最彻底的革命,在把宇宙间的一切组织都推翻,几时革到无天无地,无人无物,这才是归宿。"①这种主张不仅将文化浪漫主义推到了极端的境地,而且赋予它以某种破坏的性质,使之在相当意义上成为实现真正的社会变革的障碍。

① 朱谦之:《革命哲学》,泰东图书局,1921年,第204页。

相对于文化浪漫主义,胡适以改良的方式实现文明的再造,似乎表现了某种较为平稳的文化趋向。事实上,在"五四"期间,胡适固然表现了右翼立场,但同时亦对一些人"高谈无政府主义"提出了批评。以后,又一再指出"现在中国全部弥漫着一股夸大狂的空气",①并对此深表不满。一般而论,在社会的变革时期,往往比较容易滋长广义的文化浪漫主义,而浪漫主义由于游离于现实,常常会使社会变革步入误区,无政府主义运动极为典型地表现了这一点。从这一历史前提看,胡适要求人们注重具体的文化改良,固然反映了其拒绝根本变革的狭隘眼界,但同时似乎多少也有抑制极端的文化浪漫主义(如无政府主义)的一面。另外,应当看到,在社会的根本变革实现之后,文化的建设更需要的是一种稳定的、现实的变革,而不是浪漫的跃迁,胡适在社会根本变革实现之前,仅仅强调点滴改良,当然是片面的,但其中所包含的那种与浪漫主义相对的现实取向,如果重新加以适当阐释和定位,则对社会变革以后的改革和建设,也并非毫无借鉴意义。

三

自中西两大文明在近代开始相遇之时起,文化的变革与建设总是内在地关联着中西文化观,从更深的层面看,通过改良以再造文明的主张,同样涉及如何对待中西文化的问题。

在中西文化的论争中,胡适常常被归入全盘西化论的一方,而全盘西化又意味着全盘的反传统:二者不过是同一问题的两个方面。

---

① 胡适:《请大家来照照镜子》,《胡适文存三集》卷一,亚东图书馆,1930年,第48页。

这样,再造文明似乎也就等于西方文化的全盘引入。如果仅仅抓住胡适文化理论的某些方面,或者抽取胡适讨论中西文化的某些提法,那么,以上的推论自然并非全无根据。然而,一旦从总体上对胡适的中西文化论作一深入的透视,则可看到,这种推论未免过于表层化和简单化,从而未能真正把握问题的本质。

胡适推崇西方文化,这是事实,他甚至也不止一次地用过"西化"的概念,但问题在于,胡适所说的西化,主要并不是一个地域或空间概念,稍加分析便可看到,它的实际内涵是现代化。事实上,1929 年,他在《基督教年鉴》所写的《文化的冲突》一文中,即正式使用了"一心一意的现代化"(wholeheartedly modernization)的提法。因此,仅仅从空间或地域角度去理解胡适所说的西化,是相当肤浅的。诚然,胡适也有过所谓"全盘西化"的提法,但后来立即专门著文对此作了具体解释与澄清:"我赞成'全盘西化',原意只是因为这个口号最近于我十几年来'充分'世界化的主张。"①此处之意表述颇为明白:其一,全盘并非量上的完全引入,而是质上的充分努力,亦即"用全力";其二,西化并非西方化,而是世界化,所谓世界化,强调的是现代化的普遍意义。换言之,现代化并非西方的地域性现象,而是世界文化发展的共同趋势。总起来,按照胡适的理解,西化的真实含义也就是实现现代化以顺应世界文化发展的共同趋势。当然,在以现代化为世界文化发展之共同趋势的同时,胡适似乎对实现现代化的多样方式,未能予以足够的重视。

与现代化相关联的是如何对待传统文化的问题。诚如人们一再提到的,胡适确实对传统文化作过种种抨击,这种抨击有时甚至达到

---

① 胡适:《充分世界化与全盘西化》,《胡适论学近著》第一集卷四,第559 页。

了相当偏激的程度,以致常常不免有失当之处,在人们常常引用的《我们对于西洋近代文明的态度》一文中,这一点即表现得很明显。就这一方面而言,胡适对传统文化的看法,确实有简单化的一面。不过,应当指出,胡适对传统文化间或流露出来的偏激态度,有其特定的历史背景。第一次世界大战后,中国文化思想界一度出现过欧洲近代文明破产论,一些文化保守主义者(如梁启超)纷纷要求回到旧的文化传统,甚至主张以东方的精神文明去拯救西方近代的科学(物质)文明,这种思潮与现代化的历史进程显然是背道而驰的。20世纪30年代中期,萨孟武、何炳松等十位教授又发表了《中国本位文化建设宣言》,变相地提出了回到传统的要求。胡适对传统文化的一些偏激批评,在某种意义上正是针对文化保守主义而发的矫枉过正之论,旨在激发一种历史的反省意识。从如上的事实不难看到,胡适之批判传统,其着重之点并不在于消极地否定传统文化,而在文化的转换与再建。

也正是从再造文明这一建设性的宗旨出发,胡适在批判传统的同时,亦时时注重对传统文化的正面总结。与民族虚无主义相对,胡适认为,传统文化并非没有进步:"有人说,中国几千年来没有进步,这话荒谬得很。"[1]从留学之时直到晚年,胡适对传统文化的肯定,始终没有间断,而评价所及,则包括文化的各个方面。即使对"五四"时期曾受到猛烈抨击的理学,胡适也作了较为公允的分析,既批评了其强人服从天理这一"坏的方面",又注重了其提倡理性这一好的方面,并首先肯定了后者:"理学的运动在历史上有两个方面,第一是好的方面。学者提倡理性,以为人人可以体会天理,理附著于人性之中;

---

① 胡适:《研究国故的方法》,《东方杂志》1921年,第18卷第16期,第114—116页。

虽贫富贵贱不同,而同为有理性的人,即是平等。这种学说深入人心之后,不知不觉地使个人的价值抬高。"①胡适对理学的评价是否确当,当然可以进一步讨论,这里重要的是:它体现了一种不同于盲目否定传统的思维趋向。

传统的科学方法是胡适关注的又一重心,早在留学期间,他便以《中国古代逻辑方法的发展》为博士论文的题目,以后又对先秦墨家的逻辑思想及清代学者的治学方法作了颇为系统的研究,并予以相当高的评价。其中讨论最多的是清代朴学。清代朴学又称乾嘉考据学或清代汉学,在治学方法上,朴学揭橥实事求是的原则,强调遍搜博考,无证不信,表现出某种科学的趋向。胡适敏锐地注意到这一点,并将其与牛顿等近代西方科学作了沟通,尽管胡适也曾批评朴学仅仅囿于文献材料,但对其科学特征的肯定,无疑是更为主导的方面,正是后者,对胡适本人的方法论思想产生了无可否认的影响,胡适一生津津乐道的十字方法论原则,便在某种意义上源于对朴学方法的概括:"他们(清代学者——引者)用的方法,总括起来,只是两点。(1)大胆的假设,(2)小心的求证。"②这一事实从一个侧面表明,胡适对传统文化之具体价值的肯定,并不是其文化理论中的偶然因素。

不难注意到,在胡适对传统文化的如上理解中,内在地蕴涵着一种沟通中西文化的趋向。纵观其文化生涯,从早年开始,胡适便已明确提出了把西方"现代文化的精华与中国自己的文化精华联结起来"的要求,并开始自觉地探寻:"我们在哪里能找到可以有机地联系现代欧美思想体系的合适基础,使我们能在新旧文化内在调和的新的

---

① 胡适:《戴东原的哲学》,商务印书馆,1927 年,第 53 页。
② 胡适:《清代学者的治学方法》,《胡适文存》卷二,第 241—242 页。

基础上建立我们自己的科学和哲学?"①在《中国哲学史大纲·导言》中,这一问题又以更具体的形式再次提了出来。胡适从价值观、政治哲学、科学方法等方面对传统文化的正面总结,在某种意义上便可以看作是为中西文化的沟通提供具体的结合点。这种沟通的意向当然绝非仅仅是胡适的早期思想,事实上,直至晚年,胡适仍一再地对传统的价值观、政治哲学以及方法论思想作多方面的积极评价;即使在回击文化保守主义而猛烈抨击传统的时期,胡适也没有放弃如上观念。

于是,我们看到,一方面,胡适在把再造文明理解为走向现代化的同时,又将引入西方近代文化作为实现现代化的必要环节;另一方面,又对传统文化的价值作了多方面的探掘,并力图将其同西方文化加以沟通。一些论者对这一想象感到迷惑不解,以为胡适对中国传统文化的肯定,只是"汲取一点作为中国人的自尊感,以抵消他在面对所接受的西方价值时产生的对中国传统的真正自卑感"②。这显然是一种相当肤浅的心理揣测,而很难视为严肃的科学解释。稍作认真的分析,便不难发现,胡适对中西文化的沟通,既不是为了获得浅薄的心理慰藉,也主要不是试图像文化保守主义那样,以中国传统文化去补充、发展西方近代文化(胡适并不认为传统文化高于近代文化),它的真正意义在于:在现代文化与传统文化之间建立某种历史的联系,并使西方近代文化的输入在中国文化中获得内在根据,从而使之消除异己性质,成为中国未来文化中的有机成分。早在《先秦名学史·导论》中,胡适即已明确地表述了如上观念,他写道:"一个具有光荣历史以及自己创造了灿烂文化的民族,在一个新的文化中决

---

① 胡适:《先秦名学史》,学林出版社,1983 年,第 8 页。

② 林毓生:《中国意识的危机》,贵州人民出版社,1988 年,第 155 页。

不会感到自在的。如果那新文化被看作是从外国输入的并且因民族生存的外在需要而被强加于它的,那么这种不自在是完全自然的,也是合理的……因此,真正的问题可以这样说:我们应怎样才能以最有效的方式才能吸收现代文化,使它能同我们的固有文化相一致、协调和继续发展?"质言之,西方近代文化的引入不应当是一个外在强加的过程,否则,它将被视为异己之物而受到排拒,所谓"不自在",便是一种异己感;为了有效地重建现代文化,便必须在现代文化与传统文化之间建立历史的联系。这种看法当然绝非仅仅是胡适早期的主张。也正是从现代化与传统的发展相联系这一意义上,胡适断言:"将来文化大变动的结晶品,当然是一个中国本位的文化。"[1]

这样,在胡适那里,再造文明(文化重建)一方面表现为一个引入西方近代文化以走向现代化的过程,另一方面又并非完全与传统隔绝:现代化始终不同于西方文化的外在强加。为了更清晰地把握胡适文化理论的特点,我们不妨将其与陈序经的全盘西化论及文化保守主义作一比较。陈序经在 20 世纪 30 年代曾明确提出了全盘西化论,以为"中国文化之出路,是要去彻底的西化",而其前提则是:"文化是完全的整个,没能分解的。"[2]可以看出,陈氏所谓"彻底西化"或"全盘西化",乃是将西方文化整个地照搬到中国,而完全撇开西方化与中国传统的联结问题,因为按陈氏之见,"在西洋文化里面,也可以找到中国的好处",这种看法基本上忽视了西方文化的引入必须有其内在根据,从而将西方文化的演进归结为西方文化的简单移植。较之全盘西化论,文化保守主义表现的是另一种趋向。从形式上看,文

---

① 胡适:《试评所谓"中国本位的文化建设"》,《独立评论》1935 年,第 145 期,第 4—7 页。

② 陈序经:《中国文化的出路》,《民国日报》1934 年 1 月 15 日。

化保守主义者似乎对中西文化采取了兼容的态度,甚至肯定二者应该互补,如梁启超在《欧游心影录》中,便主张"拿西洋的文明来扩张我的文明,又拿我的文明去补助西洋文明,叫他合起来成为一种新文明"。后来的"中国文化本位"论者,也并不否认对西方文化的吸取。然而,透过"融合"与"吸取"的外观,我们便不难发现,其真正的主旨似乎仍是回到传统,梁启超的如下议论便很明白地点出了此意:"我们可爱的青年啊,立正,开步走!大海对岸那边有好几万万人,愁着物质文明破产,哀哀欲绝的喊救命,等着你来超拔他哩。我们在天的祖宗三大圣和许多前辈,眼巴巴盼望你完成他的事业,正在拿他的精神来加佑你哩。"①这样,在文化保守主义者那里,所谓中西文化的互相补助,本质上并不表现为一个走向现代化的过程,而是主要以维护旧的文化传统为其内容。相形之下,胡适对中西文化的看法,确实表现了其独具的眼光,如果说,把西化理解为现代化,并肯定西方文化的引入不应当是外在强制,使胡适扬弃了陈序经的全盘西化论,那么,把中西文化的沟通与再造文明联系起来,并始终以现代化为文化重建的目标,则使胡适超越了文化保守主义。

从理论渊源看,胡适对传统与现代文化之历史联系的注意,显然内在地受到实用主义的影响。注重新旧之间的联系,是实用主义的基本特征之一。杜威曾指出:"在每个无论是一个人还是一个社会所遇到的问题中,理性的职责就是在旧习惯、风俗、制度、信仰与新的环境之间起一种积极的作用。"②尽管以上的论述主要就真理与理性之功能而言,但它所包含的理论意义却不限于此,而它对胡适的影响,

---

① 梁启超:《欧游心影录》,《梁启超选集》,上海人民出版社,1984 年,第733—734 页。

② John Dewey, *Intelligence in the modern world: John Dewey's philosophy*, Joseph Ratner ed., New York: The modern library, 1939, p.452.

也主要表现在一种更广的意义上。胡适曾把实用主义上述看法概括为"历史的真理论"或"历史的态度"。所谓历史的态度，也就是注重历史现象的前后联系。胡适的文化理论与实践，确实也渗入了这种历史的态度。在文学革命中，当人们把注意力放在破时，胡适却于提倡建设文学革命理论的同时，又埋头于白话文学史的研究，并力图将新文学与一千多年的白话文学沟通起来，以此为新文学的建设提供历史的根据。

胡适在《新思潮的意义》一文中曾提出了"研究问题，输入学理，整理国故，再造文明"的主张，并以此作为新文化运动的总纲，这一总纲确实相当概括地反映了胡适的文化理论与实践。"学理"在此可以广义地理解为西方文化，输入"学理"表现了胡适对西方文化的推崇及开放的文化心态；"国故"则包括"中国的一切过去的文化历史"，输入学理与整理国故的联系，意味着沟通中西文化，并由此为西方文化的引入提供内在的根据（使之避免导向外在强加），而两者最后又趋向一个共同的目标——再造文明：重建现代文化。当然，以研究问题为出发点，一开始便使再造文明具有改良的性质并赋予它以双重意义。

（原载《学术界》1992 年第 5 期）

人生意义的哲学沉思

方东美（1899—1977）是现代新儒家的巨擘之一。从治学背景上看，方东美既熟悉西方哲学，又有深厚的中国传统哲学素养。他一生所致力者，即在于融合二者，而这种融合最终又归本于儒学。一般说来，新儒家的代表大都上承宋明儒学。与之相异，方东美的新儒学思想则直接导源于原始儒学，并兼容道墨，因而更带有一种浑厚的气象。作为儒家传统的弘扬者，方东美把人生哲学视为主要的关注之点。早在 20 世纪 30 年代，他便已出版《科学哲学与人生》《中国人生哲学概要》等著作。50 年代又以英文撰写 *The Chinese View of Life*（《中国人的人生观》），并在台湾大学哲学系主讲《比较人生哲学导论》等。可以说，人生哲学构成了其新儒学思想的基本内核。

一　人生哲学的本体论前提

人生有其内在价值和意义,这是先秦以来儒家的一个基本信念。方东美在重建儒学的过程中,同样接受了这一传统。按照他的看法,"如果剥去了人性特有的价值,那么,人与其他生物一样,只是物质界的一员而已"。具体地说,人生价值究竟植根于什么? 换言之,价值具有何种本体论基础? 方东美将这一问题的解决,视为建构人生哲学的前提。

方东美首先检视了西方哲学在以上问题上的基本思维趋向。在他看来,西方人总是习惯于作"二分式"的考察,即把宇宙与人生、事实与价值、心与物、理想与现实置于对立的两极,依此,价值作为一种精神意义与理想,在现实的物质世界(事实界)中,便缺乏存在的根基,"如果要谈价值,便需要先撇开这物质世界,像宗教哲学家或艺术家一样,另外再建立一个超越领域,价值观念才有所依托"①。质言之,西方人由于找不到一个把宇宙与人生、事实与价值统一起来的本体,其价值的基础便被划到了超验之域,从而显得空乏玄虚。这一事实表明,要使人生价值获得现实的力量,便必须克服天(宇宙)与人(人生)、真(事实)与善(价值)的分离。

如何超越西方哲学中的两极对峙? 换一个提法,也就是:如何建构价值本体? 正是基于对这一问题的思考,方东美将生命从生物学的领域提升出来,并赋予它以"元体"的意义。作为普遍的元体,生命首先是一种现实的感性存在,但它又不仅仅是物质的机械系统,而是同时体现了精神的价值:"生命除掉物质条件之外,更兼有精神的意

---

①　方东美:《中国人生哲学》,黎明文化公司,1979 年,第 124 页。

义和价值。"①这种既表现为感性存在，又体现了精神价值的生命本体，弥漫于自然，内在于万物，渗入于人的创造活动，整个宇宙即展现为生命的大化流行，"生命乃是贯通天地人之道"②，"宇宙的普遍生命迁化不已，流行无穷，并且挟其善性以贯注于人类……如此，人与天和谐，人与人感应，人与物均调，便处处都是以价值创造为总枢纽……宇宙代表价值的不断增进，人生代表价值的不断提高，不论宇宙或人生，同是价值创造的历程"③。在这里，以生命为普遍本体，宇宙与人生、精神现象与物质领域等似乎由对峙而走向沟通，而人生的价值则通过与生命价值的融合而获得了依归。

方东美以生命统一天（宇宙）人（人生）、心（精神）物、真（事实）善（价值），其生命哲学无疑带有本体论的意义。不过，它又不同于一般意义上的本体论，其注重之点并不仅仅在于对现象与本体的关系作出形而上的说明，而主要在于为人生的价值寻找一个根本的立足之点。在方东美看来，离开人生去讨论宇宙的本原，是没有意义的，本体论应当对人的存在作出说明。因此，"本体论也同时是价值论"。不难看出，方东美的生命哲学，实质上是一种价值本体论。如前所述，生命作为统一的本体，既具有现实性的品格，又超越了形而下之域，从而，建构于其上的人生价值，便一方面由超验的彼岸回到了世俗的此岸，另一方面又避免了被还原为物质的机械系统。

生命作为价值本体，表现为一种创造的力量，而生命的价值也正表现在创造过程中："生命在其奔进中创造无已，运能无穷……生命的价值，也就在这创造过程中，越来越增进了。"④这种创造，当然不仅

---

① 方东美：《中国人生哲学》，第 16 页。
② 方东美：《中国人生哲学》，第 131 页。
③ 方东美：《中国人生哲学》，第 189—190 页。
④ 方东美：《中国人生哲学》，第 128 页。

仅是指自然的繁衍化育,它同时具有一种人文的意义。换言之,它更多地与人的创造活动相联系。按方东美之见,人作为生命主体,蕴涵着极大的生命潜能,通过激发这种取之不竭的生命潜能,人类便能展开绵绵不绝的创造进程,并进而实现人固有的价值:"透过这种潜在而持续的创造力,人类足以开拓种种文化价值,在生生不息的创造活动中完成生命,这才是通往精神价值宝地的智慧之门。"[①]可以看到,通过生命涵义的阐发,方东美同时展开了其人生哲学:生命的创造进程也就是人生价值的实现过程,人生的意义即体现于生命主体的创造活动之中。具体而言,从人文意义上看,生命创造的具体内容究竟是什么? 方东美以"超化"作了解释。所谓超化,也就是将本然(实然)的世界加以提升,使之成为价值的世界,或者说,将自在之物,点化成合乎主体目的与理想的存在:"超化之世界即是深具价值意蕴之目的论系统。"[②]在生命的绵延创进中,主体不断化本然界为价值界,而随着这种创造、超化过程的展开,人生的意义也变得越来越丰富,人生的价值也获得了越来越深刻的内涵。

与创造的潜能相联系,生命的另一基本特征是生生不息。二者实际上是同一过程的两个方面:生生不息的生命之流,以化育创造为其内容,而生命的创造则前后相继,绵延无穷:"整个宇宙是一个普遍生命的拓展系统,因此整个大化流行不但充塞苍冥,而且创进无穷。在生命的流畅节拍中,前者未尝终,后者已资始,前者正是后者创造更伟大生命的跳板,如此后先相续,波澜壮阔,乃能蔚成生命的浩瀚大海,迈向无穷的完美理想。正如上面所说,'原其始'则知雄奇的生

① 方东美:《中国人生哲学》,第 129 页。
② 参见方东美:《中国形上学中之宇宙与个人》,《生生之德》,黎明文化事业公司,1989 年,第 283—320 页。

命源自无穷上方,'要其终'则知当下的生命迈向无穷拓展,而两者之间,正是绵延不绝的创造历程。"①生命创进的这种无穷趋向,决定了化本然界为价值界的"超化"过程也必然具有无止境的性质。质言之,人生价值的实现,不可能一蹴而就,只有在生命潜能的无穷发挥中,人生才能获得其真正深刻而丰满的意义。

方东美对生命的如上提升与泛化,在某些方面与柏格森的生命哲学颇有相通之处。柏格森认为,在有机界中普遍存在着一种生命之流或生命冲动,它既构成了生物进化的源泉和动力,又是宇宙诸种现象的本原,整个世界即源于生命的创进过程。毋庸讳言,方东美的生命本体论显然吸取了柏格森的若干看法。不过,在相近的外观背后,又蕴涵着重要的差异。柏格森仅仅赋予生命以心理的性质,他所说的生命冲动,带有意志冲动的特征,相对于方东美把生命同时理解为感性的存在而言,柏格森的"生命"带有更浓的思辨色彩。与生命的精神化(意志化)相联系,柏格森把生命与物质视为对立的两极,在他看来,物质意味着生命的逆转,只有克服物质的阻力,生命进化才能得到实现。较之方东美力图以生命沟通心物,柏格森对生命的理解,似乎更多地表现了西方哲学的传统。此外,柏格森以生命之流来解释生物进化,以为生命之流犹如一阵大风,在受到阻力之后,便散向四方,分成了若干支流,植物、节肢动物、脊椎动物即是其中三大主干。这种阐释,使柏格森的生命哲学多少具有自然哲学的性质,而有别于方东美的价值本体论。

如果我们把视域转向中国传统哲学,便不难看到,方东美从价值角度展开的生命哲学,深深地镌刻着传统的印记。按中国传统哲学,特别是儒家哲学的看法,宇宙并不是一种僵硬的机械系统,而是蕴涵

---

① 方东美:《中国人生哲学》,第128页。

着无穷的生机,并充满了活力。《易传》早就指出,"天地之大德曰生","生生之谓易"。① 以后,宋明的新儒学(理学)也一再要求人们体察天地万物的"生意""生道",亦即把握宇宙之盎然生机。充盈于天地之间的这种"生意"使整个宇宙成为融合无间的有机系统。这种有机的宇宙观,构成了中国哲学的显著特点。李约瑟在《中国科技史》中,曾对此作了详尽的论证。在这种有机的宇宙中,天与人并不是彼此对立的,人生于天地之中,但又可以通过自己的创造活动来"赞天地之化育"。无论是宇宙的生生,还是人"赞天地之化育"的创造活动,都展开为一个日新不已的过程,用《易传》的话来表述,也就是"日新之谓盛德"。中国传统哲学这种生生不息、有机统一的观念,既是一种自然哲学,又带有人文的意义(表现为一种价值本体论),②它对方东美在生命哲学方面无疑产生了重要的影响。事实上,方东美在其著作中,也并不讳言二者的这种渊源关系。

概而言之,正是通过将现代西方的生命哲学与中国传统哲学(主要是儒家哲学)加以糅合,方东美建构了以生命为元体的价值本体论。就总体而言,以生命作为宇宙人生的统一本体,本质上仍是一种形而上的思辨构造。不过,在思辨的形式之下,方东美又表现出力图将天(宇宙)与人(人生)、心与物、本然界与价值界统一起来的运思趋向。后者无疑有其应当瞩目之处。自 19 世纪中叶以来,科学主义与人本主义的对峙,构成了现代西方哲学的基本格局。而在如上对峙的背后,则是事实与价值、真与善的分离。随着西方哲学的东渐,这种对峙与分离也开始渗入中国近代哲学:在 20 世纪 20 年代所谓"科

---

① 《易传·系辞下》,《易传·系辞上》。

② 参阅杨国荣:《善的历程——儒家价值体系的历史衍化及其现代转换》,上海人民出版社,1994 年。

学与玄学"的论战中,便不难看到这一点。从这一背景来看,方东美沟通天与人、事实与价值、真与善的尝试,尽管带有浓厚的思辨色彩,但仍有其不可忽视的意义。

此外,方东美以生命主体的创造、超化活动为实现人生价值的前提,也自有其见地。一般说来,人生的价值与意义并非天之所赋,也非人的既成属性。生活之路必须由人自己去走,人生的意义与价值总是要由主体自身去选择与创造。而主体实现人生价值的过程,同时也就是化事实界为价值界的过程:正是在后者中,人的本质力量对象化了,自然被人化了,这种过程在本质上又是无止境的。当方东美强调通过绵绵不绝的创造活动以"超化"本然界,实现人生价值时,显然已触及了上述关系。当然,方东美并不了解,实现人生意义的创造活动,本质上应理解为人的历史实践。新儒家的狭隘视野,使他把人的创造活动仅仅归结为生命潜能的激发,从而多少流于抽象的玄思。

二 大 我 与 小 我

以生命为元体的价值本体论,为人生哲学提供了一个形而上的基础。如前所述,生命创造是一种主体的活动。从人生哲学的角度看,生命的主体也就是"我"。"我"本身又有小我与大我之分。所谓小我,是作为个体的自我,而大我在方东美那里则有二重含义:其一,整个宇宙或无所不在的生命之流;其二,与个体相对的群体(社会)。这样,小我与大我的关系,也相应地具有二重意义,对这二重关系的考察,则构成了方东美人生哲学的重要内容。

就小我与宇宙大我的关系而言,方东美认为,尽管宇宙浩瀚无穷,而小我(个体)只是其中的一员,但个体并不因此而显得无足轻重,相反,它总是有其自身的存在价值和尊严,蔑视个体价值,也就意味着否定整个宇宙的内在价值:"宇宙生命充满内在价值,各种形式的个体生命都根源于此,而秉承了尊严和价值,所以必须以平等性的爱心相对待,即使是其中任何一个受到斫丧,宇宙生命的内在价值都会黯然受损。"①质言之,宇宙的普遍价值即内在于每一个体之中,因而若个体价值受到践踏,也就是宇宙的价值本身受损。在这里,普遍的宇宙生命之流并不表现为一种压抑个体的超验力量,个体也没有被仅仅理解为宇宙生命借以自我实现的手段或工具。相对于正统理学以天理宰制个体的理性专制主义,方东美的如上思想无疑更多地体现了近代人文主义的精神。不妨说,它实质上从本体论的意义上,确认了个体的存在价值。

作为宇宙价值的体现,小我不仅有其自身的尊严和存在的价值,而且构成了宇宙本身一个不可或缺的要素:"大宇宙少不得我一人作为创造主体,我一人不生,便是宇宙有缺点,便是生命不周遍,也便是客观的道德价值滞而不流,或流而不畅。"②初看,这一番议论似乎有过分渲染小我作用之嫌。不过,进一步的分析则表明,方东美在这里的着重之点,并不是论证宇宙大我对小我的依赖性,而是强调宇宙的意义与价值,总是相对于具体的个体而言。小我作为主体,必然要通过自己的创造活动赋予宇宙(外部世界)以特定的意义。换言之,他总是要按照自己的理想来塑造存在。不同的小我具有不同的理想,从而,他们所赋予存在(宇宙)的意义也就各不相同。从人文的角度看,宇宙的意义,即存在于不同个体对宇宙的塑造之中,如果某一小我不存在,则人化的宇宙之中便相应地少了一种特定涵义。总之,在宇宙意义的展开过程中,每一个体都有其不可替代的作用。方东美

---

① 方东美:《中国人生哲学》,第 132 页。
② 方东美:《中国人生哲学》,第 198 页。

的如上看法,尽管带有思辨的色彩,并表现出夸大宇宙意义相对性的偏向,但同时毕竟多少注意到了小我在塑造宇宙(外部世界)中的特定作用。

然而,小我固然有其不可替代的价值,但作为个体,它毕竟不能离开宇宙大我而存在:"作为一个个体,我一人更少不了大宇宙,大宇宙不立,便是自我无基础,便是生命真茫然。"①如此,宇宙的意义由个体(小我)而显,小我又以宇宙(大我)为立足之根基,二者表现为一种统一和谐的关系。

正是从宇宙大我与小我的统一性出发,方东美强调,个体应当融合于宇宙大我之中。在他看来,个体(小我)总是有限的,唯有同宇宙的生命之流融合为一,个体才能超越有限,达到至善,从而获得不朽的价值。所谓融合为一,也就是人的创造活动与宇宙进程的协调一致。换言之,小我一方面存在于宇宙之中,并通过摄取宇宙的生命(能量)来充实自身,另一方面又通过"参赞化育"的创造活动,"更而推广其自我的生命活力,去增进宇宙的生命,在这样的生命之流中,宇宙与人生才能交相和谐、共同创进,然后直指无穷、止于至善"②。

相对于宇宙大我,小我(个体)总是有限的,如何超越这种有限?西方的基督教将希望寄托于上帝的拯救,以为只有成为上帝的选民,个体才能迈入永恒的天国(新教);东方的佛教则试图以涅槃之境来加以解脱,而为此便必须断灭此生。二者所走的,都是一种超验之路,亦即都把有限的超越推到虚幻的彼岸。当代的存在主义(特别是无神论的存在主义)一方面比前人更深刻地体悟到了个体的有限性(一次性与不可重复性),另一方面又注意到了走向无限的超验之途

---

① 方东美:《中国人生哲学》,第 198 页。
② 方东美:《中国人生哲学》,第 186 页。

的虚幻性,于是别无选择地以悲观主义为其归宿。相对于这一背景而言,方东美以小我融入宇宙大我作为超越有限之途,无疑更多地带有"此岸"性与乐观主义的趋向。不难看出,在方东美的如上思想中,既渗透着"天地与我并生,万物与我为一"(庄子)的道家观念,又融入了"与天地合其德"(《易传》)的儒学传统。不过,方东美将增进宇宙价值的创造活动视为小我融合于大我的具体内容,则使小我与宇宙的合一超出了审美与伦理的意义,而且有了更现实的品格。事实上,作为生命的主体,小我不可能达到不朽,但小我所创造的价值(物化价值与精神价值),却可以作为宇宙进化过程的结晶而获得永恒的意义。有限的超越,主要也是就后者而言。方东美对小我与宇宙大我关系的分析,多少有鉴于此。

除了宇宙之外,大我还兼指与自我相对的群体——社会大我。小我与这种社会大我的关系,也就是群与己的关系。如前所述,小我作为宇宙生命之流中的一员,一开始便具有内在的价值与尊严,这种价值不仅是相对于宇宙大我而言,而且同样表现于社会大我之中。这样,一方面,社会大我应当尊重个体,而不应当仅仅将其视为手段或工具,另一方面,小我本身则应当居于社会之中而卓然自立,以不断地实现自身的价值,"凡个人之人格,欲其卓然有所自立,而不此之图者,必其人之知能才性有所不足,而其思想发展犹未臻圆熟也"①。总之,小我应当以"成己"(自我实现)作为自觉的目标。

当然,追求自我的实现,并不意味着忽视他人的价值。相反,对每一个体,我们都应设身处地,予以同情地了解。方东美说:"我们每个人的生命都包含有一个伟大的精神使命,那就是推己及人,实践广

---

① 参见方东美:《中国形上学中之宇宙与个人》,《生生之德》,第 235—266 页。

大的爱心,不仅是对我们自己的人性要完成实现,就连所有其他人的人性,以及所有其他物的物性,也都要充分完成实现……这就需要走出自私自利的自我中心,同时能为其他每一个体着想。"①每一个体的总和,即构成了群体。推己而及人,也就是要求由成己进而成人。相对于小我而言,社会大我是一种更为伟大的力量。因此,归根到底,"生命的目的在完成大我"。不难看出,对方东美来说,群(社会大我)与己(小我)的关系并非彼此对峙,真理在于二者的统一,而这种统一,最终又应当建立在群体原则之上。

方东美对群己关系的如上论述,与西方近代思想家的观点显然有所不同。从文艺复兴时代开始,西方近代的思想家便把个体原则提到了突出地位。尽管一般说来,他们并不完全排斥群体之利,但个性伸张、个人权利、个体利益始终是其思想的主旋律。相形之下,方东美由个体原则转向并最后落脚于群体原则,表现的则是另一种思路。这种思路本质上更接近于中国近代思想家的看法。中国哲学步入近代以后,群己之辩便随之展开。尽管反对专制主义与思想启蒙的历史要求,使近代思想家们将个体原则提到了前所未有的高度,但在总体上,个体原则仍或多或少从属于群体原则。我们不妨以梁启超与胡适为例,前者是"五四"以前的启蒙思想家,后者则是五四时期新文化运动的代表之一。梁启超曾不遗余力地呼唤自由的个性,但当涉及己与群的关系时,则毫不含糊地指出:"道德之立,所以利群也。"②并把倡导公德作为"道德革命"的重要内容。胡适曾批评专制主义"摧折个人的个性,压制个人自由独立的精神"③,但在小我与大

---

① 方东美:《中国人生哲学》,第 133 页。

② 梁启超:《新民说·论公德》,辽宁人民出版社,1994 年,第 20 页。

③ 胡适:《易卜生主义》,《胡适文存》卷四,亚东图书馆,1921 年,第 24 页。

我的关系上,则一再强调小我对大我所承担的责任:"我这个现在的'小我',对于那永远不朽的'大我'的无穷过去,须负重大的责任;对于那永远不朽的'大我'的无穷未来,也须负重大的责任。"①方东美以完成大我为生命的目的,与中国近代思想家的如上观点,无疑前后相承。

中西近代思想家在群己关系上的看法,何以会形成如上的差异? 除了具体的社会历史原因之外,传统思想的影响显然是一个不可忽视的因素。中国近代思想家对传统的态度尽管不尽相同(有的以传统的批判者的姿态出现,如胡适,有的则以传统的弘扬者自任,如方东美),但都在不同程度上受到传统的制约。而在传统思想中,儒学无疑居主导地位。就群己关系而言,从先秦开始,儒家便表现出注重群体原则的趋向,如孔子即提出"克己复礼",亦即要求通过约束自己而将"小我"纳入礼所规定的普遍模式之中,儒家经典之一《大学》则把"治国平天下"(大我的完成)视为"修身"(小我的实现)之归宿。这一趋向在后来儒学的演变中表现得越来越明显。与梁启超、胡适等人一样,方东美在其思想的深层,无疑渗入了儒家的如上观念。

在肯定小我价值的同时突出群体原则,这种思路既不同于极端的个人主义或自我中心论,也有别于极端的整体主义,它在理论上表现出沟通个体原则与群体原则的趋向。不过,由小我应当以完成大我为目的这一观点出发,方东美又不适当地夸大了小我对大我的从属性:从"化小我为大我"的主张中即不难窥见这一点。所谓"化小我为大我",实质上意味着将小我普遍化(抽象化),这种看法或多或少地以群体的认同,弱化了小我的自我认同。

---

① 胡适:《不朽》,《胡适文存》卷四,第118页。

三　人格理论

小我与大我融合的过程,同时也就是小我在人格上不断趋向完美的过程。具体而言,完美的人格究竟具有怎样的特征? 这一问题涉及人格理论。

方东美认为,人格包含两个基本的要素,即情与理。所谓情,也就是喜怒哀乐等情感;理则是思虑测度的理智活动。一方面,情需要以理智来加以调节和制约,否则便会"堕于无明",陷于盲目的本能冲动。另一方面,情亦不能一味地加以压抑,如果情不能得到适当的宣畅,则理智本身也将丧失其活力:"情亏而理亦不得不支离灭裂,渐就枯萎矣。"①理想的人格即在于二者的统一:"一旦理与情的生活交融互摄,趋于一致,便可内得于己身,外得于万有,据以完成恢宏伟大的人格。"②

方东美对情与理的如上看法,既体现了理性主义的精神,又表现了对人的感性生命的注重。历史地看,无论是先秦的孔、孟、荀,抑或希腊的柏拉图、亚里士多德,对人是理性的存在这一点始终没有表示丝毫的怀疑。这种看法蕴涵着一种深层的观念,即理性相对于其他人格要素(包括情)具有优先地位。这一观念本身当然并非毫无道理,但是,如果片面加以引申,则往往将导致忽视情的作用。事实上,情作为人的感性生命的体现,并非无足轻重的因素,这不仅在于情感之怡适、情操之高尚是健全人格所不可或缺的,而且在于理智的创造性本身也需要情感的激发,情不能达,则理智活动将仅仅成为一种机

---

① 方东美:《哲学三慧》,三民书局股份有限公司,1978 年,第 14 页。
② 方东美:《中国人生哲学》,第 149 页。

械的运演。方东美以为情亏则理亦支离灭裂,显然注意到了这一点。

从情理统一的观点出发,方东美进而强调人格的全整性:"人,真人,富有生活的经验,富有冲突的动机,富有努力的奋斗。富有勇猛的节概,富有悲壮的情操,富有绮丽的情感,富有缜密的思想……他是全整的、具体的、丰富的生命中心,绝对不受尸解,绝对不能化为无肉无骨的逻辑学说、抽象玄邈的科学系统。"①这一番议论,显然是对唯科学主义而发。唯科学主义将人分析成各种互不相关的因子,并片面地突出了其中的一个方面(逻辑思维),从而使丰满的人格变得贫乏干涸。在20世纪20年代的"科玄之战"中,当时的科学派便多少表现出如上偏向,如科学派的主将丁文江便把人比作一架思维的机器。相对于唯科学主义对人格的机械理解,方东美确认人格的全整性,无疑有纠偏的意义。不妨说,在对人格的具体性、丰富性的肯定中,多少蕴涵着人性多方面发展的要求。

如何才能达到全整的人格? 这一问题在逻辑上又与如下问题相联系,即人是否具有在人格上臻于完美的可能? 按方东美的看法,人性乃是天之所赋。所谓天赋,也就是"宇宙之至善纯美挟普遍生命以周行,旁通于各个人"。既然宇宙的生命至善而纯美,则由此而获得的人性也具有至善的性质。正是这种先天的善性,构成了人能够在人格上达到"全整"的内在根据:"一个身为真正的人之君子,凭藉着先天的性善与种种的优美懿德,人人可以'充其量,尽其类',发展成为'大人'。"②基于这一看法,方东美一再批评西方基督教的原罪说,以为它使道德人格的培养失去了根据。可以看出,方东美的以上论

① 方东美:《科学哲学与人生》,商务印书馆,1937年,第247页。
② 参见方东美:《中国形上学中之宇宙与个人》,《生生之德》,1989年,第283—320页。

点,既是其生命本体论在人格理论上的引申,又深深地浸染了儒家的人性理论:由天之所命推论人性本善,又由人性之善论证成圣(达到理想人格)的可能,这是儒家的基本思路。从孟子的性善说、《中庸》的"天命之谓性",到《易传》的"一阴一阳之谓道,继之者善也,成之者性也",等等,无不如此。与传统的儒家思想一样,方东美以天赋的善性作为人格培养的内在根据,这既是一种思辨的预设,又带有先验论的色彩。不过,透过思辨的形式,我们仍可看到的两个值得注意之点:其一,它内在地蕴涵着一种信念,即人人都可以在人格上趋于完善。既然凡人皆有善性,那么,达到理想人格的可能性,对所有的人来说都是存在的;其二,人格的培养并不仅仅凭藉外在的灌输,它需有内在的根据。这些观点,是对儒家人格理论中积极因素的发挥。

先天善性作为内在根据,毕竟只提供了达到全整人格的可能。要使可能转化为现实,便必须经过后天的人为:"这善性的本原是天赋的,但它的完成却靠人为。"①所谓人为,也就是在后天的文化环境中,通过教育、实践等方式,使本然的原始人性,提升为人文化的完美人格。人格培养的具体途径包括:由境的认识而了解事理,从而达到性的自觉;通过价值的评价,追求善的情超;通过艺术的审美,陶冶情蕴,使人的本能转化为高尚的意境。总之,完美人格的培养,离不开真(事理)的认识、善的评价、美的陶冶。方东美的这些看法上承儒家"性"与"习"相统一的成人学说,注意到了先天根据必须与后天的努力相结合,从而对先验论作了一定的限制。同时,把人格的培养看作是一个真善美相统一的过程,无疑也有其合理的一面。

人格的培养并非一蹴而就,它展开为一个层层上升的过程。在这一过程中,主体人格具有不同层次。第一层次上的人,仅仅是作为

---

① 方东美:《中国人生哲学》,第 198 页。

感性存在的人,他基本上按本能而行动,方东美将其称之为"行能的人"。第二层次的人,存在于生命境界之中,具有创造性,方东美称其为"创造行能的人"。但生命的创造需要理性的指导,否则将成为盲目的冲动。因此,第三层次的人,便是具有理性知识的人,方氏称之为"知识合理的人"。以上三重人格的统一,构成了"自然人",他乃是科学文化的创造者。然而,科学文化属于形而下的境界,而自然人也不能满足价值的要求,因此,人格必须由此继续上升,其结果便是产生人格的第四层次,在这一层次上,人的特点是能运用语言及其他符号,创造艺术的世界,从而把寻常的世界加以美化。但艺术世界还不是完美的领域,因为它往往表现为主观的感受,因而还必须进一步,以提升到第五个层次,即志向高尚、品德优美的精神人格,方东美将其称之为道德的人格。如果一个人由本能的人层层提升到完美的道德人格,那么,他就成为"全人",亦即已超乎知识上的真、艺术上的美、道德上的善,而达到了宗教意义上的圣。[1] 这种人格的特点是"智德圆满,玄珠在握,任运处世,依道趣时而行,'从心所欲不逾矩'……无入而不自得"[2]。

毋庸讳言,方东美对人格境界递进过程的如上描述,存在着不少牵强之处,并带有明显的思辨构造的痕迹。然而,贯串于其间的一个基本的观念,却并非毫无价值,这就是:人应当由本能(自在)的状态,提升到"从心所欲不逾矩"的境界。所谓从心所欲不逾矩,也就是既出于内在意愿,又自觉地合乎理性规范,它在本质上表现为一种自由的人格——"无入而不自得"的全人,无非是自由人格的一种思辨表

---

① 参见方东美:《中国哲学对未来世界的影响》,载《中国文化的危机与展望:当代研究与趋向》,时报出版公司,1981 年,第 295—315 页。

② 方东美:《中国哲学之精神及其发展》,成均出版社,1984 年,第 160 页。

述。就此而言,培养"全整"人格的过程,同时也就意味着由自在(本能)的状态进而达到自由的境界。这一看法无疑有其见地。

然而,如上所述,方东美对人格提升过程的具体分析在总体上又蕴涵着严重的理论缺陷,这不仅在于其思辨的性质,而且突出地表现在将科学文化的创造与理想人格的培养不适当地分离开来。在方氏看来,科学文化的创造活动,只能形成"自然人",而从心所欲不逾矩的"全人"只有在科学文化创造过程之外才能达到。科学文化的创造过程,实质上是一种基本的实践活动,它同时也是一个化自在之物为为我之物的过程,而主体人格的提升则意味着主体自身由自在走向自为。客观上,这两个过程乃是相互联系,而非截然分离:正是在化自在之物为为我之物的过程中,主体自身由自在达到了自为(从本然状态提升到自由境界)。方东美在科学文化创造过程之外谈理想人格的培养,这就使后者游离了化自在之物为为我之物的历史实践,从而缺乏一种现实性的品格。理论上的如上失误当然并非出于偶然,它在本质上乃是方东美整个人生哲学的思辨性质所决定的。

(原载《暨南学报》1992 年第 4 期)

在历史的深层与表层之间

人自身的存在内在地蕴含着时间之维,并相应地展示为一个历史过程;存在的追问既要求在人自身的"在"中敞开存在,亦意味着不断切入历史中的存在。以"通古今之变"等为形式,中国古典哲学一再将关注之点指向存在的历史维度。步入近代以后,走出中世纪的历史趋向、日渐严重的民族危机以及变革救亡的时代旋律,使近代哲学家进一步注目于历史领域。从龚自珍、魏源、康有为直至"五四"时期的胡适等,都曾形成了各自的历史哲学,而中西文化的冲撞、融合这一理论背景,则不可避免地在后者身上留下了自己的历史印痕。这里主要通过考察胡适的历史哲学,以反观近代哲学家对历史的哲学沉思。

一　从变易到进化

　　将实在规定为人化的存在,是实用主义一切推论的基本前提。在实用主义者看来,主体及其活动之外的存在,不过是一种无意义的形而上学实体,实在"是不断在创造的,其一部分面貌尚待未来才产生"①。不难看出,在这种实在论的背后,内在地蕴含着一种变易、衍化的观念。作为实用主义哲学在中国的传人,胡适的思想也深深地浸染了这种观念。不过,胡适并没有对实在本身的过程性作更多的考察,而是着重将过程论思想运用于一般的文化史领域。

　　在新文化运动中,胡适的文学改良主张的基本依据即是历史变易的观点:

　　　　文学者,随时代而变迁者也。一时代有一时代之文学:周、秦有周、秦之文学,汉、魏有汉、魏之文学,唐、宋、元、明有唐、宋、元、明之文学。此非吾一人之私言,乃文明进化之公理也。②

按胡适之见,从古文到白话文的衍化,正是这种历史变迁的必然结果。值得注意的是,胡适在此处并未就事论事地仅仅指出文学的变迁性质,而是特别从宏观的角度,将时代之变迁视为文学变迁的背景,亦即以文明进化之公理为文学变迁之根据,这就使历史变迁的观念获得了普遍的意义。

　　作为普遍的公理,历史变迁存在于文化形态的各个方面。从具

---

① 　[美]詹姆士:《实用主义》,商务印书馆,1979 年,第 131 页。
② 　胡适:《文学改良刍议》,《胡适文存》卷一,亚东图书馆,1921 年,第 9 页。

体的器物到政治制度,从上古传说、历代文献到一般的观念,无不经历一个衍化的过程。就道德观念而言,"古代所谓是者,今有为吾人所不屑道者矣。古人所谓卫道而攻异端,诛杀异己……今人决不为此矣"①。"是"作为道德学的概念,也就是善,它在本质上表现为一种价值判断。一般说来,在狭义的文化(观念形态的文化)领域中,道德居于较深的层面,而价值观念则构成了这种文化的核心。较之文学、古史传说等的衍变,价值观念的变更无疑是一种更深刻的衍化,从这一意义上说,肯定道德的变迁,意味着将历史变迁的观念从文化的表层引入文化的深层。

变迁观念运用于历史研究,便化为历史的方法。在胡适那里,所谓历史研究,主要即是整理国故,而历史的方法则首先表明为考察历史的线索,亦即"用历史的线索做我们的天然系统,用这个天然继续演进的顺序做我们治国学的历程"②。胡适正是运用这种历史考察的方法,在小说考证、禅宗史的辨析等方面,取得了引人瞩目的成绩,其中不少断论至今仍具相当的参考价值。

从思想史上看,变易本身并不是一种新的观念:自哲学思维萌发之日始,变易的观念也就同时诞生了。从某种意义上说,六经之一的《易》,通篇所论,即是变易的哲学,而在柳宗元、王夫之、浙东史学及清代朴学那里,变易的观点通过不断发展,甚至已经演变为一种历史哲学及历史主义方法。不过,从总体上看,它一直停留在朴素的直观的基础上,始终没有跳出循环论的窠臼。康有为的"三世说"虽然表现为一种历史进化论,但是进一步地分析就会发现,他的历史进化论

---

① 胡适:《道德观念之变迁》,《胡适留学日记》卷二,商务印书馆,1947 年,第 140 页。

② 胡适:《一个最低限度的国学书目》,《胡适文存二集》卷一,亚东图书馆,1924 年,第 166 页。

存在如下两个问题：其一，它虽然把人类社会视为一个依次递进的进化过程，但这种历史演进的观念同时又被赋予"三世说"的陈旧形式，这种形式对新的内容起着某种桎梏作用，当康有为以这种模式来套裁历史时，历史演进的无止境性即开始变得模糊了；其二，康有为的历史进化论是为他的变法维新的政治主张服务的，这在当时固然有其一定的历史合理性，但它毕竟同时又弱化了历史进化论的普遍意义。正是在以上两个方面，胡适迈出了重要的一步：通过以科学进化论为历史态度的依据，胡适扬弃了"三世"这一陈旧而僵硬的模式，从而不仅使历史演进的观念取得了更为近代的形态，而且使之彻底化了；通过将进化规定为文明之公理，并以之作为解释文学、道德、社会（时代）等各个领域的原则，胡适进一步把进化的观念提升到一般历史观的层面，从而使之超越了政治变革一隅。较之前人，其视野无疑更为开阔。

二　历　史　之　因

历史作为一个进化过程，是否表现为一种无根无由的运动？这一问题所涉及的，实质上乃是历史过程与因果律的关系：历史进程是否受因果律的制约？对此，胡适的回答是肯定的："因果的大法支配着他——人——的一切生活。"从确认进化为文明之公理，到肯定因果规律为普遍之法则，理论的视域显然又深入了一层。

根据进化论的观点，不同的物种往往具有千差万别的结构并处于彼此相异的环境之中，因而其演化的原因也是各不相同的。这种原理引入历史哲学，便表现为注重历史进化的具体原因，在胡适看来，任何对象的产生与变迁，总是有其内在的原因。以思想史为例：

大凡一种学说，决不是劈空从天上掉下来的，我们如果能仔细研究，定可寻出那种学说有许多前因，有许多后果……要不懂他的前因，便不能懂得他的真意义，要不懂他的后果，便不能明白他在历史上的位置。①

作为对象发生的根据，原因具有特殊的多样的特点：在"前因"之前冠以"许多"，强调的正是这一点。值得注意的是，胡适在此处特别指出：只有从前因与后果的具体联系中，才能判定对象在历史演进过程中的地位，这就把因果联系与历史进化过程融合为一。从理论上看，个别现象的生灭本身并不具有进化的意义，历史的演进总是展开为一个长期过程，但这种过程并不是超验的。换言之，它虽然不能归结为个别对象的生灭，但同时又是通过无数具体对象的嬗递演进而表现出来。而在以上的长期过程中，具体对象往往居于中介地位：它既是先前现象的结果，又是后起现象的原因（当然，它同时又与其他现象发生横向的相互作用关系）。这样，历史演进的过程在一定意义上即表现为因果序列的无限延伸，而具体对象本身在历史变迁过程中的地位，则相应地取决于特殊的因果关系。胡适从前因与后果的联系中规定一种学说的意义与位置，自亦有鉴于此。

正如进化的观点运用于具体研究即展开为考察源流的历史方法一样，因果关联的原理与历史研究相结合，同样具有方法论的意义。按胡适之见，一旦把握了对象的历史线索，即必须进而揭示对象的前因后果："凡对于每一种事物制度，总想寻出他的前因与后果，不把他当作一种来无踪去无影的孤立东西，这种态度就是历史

---

① 胡适：《中国哲学史大纲》，商务印书馆，1919 年，第 35 页。

的态度。"①在这里,历史的方法开始由明变(把握对象的前后线索)扩及求因(揭示这种线索所包含的因果联系),而从明变到求因,也就是由知其然到知其所以然,它同时意味着历史方法在内涵上的深化。

对历史方法的以上规定,首先体现于胡适的哲学史研究中,诚如不少论者所指出的,胡适在中国哲学史的研究方面,有开山之功,其《中国哲学史大纲》以今日眼光观之固然有这样那样的缺陷,但它毕竟又是第一部真正具有近代意义的中国哲学史。胡适之所以能有如此建树,从方法论上看,与其注重明变求因相关。在该书中,胡适把哲学思想变迁沿革的原因概括为三种:其一,"个人才性不同";其二,"所处的时势不同";其三,"所受的思想学术不同"。这种分析在某些方面带有明显的实用主义痕迹,如把才性之不同列为哲学沿革的原因之一,与詹姆士以"柔性""刚性"划分不同哲学流派之说具有显而易见的渊源关系,但他将求因作为一种方法论原则引入历史研究的领域,较之单纯的观其流变,无疑又进了一步。

就思想史的逻辑演进而言,胡适的以上看法不仅以近代进化论为其理论前提,而且有其传统的根源。黄宗羲在发挥王阳明关于理展开为一个过程之说的基础上曾提出过"心无本体,工夫所至,即是本体"的命题,把精神现象(心体)看作是一个随着精神活动(工夫)而展开的过程,并由此强调学术思想的演变包含着一线相承的学脉。章学诚则进一步提出了"六经皆史"的观点,主张从古代文献所记载的历史事实中,推明其道,而后者同时即表现为一个"知其所以然"的过程。胡适对章学诚的史学思想颇为推崇,曾特撰《章实斋年谱》,加以褒扬。胡适的明变求因思想,与浙东史学的过程论思

---

① 胡适:《问题与主义》,《胡适文存》卷二,第196—197页。

想亦确有相通之处。不过,浙东史学(特别是章学诚)在强调"明道"的同时,往往又表现出忽视对特殊的因果关系之考察的倾向,而未能进一步分析具体的"所以然之故",这就多少使其历史哲学带有抽象的特点。相形之下,胡适则着重指出了因果联系的多样性,并把考察特殊的因果环节提到了突出地位。这种看法在一定意义上使历史主义与实证科学接近、沟通起来,从而开始摆脱了传统历史哲学的思辨色彩。

1902 年,梁启超发表了《新史学》一文,其中写道:"史也者,非纪一人一姓之事也,将以述一民族之运动变迁进化堕落,而明其原因结果也。"这种观点否定了传统的史学,不仅在当时使人耳目一新,而且直接构成了尔后的历史哲学的理论先导。然而,梁启超又认为,历史归根到底乃是人类心力所造成,而人类心力之动,又是极自由而无法以某种法则加以支配的。1923 年,他在《研究文化史的几个重要问题》一文中终于放弃了因果律的观念:"我们既承认历史为人类自由意志的创造品,当然不能又承认他受因果必然法则的支配。"不难看到,这里已由主张明其因果,倒退到以意志自由否定因果法则。从这一历史前提来看,把历史进化过程与因果发展序列联系起来,并要求由明变而求因;无疑有其不可忽视的意义,它不仅使历史进化论进一步获得了更深入与更具体的规定,而且对近代历史哲学向意志主义的演变,起了某种遏制的作用。

不过,胡适在肯定因果大法支配历史过程并强调具体地考察对象的前因后果的同时,又把对象所以发生、衍变之故主要理解为个别的因素,并把这种个别的因素与最后之因对立起来:

> 治历史的人,应该向这种传记材料里去寻求那多元的、个别的因素,而不应该走偷懒的路,妄想用一个"最后之因"来解释一切历

史事实。无论你抬出来的"最后之因"是"神",是"性",是"心灵",或是"生产方式",都可以解释一切历史;但是,正因为个个"最后之因"都可以解释一切历史,所以都不能解释任何历史了!①

胡适对最后之因的否定,在理论上具有二重性:一方面,它多少表现出注重具体的、实证的考察,反对以形而上学的命题涵盖具体的事实陈述的倾向,这种倾向可以看作是胡适在实在论上拒斥形而上学的引申,而在梁漱溟等以意欲解释文化史的变迁的理论背景下,对"神""性""心灵"等超验根据的否定,亦自有其积极意义;但另一方面,胡适将生产方式与"神""性"等超验根据完全等而同之,一并划入"最后之因"之列,从而在拒斥形而上学根据的同时,又否定了真正的内在原因在事物发展过程中的决定作用。

对象产生或变化的原因往往是多重的,而非单一的,这是难以否认的事实。如果试图以某种一般的模式去解释具体的对象,那就难免或者陷入形而上学的思辨,或者导向机械论或还原论。然而,事物的发展多重因素并不是彼此平列的;它们同时又有支配与被支配、主导与非主导之分。一般而论,对象的性质及演进方向,总是由占主导地位的根本原因所规定,因此,如果仅仅罗列个别的、多元的因素,而掩盖其中起决定作用的根本原因,往往将在逻辑上导致二重结果:其一,把对象归结为个别因素的缘合,作为因缘而起者,对象也就表现为缺乏内在根据的现象的杂凑;其二,与前者相联系,在认识论上停留于经验的描述而拒绝对事物作出科学的解释或对其发展方向作出正确的预测。当胡适以个别的多元的因素拒斥所谓"最后之因"时,

① 胡适:《建设理论集导言》,赵家璧主编:《中国新文学大系》第一集,上海良友图书印刷公司,1935 年,第 17 页。

似乎也意味着倾向于这种现象主义的观点。

胡适由肯定历史进化的因果法则最终走向否定最后之因的现象主义，当然不仅仅是其自身的理论推绎的结果，它内在地渗入了实用主义的影响。实用主义以拒斥形而上学为原则，后者既有否定超验思辨之意，但同时又意味着将对象限定于现象界。詹姆士说："我的经验主义本质上是一种镶嵌哲学，一种多元事实的哲学。"[1]在詹姆士看来，对象并不是一种具有内在根据的存在，它不过是多元现象的黏合，正如镶嵌的艺术品是由碎块胶合而成的一样。这种看法显然以现象之间外在的并列联系，掩盖了事物真正的"所以然之故"。杜威也认为，真正有意义的实在即是存在于特殊的问题情景中的特殊事例，此外的一切对象均为形而上学的虚构。不难看出，上述观点的实质，在于把实在等同于当下直接感知到的现象之集合体。实用主义的以上论点构成了胡适导向现象主义的重要理论渊源：从某种意义上说，胡适以多元的、个别的因素排斥"最后之因"，便是以实在为多元现象之镶嵌的实用主义原则在历史领域中的具体运用。

三　历史中的小我与大我

多元因素与最后之因之辨的进一步扩展与引申，是个人与社会之辨，后者在理论上构成了胡适历史哲学的一个重要方面。

与肯定因果联系普遍地存在于历史进化过程相联系，胡适认为，个人并不是孤立的个体，他与社会整体具有某种彼此互动的关系：

> 我这个"小我"不是独立存在的，是和无量数小我有直接

---

① ［美］詹姆士：《彻底的经验主义》，上海人民出版社，1965 年，第 22 页。

或间接的交互关系的；是和社会的全体和世界的全体都有互为影响的关系的；是和社会世界的过去和未来都有因果关系的。①

这里所说的个人与社会的因果关系主要是指社会对个人的制约。在胡适看来，正如思想史中每一学说的发生都有其前因后果一样，个人的生活无论如何都摆脱不了社会的影响。就此而言，也可以说，"个人是社会无数势力造成的"。在社会历史的演进过程中，个人与社会的关系总是贯穿始终。一般说来，个人总是处于一定的社会关系之中，无论是他在历史上的作用，抑或是其存在本身，都不同程度地受制于后者。所谓个人的社会性，不仅仅静态地表现为个人与社会的并存关系，而是体现并展开于社会历史的前进过程之中：当胡适强调个人与社会的过去未来都有因果关系时，多少触及了上述思想。

作为造成个人的势力，社会究竟包含何种规定？胡适说："种种过去的'小我'，和种种现在的'小我'，和种种将来无穷的'小我'，一代传一代，一点加一滴；一线相传，连绵不断；一水奔流，滔滔不绝：——这便是一个'大我'。"②大我即社会。古往今来无数的个体之总和，构成了社会整体，这种看法与传统的观点显然有所不同。在传统的个体与整体之辨中，整体往往被视为宗法等级制的化身，而个体与整体的关系则同时被归结为个体与超验的实体之关系。换言之，整体实质上表现为一种与个体相对峙的强制性力量。对整体的这种规定，既明显地打上了整体主义的印记，又具有浓厚的形

---

① 胡适：《不朽》，《胡适文存》卷四，第 112 页。
② 胡适：《不朽》，《胡适文存》卷四，第 113 页。

而上学色彩。相形之下,胡适肯定社会并非游离于个体之外,而是由个体所构成,则不仅扬弃了对整体的超验规定,而且在一定程度上克服了个体与整体的对立。较之传统史学,这无疑在理论上前进了一步。

然而,如果由此作进一步的分析,则不难发现,胡适对社会的如上界定,虽然有别于带有形而上学性质的传统史学,但本身又内在地浸染了某种现象主义的倾向:当胡适将社会视为个体的人代代相加时,实际上也就同时意味着把社会理解为无数个别元素的集合体。这种观点所注意的,仅仅是人口这种最表层的因素,而社会的更本质、更深厚的基础,则完全处于其视野之外。事实上,人类社会诚然以无数个人为其分子,但它绝非仅仅是这种分子的简单叠加或承继。个人组成社会,并不是像水滴之汇成水流一样,表现为一种自然的聚合。个人之间的社会联系,归根到底形成于物质资料的生产过程:正是一定历史条件下的生产方式,构成了社会得以凝聚的最本质的基础。实用主义的偏见,使胡适无法正视这一社会历史领域的基本事实。当胡适将"生产方式"作为最后之因而加以排斥时,已蕴含了对社会作现象主义界说的契机:将社会规定为小我的集合体,可以看作是以多元因素排斥最后之因的逻辑推绎,正是通过这种推绎,其历史哲学中的现象主义原则进一步展开了。

社会作为个人的集合体,其历史演进离不开个体:"没有那无量数的个人,便没有历史。"基于这一看法。胡适在肯定社会对个体的制约的同时,又一再强调个体的作用:

> 故一切"小我"的事业、人格、一举一动、一言一笑、一个念头、一场功劳、一桩罪过,也都永远不朽。……我这个现在的"小我",对于那永远不朽的"大我"的无穷过去,须负重大

的责任;对于那永远不朽的"大我"的无穷未来,也须负重大的责任。①

在专制主义的阴影尚未完全消失,而民族危机又日益深重的"五四"时期,胡适的以上议论,显然既有反对压抑个体、要求尊重自我的意义,又有突出个人的社会责任的一面,这在当时无疑都有其历史的合理性。然而,肯定个体的价值,毕竟仅仅只是个体与整体之辨的一个侧面。自我固然构成了历史运动之合力的一个要素,因而有其不可忽视的作用,但就总体而言,历史的演进归根到底又是以经济、政治、文化层面的社会变迁为其基础。断言每一个"现在的小我"都对历史的过去与未来负责,往往导致抽象地夸大个体的作用。正是从上述观点出发,胡适将个体提到了与社会平列的地位:"个人造成社会,社会造成个人。"②这种相互作用论可以看作是强化个别的、多元的因素之说在个人与社会之辨上的扩展,而它的逻辑归宿,则是以个人为主宰历史的决定力量:"个人自有他的不死不灭的部分……他也许'一言可以兴邦,一言可以丧邦'。"③

就整个历史过程而言,个体的力量本质上表现为一种偶然的因素,将个体视为社会兴亡的决定者,同时即意味着强化偶然性在历史运动中的作用,从胡适的如下议论中,我们不难看到这一点:"我觉得许多历史的事实是偶然的。譬如我们提倡白话文就是很偶然的事……在 1915 年的夏天,……来了女学生是个偶然,租船游湖又是一个偶然,遇着风雨,弄湿衣服,也都是偶然。那个朋友作诗以及我批

---

① 胡适:《不朽》,《胡适文存》卷四,第 113—118 页。

② 胡适:《不朽》,《胡适文存》卷四,第 111 页。

③ 胡适:《介绍我自己的思想》,《胡适论学近著》第一集卷五,商务印书馆,1935 年,第 636 页。

评他,都是偶然又偶然的事。"①这个偶然加上偶然的事件,就是提倡白话文学运动的来源。由此,胡适断言:天下之事,大都是这样偶然的。② 胡适在这里似乎忽视了,历史的前进运动固然是通过无数偶然性为自己开辟道路的,但在这些偶然现象的背后,总是同时蕴含着必然之理。以白话运动的兴起而言,其源可以远溯至明清小说甚至宋明的语录,而它在"五四"时期的勃兴,则以晚清的维新志士的提倡与推广为其直接前提:当时不仅出现了如黄遵宪"我手写我口"一类的主张,而且可以看到数量可观的白话报刊。它表明,在中国走向近代的历史过程中,植根于生活的白话文已成为一种时代的需要,而胡适之文学改良主张所以能得到普遍的响应,则在于这一主张客观上体现了时代的要求。将这一过程仅仅视为偶然因素的叠加,多少是一种偏见。

在必然性支配之外夸大偶然性的作为,在逻辑上常常导向非决定论,胡适同样未能避免这一归宿。事实上,当胡适肯定个体一言可以兴邦,一言可以丧邦,并由此将偶然性视为历史运动之终极原因时,即已明显地表现出这一倾向。而在《我的信仰》一文中,胡适更直言不讳地宣称自己"反对决定论,相信偶然论"。从形式上看,这种非决定论的观点与肯定历史进化过程受制于因果大法的思想,似乎颇相抵牾,但在表面的张力之后,我们仍可以看到其中内在的缘由。

一般而论,因与果的联系具有内在的确定性:有何种因,则将产生相应的果,在具体条件下,二者之间的关系是稳定的,但这只是

① 胡适:《白话文的意义》,《胡适演讲集》,《胡适文集》第 12 册,北京大学出版社,1998 年,第 75 页。

② 参见胡适:《提倡白话文的起因》,《胡适演讲集》,《胡适文集》第 12 册,第 48—49 页。

问题的一个方面;另一方面,"因"本身又有主导与非主导,必然与偶然之分,有某种因固然必定有某种果,但这种因是否出现、在何时出现,则并不是必然的。只有决定事物发生与变化之根本原因,其存在才具有必然性。而从反面看,如果否定根本原因,则最终将怀疑必然性的存在。就后一意义而言,因果范畴与必然性范畴又并不是等价的。换言之,仅仅肯定因果联系而同时拒斥事物的根本原因,依然可以导向非决定论。在胡适那里,我们所看到的,正是这样一种逻辑关系。不妨说,当胡适以多元的个别的因素笼统地排斥最后之因时,同时已预示了由夸大偶然因素的作用而走向非决定论的理论归宿。

从偶然论出发,胡适进而对是否存在内在规律表示怀疑。就哲学史而言,胡适认为,"思想线索是最不容易捉摸的",因此在研究哲学史时,"不能依一定的线索去寻求"①。这种否定事物发展包含必然之理的倾向,在对语言文字的变迁的看法上表现得尤为直截了当:"语言文字的自然变化……是'莫名其妙'的,故往往不能贯彻他的自然趋势。"②这样,对象的演进便被归结为不存在内在规律的杂乱无章的变动。如果说,胡适在进化论前提下对历史过程中具体的因果关系的肯定,客观上赋予浙东史学以某种近代的色彩,那么,他对必然之理的以上否定,较之浙东史学的明道观念则又是一种理论上的倒退。

如果将胡适的非决定论倾向与詹姆士、杜威的哲学作一比较,则不难看到二者在理论上的渊源关系。如前所述,按实用主义之见,实

---

① 胡适:《评论近人考据老子年代的方法》,《胡适论学近著》第一集卷一,第108页。

② 胡适:《国语文法概论》,《胡适文存》卷三,第79页。

在只是一种多元现象之镶嵌,作为一种缺乏内在根据的镶嵌,对象的存在往往带有任意的、不确定的性质。正是基于后者,詹姆士把宇宙理解为一个冒险的世界:"我觉得自己情愿把这宇宙看作是真正危险和富于冒险性的。"①杜威也说:

> 人发现他自己生活在一个碰运气的世界;他的存在,说得粗俗一些,包括着一场赌博。这个世界是一个冒险的地方;它不安定,不稳定,不可思议地不稳定。它的危险是不规则的,不经常的,讲不出它们的时间和季节的。这些危险虽然是持续的,但是零散的,出乎意外的。②

从逻辑上说,当杜威把实在从整个发展序列与普遍的联系中隔离出来,而将其仅仅归结为当下的问题情景中的个别现象时,已蕴含着如下结论:作为存在于整个必然发展序列之外的多元因素,实在具有不规则的、不稳定的、纯粹偶然的性质。上述结论作为理论渊源,反过来又构成了胡适在历史哲学上走向非决定论的理论前导。在胡适关于对象的演变是"莫名其妙""不易捉摸"等断论中,我们确实可以看到实用主义的深刻印记。

总起来看,在把进化论引入历史领域并肯定历史进化受制于因果大法的同时,胡适又由强化个别的、多元的因素而拒斥最后之因,并最终通过将历史过程归结为偶然因素的缘合而走向了非决定论。导致这种差异的原因当然是复杂的,但就理论本身的内在关联而言,其中一个不可忽视的因素即在于胡适始终未能从进化论与实用主义

---

① ［美］詹姆士:《实用主义》,第 151 页。
② ［美］杜威:《经验与自然》,商务印书馆,1960 年,第 36 页。

的纠缠中解脱出来,二者的这种交揉,一开始即使胡适的视野囿于历史进化过程中个别的、多元的、偶然的因素,后者同时构成了非决定论的逻辑前提。

（原载《江淮论坛》1989 年第 3 期）

历史变迁与文化转换

在近代的历史变迁中,文化的转换是一道重要的景观。从语言形态到文学样式,文化的转换广泛地体现于各个领域。作为敞开和澄明存在的样式,名言很早就受到了关注,随着近代白话运动的兴起,语言更一度成为注意的中心,与此相联系的是文化重建的历史意向。在近代这一文化变革中,胡适是一个不可忽视的人物。这里将以胡适为关注点,考察文化这一历史中的存在所经历的近代变迁。

一 语 言 与 文 化

以文学革命为旗帜的文化运动,首先发轫于语言形式的变革。语言固然是文学的基础,但又不仅仅是文学的基础：就其实质而言，它仍是一种普遍而复杂的文化现象。因此，以白话取代文言为开端的文学革命，一开始就具有超乎文学的意义。

语言并不仅仅是一种音节或符号，它以意义为内容，并在总体上表现为音、义、形相统一的结构，而这种结构又与思维的方式彼此制约。文言（古文）作为一种传统的语言，在创造中国源远流长的古代文化方面，曾经表现出其历史的价值。楚辞、汉赋、唐诗、宋词等后人难以企及的文学形式，如果离开了文言这种语言结构，其意境神韵便很难以现在的形式存在；同时，中国古代哲学以辩证逻辑的早熟为其特征，而这种思维方式又内在地受到传统语言中对偶结构（如阴阳、虚实、是非、善恶、东西等）的制约，从这方面看，文言的存在显然并非毫无历史的理由。

然而，作为古典语言，文言又有内在的缺陷。就其与思维方式的联系而言，这种缺陷首先表现在过于偏执形式。从《风》《雅》《颂》到楚辞、汉赋，从六朝骈文到唐诗、宋词、元曲，形式与结构均被置于极为重要的地位，在明代用以取士的八股文中，偏重形式更达到了无以复加的地步。工于结构、形式，则不免重格律，用典故，讲对仗，而后者稍加衍生，便可能导致二重结果：其一，因循。格律、典故及对偶、对仗等作为一般的格式，在其形成之后即获得了稳定的品性而很少变易，并由此逐渐流为后人的文字活动的既成模式。模式化同时也就意味着陈规化，以这种模式而展开的文字操作，往往带有因循性，后者很容易与回溯往古的致思倾向相联系。其二，形式主义。在格套的束缚下，内容往往退居次要地位：整齐漂亮的对仗、对偶形式，常常掩盖了内容的贫乏；典故、套语的堆砌，则往往使作文近乎文字游戏，在明清八股文中，这种倾向表现得尤为明显。这种形式主义与尚虚名的运思模式及讲面子的处世方式相结合，确实构成了中国传统文化中十分消极的一面。

作为变革传统语言的鼓吹者,胡适比较敏锐地注意到了传统语言形式所蕴含的消极面。在《文学改良刍议》一文中,胡适首先高标八项主张,它们大致可以概括为二类:一是不做古人的附庸;二是力戒空洞的形式。这里所涉及的,当然不止是语言的表达功能,在语言的批评背后所蕴含的,是对传统思维方式的反省:它要打破的,不仅仅是僵化的语言结构,而且是与这种僵化结构纠缠在一起的思维模式。这种既触及文化的表层(语言形式)又涉及文化的深层(思维方式)的主张,在当时无疑具有振聋发聩的作用。尽管胡适在八项主张之前冠以"改良"之名,但它实质上却具有革命的意义。这种革命的要求,当然并非始于胡适:从感受到西方文化的冲击那一刻起,人们即已开始朦胧地萌发了这一要求。如严复便曾对中国人好古而忽今之弊作了相当严厉的批评。然而,将否定崇古尚虚的传统心理模式与语言的批评结合起来,胡适则是先驱之一,而语言的普遍性特点,又使这种反省与批判一开始便波及社会的各个方面,并引起了一种强烈而广泛的社会震荡。

文言(古文)的另一特点是言约义丰,它所表示的概念,往往含有多重意蕴。含义的高度浓缩,当然有其可取之处,就哲学思维而言,它往往赋予范畴、概念以丰富的内涵,并给后人以探掘、咀嚼、发挥、引申的极大余地。事实上,中国先秦的典籍,便是以其包含的层层重重的意蕴,为尔后哲学的发展提供了不竭之源。就文学而言,文言的蕴含义在一定程度上为追求言外之意提供了某种可能,而中国古代的诗文,确实也是以此而见长的。然而,不能不指出的是,含义的高度浓化,同时又带来了另一方面的问题,那就是语义的模糊性与不确定性。多重含义熔于一炉,固然避免了概念的贫乏化,但同时又往往容易在思维方式上导致二重后果:其一,义丰意味着具有较广的涵盖性,而后者又包含着满足于一般层面的定性分析,而忽视对具体因果关系的探究之倾向;其二,含义的多重性常常容易引起歧义,并进而造成无关宏旨的争论。前者突出地表现于中国古代的科学研究之中。阴阳互补、五行相生固然在一定意义上为辩证思维提供了某种形式,但它同时又往往被看作是能解释一切自然现象的万能概念,从而妨碍了科学家对自然作具体、深入的考察。中国古代科学之所以未能步入近代科学的殿堂,与这种模糊的语言形式及与之相关的思维方式,不能说毫无关系(当然,其根源又远不止此)。

胡适在指出文言与尚古及重形式之倾向的联系的同时,并未忽视文言的模糊性特点,在致钱玄同的书札中,胡适曾对文言与白话之优劣作了比较,认为与文言的模糊性相对,白话的特点在于明白:"白话的'白',是'清白'的白,是'明白'的白。"[1]所谓清白、明白,也就是清晰、精确,而这种精确性,正是近代思维方式的基本要求,它首先体现了一种实证科学的精神。同时,概念的确定性与严密性,也是哲学思维发展的趋向。就中国近代而言,康有为、谭嗣同、严复等,实际上已从不同侧面涉及了这一点。特别是严复,当他把西方近代逻辑体系引入中国时,也表现了使思维方式(包括哲学思维)走向严密化、精确化的意愿。这一演变趋势表明:以比较精确的思维方式取代带有模糊性特点的运思模式,已成为历史的必然。不难看出,胡适之倡导白话,其意义也正在于比较自觉地顺应了这种历史必然;而从一般地反对因循复古,专求形式,到要求语言概念的明晰性、精确性,则体现了这种历史意识的深化。

从形式上看,文言以"文"(书面语)与"言"(口语)相联,似乎表现了书面语言与口语的统一,而事实上它恰恰以二者的某种分离为

---

[1]　胡适:《答钱玄同》,《胡适书评序跋集》,岳麓书社,1987 年,第 6 页。

特征：所谓文言，主要是指与口语判然有别的书面语。在传统社会漫长的演进过程中，这种与日常口语相异的语言，逐渐取得了相对独立的意义，而对它的操作则展开于特殊领域中。尽管能够运用这种语言的绝非仅仅是社会上层，但与平民口语的渐渐脱节，却使文言的运用成为一部分社会成员的专利，而这种操作本身也相应地带有某种贵族化的特点：语言的内在分裂在一定意义上折射了社会的分野。在传统社会中，对整个平民阶层的知识要求并不很高，而对社会一般成员参政所提供的机会，也极其有限，因此，以上二重意义的分离，与整个社会的发展并不会显得很不协调。然而，到了近代，社会的发展越来越离不开民智的开发与整个社会科学文化的进步，而语言的内在分裂却阻碍后者的实现。在西方，它具体表现为拉丁文对近代文化的消极影响，而这种冲突的结果则是拉丁文为各国民族语言所取代：它意味着科学与文化从僵化的语言形式中解脱出来，因而具有革命的意义。在中国近代，冲突则存在于发展文化教育的历史要求与语言的内在分裂之间。作为与口语相分离的传统语言，文言（古文）始终不能成为近代教育的普遍工具。胡适以其独具的眼光，比较敏锐地注意到了上述问题。他写道：若没有各国的活语言作新工具，若近代欧洲文人都还须用那已死的拉丁文作工具，欧洲近代文学的勃兴是可能的吗？① 同样，对他而言，近代中国要发展，也应当以文化能普及最大多数的国人为关注之点，而文化普及的最有效的工具，则是在一定程度上克服了口语与书面语之分离的白话。这种将语言变革与走向近代联系起来的看法，确实表现了一种前所未有的觉醒意识与新的视野。

　　语言除了凝结、储存思维的成果之外，还具有交流传播的功能，

---

① 　胡适：《逼上梁山》，《胡适自传》，黄山书社，1986 年，第 112 页。

后者不仅存在于同一文化系统之中,而且存在于不同的民族及不同的文化系统之间。对外来文化,不管是被动的接受,还是自觉的引入,都必须以语言为工具。在中国近代,西学东渐一开始便以难以遏制之势,成为一种历史的趋向。这里既有坚船利炮挟持下的强行楔入,又有开眼看世界的主动引入,后者在历史的演进中越来越成为西学东渐的主要方式。最初,西学传入的唯一中介是传统的文言。文言并非完全不能充任传播西学的工具,在一定时期,它也确曾起过其历史作用。然而,它所具有的内在缺陷,又对西学的东渐带来了某些局限。如果说,文言的模糊性、不确定性往往影响着对西方近代科学文化的准确理解(在康有为、谭嗣同等会通以太、仁、电之类的尝试中,我们即不难看到这一点),那么,语言的内在分裂,则使它的广泛传播受到了严重的限制。事实上,以典雅的文言为主要表述形式的严译名著,其影响所及,基本只限于少数知识分子。

相形之下,白话与西方近代的民族语言则具有更大的对应性(如其表达形式较之文言,显然更接近于近代西语),而其明晰性与确定性则使之成为介绍西方近代科学文化的更适当的形式;另一方面,语言的内在分裂的克服,又在某种程度上为西学的流播扫清了传播工具上的障碍。无论从哪一侧面看,白话在中西文化的交融中无疑都是一种更有效的媒介与工具。作为既熟悉文言、白话的特点,又受过西方近代科学文化之洗礼的近代学人,胡适无疑深谙此理。在他看来,严复由于以古文为工具,故虽然用了不少力,但仍只是"勉强做到一个'达'字",而严复的后继者则"既无他的工力,又无他的精神;用半通不通的古文,译他一知半解的西书"[1],因而收效甚微。胡适之强

---

① 胡适:《五十年来中国之文学》,《胡适文存二集》卷二,亚东图书馆,1924年,第116页。

调以白话代古文,多少也是基于这种历史的反省。在中国现代,白话一经成为西学东渐的媒介,便立即显示出传统文言所无法比拟的内在价值。"五四"时期,正是借助这种工具,西学开始以席卷之势在各个领域迅猛而广泛地传播,其影响之深远,是严译名著所难以企及的。

二 内容与形式之辨

文学革命固然自始即超出了文学的界限,但毕竟又始终涉乎文学领域。就其直接的目标而言,语言文字的变革旨在引起文学的变革:"我们认定文字是文学的基础,故文学革命的第一步就是文字问题的解决。"文学与艺术有所不同,一般而论,文学只有借助语言文字才能展开,就此而言,语言无疑构成了文学的最基本的形式,而把语言问题的解决视为文学革命的前提,则相应地意味着突出形式在文学变革中的作用。

粗粗一看,以文字形式为文学革命的第一步,似乎仅仅是一种未触及问题之本质的浅表之见。然而,进一步的分析则表明,这种评判未免过于轻率。正如语言形式与运思模式等有着内在联系一样,语言形式也制约着文学的样式及文学的内容之展示。中国近代乃是一个变革急剧的时代,新思潮、新观念不断冲击、刷新着文化思想的各个领域。而在各种意识形态中,文学往往又是最为敏感的,它总是较早地映射着时代的变革:从晚清小说到十年动乱后的伤痕文学,等等,都莫不如此。就"五四"前夕而言,新的观念已渐渐为人们所接受,不少文学作品的内容已大异于传统。以后来反对白话文最力的林琴南而言,其文坛盛名就并非来自类似《原道》的严肃古文,而是源于译述以近代域外大千世界为内容的西方小说。因此,当时的问题并不在于缺乏新的思想观念与素材,而在于传统的文言形式不仅已无法容纳新的内容,而且开始束缚新内容的展现。林琴南们的悲剧即在于身处这一冲突却不能或不愿正视这种冲突,而胡适高出此辈之处,则在于自觉地意识到了新内容与旧形式之间的矛盾,并正确地看到了解决矛盾的关键在于变革旧的形式。从 1917 年以后新文学(白话文学)的骤然繁荣(当然,这时的文学作品仍有幼拙粗糙的痕迹,但这是文学演变初期不可避免的现象)中,我们便不难看出文字形式变革的历史意义。

　　文字形式内在地关联着文学的样式,文字形式的变革,同时即涉及文学样式的变革。胡适写道:"五七言八句的律诗决不能容丰富的材料,二十八字的绝句决不能写精密的观察,长短一定的七言五言决不能委婉达出高深的理想与复杂的感情。"①这里所讨论的,即是诗体(诗的体裁与样式)与情感思想之表达的关系。按胡适之见,新的观念与情感理想,不仅要借助不同于传统文言的文字形式来表现,而且必须获得新的文学样式。这种看法令人很自然地联想起南社诸子的主张。与胡适一样,南社亦以文学革命为旗帜,然而,在对文学样式的看法上,二者的意见则判然相异。从南社的核心人物柳亚子的如下议论中,我们即不难窥见此点:"文学革命所革在理想不在形式。形式宜旧,理想宜新,两言尽之矣。"②此处之形式,既是指文字形式,又是指文学样式。在古文(文言)的语言形式与传统的格律样式中容纳新的理想,这就是南社的基本主张。在此之前,梁启超也提出过类似的看法。1899 年,梁氏明确提出了"诗界革命"的口号,以为新诗必须具备两个条件,一是新意境,亦即"欧洲之真精神,真思想";二是古

---

① 胡适:《谈新诗》,《胡适文存》卷一,亚东图书馆,1921 年,第 228 页。
② 胡适:《归国记》,《胡适留学日记》卷十七,商务印书馆,1947 年,第 1163 页。

人之风格,亦即传统的体裁与样式。① 然而,无论是梁启超以旧风格含新意境的"诗界革命",还是南社的"革理想而不革形式"的文学革命,都既没有产生真正开一代风气的作品,也没有引起普遍的社会反响。与此形式对照,摆脱了拘谨格律的白话诗一经胡适之提倡与"尝试",即很快风靡诗坛,一大批新诗人喷涌而出,形成了近代文学史上蔚为壮观的一幕。历史作了公正的结论:离开了样式的变革而片面追求观念的革新,并不能造就具有内在统一性的新文学;当新思想新内容已经要求突破旧样式之时,样式的变革即成为文学发展的必要前提。胡适的成功,正在于顺应了这种历史趋向。

有一种相当流行的观点,即以为胡适在文学革命中的主要倾向是形式主义。这一看法其实并未能触及问题的实质。诚然,胡适确实把文字形式及与之相联系的文学样式的变革,提到了相当突出的地位,在某种程度上,文学革命甚至一开始直接表现为白话运动,但同样真实的是,第一,胡适在强调文字形式变革的同时,又一再对传统形式主义加以抨击,不妨说,在对形式变革的注重中,自始即包含着对言之无物的形式主义的否定;第二,如上文所指出的,胡适的基本特点即是把形式视为表现内容的手段、工具,作为工具、手段,形式多少具有附属于内容的性质:事实上,在胡适那里,形式的变革始终服从于内容的展现。

这种注重内容的倾向,在胡适对其文学观加以具体论述时,表现得更为明显。历史的文学观是胡适终身坚持的基本文学观点,它的要点即是把文学视为随着时代的变迁而变迁的历史对象:"这种种不同的时代发生种种不同的文学见解,也发生种种不同的文学作物——

---

① 梁启超:《夏威夷游记》,《饮冰室合集》专集第 5 册,中华书局,1963 年,第189—199 页。

这便是我要贡献给大家的一个根本的文学观念。"①不难看出,这里注重的首要之点,乃是文学的内容:时势的变迁,引起了文学观念的衍化,而文学观念则构成了文学的内容,只是在这种新观念(内容)出现之后,才会进一步产生变革形式的要求。换言之,文学形式之变革在成为文学内容发展之因以前,首先是文学内容演变之果。在文学史研究中,胡适所运用的,基本上也主要是以上思维模式。

与历史的文学观相联系,胡适对文学作品的分析评价,基本上以其社会意义为出发点,对作品的艺术价值,则很少涉及。例如,关于《儿女英雄传》,胡适的定论是:"这部书的内容是很浅薄的,思想是很迂腐的。"②关于晚清谴责小说,其总的评价是:"他们确能表示当日社会的反省的态度,责己的态度。这种态度是社会改革的先声。"③对其中的《官场现形记》,胡适的概括更为简略:"《官场现形记》是一部社会史料。"④不难看出,对作品的社会效益、时代意义的兴趣,远远超出了对作品的审美形式的兴趣。

这里如此不厌其烦地指出胡适对文学内容的总体上的注重,当然绝非仅仅是为了论证胡适并不是一个形式主义者。我想要说明的是,在中国近代,艺术形式一开始就没有能够在审美意义上得到应有的重视(如前文一再指出的,文字与样式的变革虽然一度被提到了突出的地位,但它始终同时被规定为手段),即使在胡适这样的温和的改良主义者那里,对文学内容的功利兴趣,也压倒了对作品的审美价值的兴趣。这种倾向在当时是具有普遍性的。它也确实不仅有其历

---

① 胡适:《〈水浒传〉考证》,《胡适文存》卷三,第 144—145 页。

② 胡适:《〈儿女英雄传〉序》,《胡适文存三集》卷六,亚东图书馆,1930 年,第 757 页。

③ 胡适:《〈官场现形记〉序》,《胡适文存三集》卷六,第 787 页。

④ 胡适:《〈官场现形记〉序》,《胡适文存三集》卷六,第 769 页。

史的理由(反封建与救亡的双重任务,一开始即把文学推到了投枪的地位),而且在理论上也并非毫无道理。但无可否认,这种倾向同时又为现代中国文学的衍化带来了消极的后果。一般而论,文学(以及艺术)不仅有其外在的功利的价值,而且同时又有审美层次上的内在价值,二者既有统一的一面,又有不尽一致的一面。片面强调后者,固然容易走向为艺术而艺术的歧途,但若完全将后者消融于前者之中,也容易走向另一极端,即取消艺术形式的相对独立地位。事实上,在中国近代,除了少数作家之外,艺术形式的相对独立性并没有真正得到确认,现实的功利意识往往超过独立的审美意识。中国近代之所以一直没有诞生可以获诺贝尔文学奖的作品,恐怕在很大程度上与此有关。我们不能苛求于前人,但在对历史作清醒的反省时,又不能不注意到这一点。

三 文学建设与文化重建

从狭义的文学史的角度看,文学革命的宗旨,是为新文学的发展扫清道路。胡适是最早意识到这一点的人之一。1918 年 7 月,当文学革命方兴未艾之际,胡适即颇具深意地提出了"建设的文学革命论"。他写道:"我们提倡文学革命的人,对于那些腐败的文学,个个都该存一个'彼可取而代也'的心理,个个都该从建设一方面用力,要在三五十年内替中国创造出一派新中国的活文学。"①在否定与破坏开始成为时代之主流的背景之下,适时地提出建设(从消极的破坏走向积极的建设)的问题,这确实有其过人的敏锐之处。

在以白话文学史的研究为国语文学提供历史根据的同时,胡适

---

① 胡适:《建设的文学革命论》,《胡适文存》卷一,第 71—72 页。

还试图从一般方法论的角度,为新文学的建设提供理论准备。在《建设的文学革命论》中,胡适具体提供了创造新文学的如下方法:其一,关于材料的收集。胡适认为,首先应当扩大积累素材的范围,不能仅仅停留于传统的官场、妓院等区域,凡贫民社会,如内地农家、人力车夫,以及新旧文明冲突所产生的种种变故,均可作为文学描写的对象。同时,在积累材料的过程中,还必须注重实地观察和个人的生活体验。其二,关于作品的结构,胡适特别指出应注重剪裁与布局,而在人物描写中,则应通过言行举止的不同安排,以突出人物的个性。在谈到短篇小说创作时,胡适还引入了西方的典型理论,认为"短篇小说是用最经济的文学手段,描写事实中最精彩的一段或一方面,而能使人充分满意的文章",所谓最精彩的一段或一方面,也就是"可以代表全部的部分"。[①] 以典型的人物或事件,来表现丰富的生活,确实构成了以叙事(不是抒情)为内容的文学形式的基本特征。从纯艺术或纯美学的角度看,胡适的以上观点当然近乎常识,很难说提供了什么新的见解,不过,就中国近代文学史的演变而言,它毕竟又构成了理论建设的一个方面,而在西方近代文学理论尚未系统引入,新文化运动的志士们又更多地把注意之点放在扫荡传统中的消极面(破)的历史条件下,胡适的理论建设的尝试尽管浅近,但亦自有其不可低估的意义。

更难能可贵的是,胡适不仅在理论上提出了建设的主张,并作了某种尝试,而且力图通过创作实践为新文学提供一个更现实的基础。首先应当一提的自然是著名的白话诗创作。早在留美期间,胡适即已开始进行这方面的尝试。经过若干年的琢磨、积累,白话诗居然也已多达数十首。1919 年,也就是胡适提出建设的文学革命论的次年,

---

① 胡适:《论短篇小说》,《胡适文存》卷一,第 176 页。

胡适终于编就了一部集子,并于第二年以《尝试集》之名正式出版,从而为中国现代新文学提供了第一部白话诗集。从艺术上看,胡适的白话诗创作可称道之处并不很多,这不仅是因为诗的白话化绝非轻而易举之事(以白话作诗难度远远高于以白话作文),而且也由于胡适本质上缺乏一种诗人的气质。他是一个冷静、理智而又慎微之人,诗人的敏感、炽情、超脱几乎与他无缘。因此,他的诗固然清新流畅、时露机智,但却由于缺乏敏锐的直觉、超然的气度而显得轻浅、平淡、纤巧,很少给人以深沉的感染力与高旷的意境。然而,《尝试集》毕竟是中国第一部白话诗集,这种拓荒的性质使它在文学革命中具有无可否认的历史价值。它的诞生表明新文学已不仅仅是一种理想,而且开始走向现实。事实上,文学革命的成功,并不仅仅取决于是否扫荡了传统中的消极面,而且更在于能否通过独特的创作提供形式与内容相统一的新作品。

如前所述,就其实际含义而言,文学革命一开始便超出了文学的领域而表现为广义的文化变革。作为逻辑的延伸与扩展,这一点同样体现于胡适关于建设的理论与实践之上:所谓建设,自始便不限于文学一隅。差不多与编就白话诗集同时,胡适提出了"再造文明"的主张:"新思潮的唯一目的是什么呢? 是再造文明。"①此处之新思潮,即指包括文学革命在内的"五四"新文化运动,再造文明则意味着文化的普遍重建。在胡适看来,文化的重建首先是通过对传统文化的反省整理而实现的,这也就是所谓的"整理国故"。正是在这一意义上,胡适在《新思潮的意义》一文的篇首,即特别标出"整理国故,再造文明"的纲要。作为文化重建的前提,整理国故包括对传统的文学、哲学、历史遗产乃至价值观念等方面的系统清算。在所有这些方面,

---

① 胡适:《新思潮的意义》,《胡适文存》卷四,第 164 页。

胡适都作了不同程度的尝试。其中,除文学之外,较为引人瞩目的便是哲学思维与价值观念诸层面的总结、批判。胡适对传统的逻辑学的发掘,对传统的治学方法与西方近代科学方法的沟通与融合,都具有独创性的建树,而他对传统的伦常(特别是宋儒的理性专制主义)摧残压抑个人之揭露与抨击,则从反面为形成健全的价值观念提供了借鉴。

正是在文化重建(再造文明)这一总目标之下,文学建设与广义的国故整理相互融合,并展现出同一历史趋向,而二者的这种交融,又使文化的重建一开始即获得了较为具体的规定而未流为空疏的口号。如前文所指出的,胡适在重建与再造方面所作的具体尝试,就其本身而言成就并不很大,这一点既表现在文学建设上,也体现于广义的国故整理中:过早地将整理国故转向微观的考证,往往使胡适对传统文化中带有根本性的方面未能作出深刻的创造性的转换;而局部细节的考察,常常掩盖了对全局性问题的关注,或冲淡文化重建这一主题。就这方面看,人们对胡适的文学建设论及整理国故上的一系列批评,都并不是毫无道理的。然而,尽管胡适在文化的具体重建上并没有留下多少带有恒久意义的东西,但他高标再造文明的主张,本身即功不可没,不妨说,胡适在近代文化史的地位,首先就在于自觉地将文化的重建作为一个时代的主题加以突出。如所周知,自中西两大文明在中国近代开始相遇、冲撞之时起,对传统文化的批判便成为历史的主旋律。康有为、严复、谭嗣同、梁启超等,都在不同程度上对传统文化作了抨击,这种批判思潮到"五四"时期已达到空前激烈的程度;"五四"的志士,差不多都程度不等地具有批判传统的倾向。在这种否定、批判、破坏旧传统已成为压倒一切的主流的历史背景之下,胡适清醒地提出了"再造文明"(文化重建)的问题,确实表现了独具的眼光。一般而论,对旧传统的否定如果不与正面的重建联系起来,则容易导致消极的破坏,同时,中西文化在各自文化背景中形成的积极成果,也只有通过文化的重建才能达到内在的会通与融合。胡适显然以其独具的文化敏锐性注意到了这一点,而这种意识,在当时无疑带有某种超前的性质。

也正是这种超前性质,使胡适的再造文明(文化重建)的主张不可避免地具有负面意义。在对传统文化的重新反省、审视尚未普遍展开之时提出文化重建,固然可以遏制消极否定的倾向,但同时也往往可能限制反思的深度,而在深层的评估之前匆匆地进行重建,则常常容易导致浅近浮泛:它所融入与整合的,往往仅仅是文化的表层因素。读胡适的著作,我们往往会感到一种清新、灵捷、机敏的韵味及浓郁的近代气息,但却很少体验到凝重的反省意识与深沉的传统智慧,这与"再造文明"的超前性,恐怕不无关系。

(原载《天津社会科学》1990年第1期)

知识与智慧

20 世纪的下半叶，冯契先生（1915—1995）以其深沉的思辨和吞吐百家的气度，在当代中国哲学中独树一帜。与历史上一切真正的哲人一样，冯先生毕生从事的，是智慧的探索。在半个多世纪的思想跋涉中，冯先生既历经了西方的智慧之路，又沉潜于中国的智慧长河，而对人类认识史的这种楔入与反省，又伴随着马克思主义的洗礼及时代问题的关注。从早年的《智慧》到晚年的《智慧说三篇》，冯先生以始于智慧又终于智慧的长期沉思，为中国当代哲学留下了一个创造性的体系。

一

知识与智慧的关系，是冯先生关注的中心问题之一。知识以名言之域为对象,智慧则指向超名言之域。从哲学史上看,康德在追问普遍必然的知识何以可能的同时,又考察了形而上学是否可能的问题,而现象与物自体的二分,则蕴含了名言之域与超名言之域的分离。康德之后,黑格尔试图重新统一本体与现象、名言之域与超名言之域,但其终始于绝对观念的思路,似乎将重心更多地放在超名言之域。在所谓后黑格尔时代,康德哲学蕴含的二重性,进一步外化为不同哲学思潮之间的对峙。人本主义(人文主义)以存在意义等为哲学思考的终极对象,实证主义则将哲学限定在现象——经验之域。这种格局在 20 世纪的现象学与分析哲学的分野中,得到了更深刻的延续。

本体与现象、名言之域与超名言之域的对峙,也以某种形式再现于中国近代。具有实证主义倾向的哲学家较多地关注经验领域的知识,与之相对的玄学则将目光一再地投向终极本体,在 20 世纪初叶的科学与玄学论战中,科学主义与人本主义的紧张进一步外化为二大思潮的对立。这种紧张与对立同样体现于哲学家个人。严复在强调可知者仅限于对待之域的同时,又设定了不可思议的无对之域,从而凸显了经验界与超验界的对峙。王国维提出了"可爱"与"可信"的二律背反,以为实证主义虽然可信,但却不可爱;形而上学虽可爱,却不可信。金岳霖进一步对元学态度与知识论的态度作了区分,认为知识论的裁判者是理智,而元学的裁判者是整个的人;研究知识论,"我可以暂时忘记我是人",用客观的、冷静的态度去研究,但在元学上,不仅要求理智地了解,而且要求得到情感的满足。如何超越对待之域与无对之域、可信者与可爱者、知识论与元学的对峙? 这是困扰中国近代哲学的难题。

中国近代哲学面临的如上难题,构成了冯先生哲学思考的出发点。早在青年时代,冯先生便"真正感受到自己有一个哲学问题非要解决不可"①,这个问题就是知识与智慧的关系。与金岳霖不同,冯先生对认识论作了广义的理解,认为它不应限于知识论（theory of knowledge）,而且应研究智慧的学说,要讨论元学如何可能、理想人格如何培养等问题。通过总结哲学史,冯先生将认识论的问题具体概括为四个:感觉能否给予客观实在？理论思维能否把握普遍有效的规律性知识？逻辑思维能否把握具体真理（首先是统一性原理和发展原理）？理想人格或自由人格如何培养？这里既涉及具体经验领域的知识,又涉及关于性与天道的智慧,将元学与知识论统一于广义的认识论。

按冯先生的理解,广义的认识过程包括两个飞跃,即从无知到知的飞跃和从知识到智慧的飞跃。由无知到知的过程发端于实践中获得的感觉,这种感觉能够给予客观实在。冯先生吸取了金岳霖的观点,认为知识经验领域无非是以得自经验者还治经验,得自经验者即是概念,用概念来摹写和规范经验,以得自现实之道还治现实,由此形成了知识经验。作为知识经验主体的"我",运用逻辑范畴进行思维,运用归纳与演绎相统一的接受总则统率经验领域。形式逻辑与接受总则即构成了普遍有效的规律性知识之所以可能的条件。

经验知识涉及的是名言之域,在冯先生看来,认识并不限于经验领域,它同时指向性与天道,后者即是智慧之域。如果说认识论的前两个问题主要关联着经验知识,那么,智慧则更多地涉及认识论的后两个问题。就具体真理而言,其最高的形态可以归结为世界的统一性原理和发展原理;而关于道的真理性认识又内在地关联着人发展,后者便展开为自由的人格。冯先生肯定,逻辑思维能够把握具体真理:人能够在有限中认识无限,在相对中揭示无限,而这一过程即表

---

① 冯契:《智慧的探索》,华东师范大学出版社,1994年,第603页。

现为从知识到智慧的飞跃。就对象而言，通过如上飞跃，自在之物不断化为为我之物；就主体而言，精神由自在而自为，自然赋予的天性逐渐发展为自由的德性，从而达到理想的人格。

知识所注重的是有分别的领域，它可以用名言来把握。就表达而言，知识是由命题（包括特殊命题与普遍命题）分别地加以断定，分别地作出肯定或否定的判断，并以语句分别地加以陈述；就所表达（所知）而言，则是把对象区分为一件件的事实，一条条的定理，以把握事实和条理之间的联系，知识经验的领域即是以名言概念来区分的世界，无论是特殊命题，还是普遍命题，其真都是有条件的、相对的。与知识不同，智慧所把握的是有关宇宙人生的根本原理，它的目标是求穷通，亦即穷究宇宙万物的第一因和人生的最高境界，揭示贯穿于自然、人生之中无不通、无不由的道，并进而会通天人，达到与天地合其德的自由境界。总之，智慧追求的是无条件的、绝对的、无限的东西，"这就是难以言传的超名言之域了"①，而从知识到智慧的飞跃，便相应地意味着从名言之域走向超名言之域。

如何实现从名言之域的知识到超名言之域的智慧？冯先生从理性直觉、辩证综合、德性自证诸方面作了考察。转识成智的飞跃，旨在领悟有限中的无限，相对中的绝对，这种领悟往往是在顿然之间实现的，它表现为哲学上的理性直觉。理性直觉是感性和理性的统一，它通过破而超越对待，通过立而揭示相对之中的绝对，由此达到天人、主客、能所的统一，而这一过程本身又实现于认识的无限的前进运动。通过理性直觉达到的领悟，必须以辩证的综合来论证和表达。冯先生区分了总名与达名，达名表示的是最高的类，总名所表示的是元学的理念，亦即大写的 idea，总名可以看作是达名的辩证综合，如时

---

① 冯契：《认识世界和认识自己》，华东师范大学出版社，1996 年，第 414 页。

空范畴便是达名,当我们说在有限中揭示无限,在瞬间把握永恒时,便是以时空范畴作辩证的综合,以表述超名言之域。与辩证综合相联系的是德性的自证。理性直觉与辩证综合的主体是我,我不仅有意识,而且能自证其德性,亦即对自己的德性作反思和验证,在言行一致的活动中自证其德性的真诚与坚定。

可以看出,从无知到知、从知识到智慧的飞跃,既是知识论的问题,又是元学或本体论的问题;以广义的认识论为基础,冯先生对知识论与本体论作了沟通,并由此展示了统一本体与现象、名言之域与超名言之域的独特思路。统一的认识过程既以分别地把握一个个的事实、一条条的定理为内容,又要求对存在作终极的思考,然而,在哲学史上,二者往往被置于不同的序列,与之相应的是知识论与本体论、科学认识与存在体认、逻辑分析与人文关切的分离。康德区分感性、知性、理性,前二者属于知识论问题,后者则大致可归入本体论之列。从形式上看,将知识论与本体论放在感性、知性、理性等范畴之下加以讨论,似乎表现了以认识论统一二者的趋向,但康德同时强调,感性、知性与理性之间存在难以逾越的鸿沟,而这种分离又对应于现象界与物自体的二分,它在以感性、知性、理性联结认识过程的同时,又以两种认识能力的分离割裂了这一过程。知性与理性的并列和分离,实质上也就是知识与智慧的分离,而其结果则是本体与现象、科学认识与元学的彼此隔绝。康德的思路带有某种典型意义,尔后实证主义与人本主义的对立可以看作是这一思路的继续:二者从不同的角度截断了统一的认识过程,并分别强化了其中的一个方面。

与近代哲学的以上思路不同,冯先生将知识与智慧视为统一的认识过程的两个方面,以二重飞跃(从无知到知、从知识到智慧)联结了康德的知性与理性。作为统一的认识过程的两个方面,知识与智慧并不是彼此并列或对峙的二重序列,知识之中即包含着智慧的因素,智慧则始终与知识经验有着内在的联系。知识固然应向智慧转化,但转识成智的飞跃是在与知识经验的联系中实现的。"不能把知识与智慧割裂开来,飞跃不是割裂"①。

　　冯先生以广义的认识论超越本体与现象、知识论与元学、名言之域与超名言之域对立,也可以看作是对现代西方哲学的回应。在20世纪西方哲学的演进中,早期维特根斯坦从语言哲学的角度,对存在作了划界,以为哲学只能限定于可说者,对不可说者应保持沉默,这是执着于名言之域而拒斥超名言之域,它所体现的实质上乃是一种狭义知识论的立场。海德格尔一再追问存在的意义,并要求探究存在者的存在(being of beings),而这种追问与探究又关联着对科学的世界图景的批评以及对人生的终极关切,它往往超越了普通的名言之域,而引向诗化意境,它所体现的是一种疏离于科学认识的元学(形而上学)的立场。维特根斯坦与海德格尔在某种意义上代表了现代西方哲学两种基本的思维趋向,而其共同的特点则是名言之域与超名言之域的分离。冯先生以知识与智慧相统一的广义认识论打通知识论与元学、名言之域与超名言之域,显示的是一种不同于现代西方哲学的视野。尽管也许很难说其智慧说已一劳永逸地终结了科学主义与人本主义的对峙,但它无疑为解决这种对峙提供了富有启示的思路。

二

　　冯先生以智慧说为其哲学的主旨,展开来看,智慧说即是关于性与天道的理论。性与天道既相互联系,又可以分别地加以考察。就

---

① 　冯契:《认识世界和认识自己》,第420页。

天道而言,问题总是涉及本体论。本体论的研究大致有两种思路:其一是在人的认识过程之外构造种种宇宙模式或世界图景,这种模式或图景往往容易陷入思辨的虚构。其二则是从认识过程出发考察存在。

从哲学史上看,康德的思路有其值得注意之点。他把人的认识能力区分为感性、知性、理性,并由此出发,对存在作了相应的规定:对应于感性与知性的是现象界,对应于理性的则是本体世界。不过,尽管康德的以上思路避免了构造形而上学的自然哲学,但他同时又由割裂人的认识能力而截断了统一的认识过程,把本体世界推向了不可知的彼岸。这样,康德事实上在将认识论与本体论联系起来的同时,又隔离了二者(将本体置于认识过程所及的领域之外)。与之相联系,康德亦难以完全摆脱形而上学的虚构:从物自体的设定中便不难看到这一点。

在考察天道的出发点上,冯先生与康德有相近之处。尽管和实证主义不同,他并不拒绝讨论本体论问题,但他从不试图在认识过程之外去构造一个本体论体系。冯先生把智慧学说界定为关于性与天道的理论,而后者的具体内容便是认识世界与认识自己(《智慧说三篇》的主干部分即以《认识世界和认识自己》为题)。这样,在冯先生那里,天道的理论便被理解为认识世界的问题。

从认识世界的过程看,自然界在尚未进入人的认识领域时,表现为自在之物。不过,与康德不同,冯先生强调,自在之物并非永远处于认识领域的彼岸,自在之物与为我之物之间不存在无法逾越的鸿沟,二者的界线在不断地变动。自在之物可以看作是尚未进入认识过程的为我之物,为我之物则是相对于主体认识的自在之物,二者的区分首先具有认识论的意义。从认识论的角度看,自在之物也就是所谓"天之天",亦即本然界,由于理性之光尚未照射,本然界也可视为无对待之域,它既无所谓彼此之分,亦无能所之别。从无对待之域到对待之域的转化,是通过基于实践的认识过程而实现的:人类正是在实践的基础上,不断地化天之天(自在之物)为人之天(为我之物)。冯先生对存在的看法,体现了实践唯物主义的原则,而不同于思辨的形而上学。

天道作为道,具体表现为统一性原理和发展原理。冯先生认为,我们诉诸每个人的实践经验,亲身体验到感觉能够给予客观实在,这个客观实在就是感觉到的为我之物,但它又是独立于感觉的自在之物,由此我们就有了客观实在或物质这个范畴,而这同时又构成了我们把握世界统一性原理的出发点。冯先生区分了作为客观实在的物质与作为世界统一性原理的物质。物质作为感觉给予的客观实在,是认识论的首要前提,物质作为世界统一性原理,则是认识长期发展的成果,后者的内涵更为丰富,但它又以前者为基础。物质与运动不可分,这就决定了统一性原理总是关联着发展原理。无论是世界的统一性原理,还是世界的发展原理,本质上都不是一种先验的设定,而是在现实的认识过程中被不断揭示的。

自在之物在未进入认识领域前,属于本然界,在认识过程中,主体作用于客观实在,在感性直观中获得所与,进而形成抽象概念,以得自所与还治,从而使本然界化为事实界。事实是为我之物,事实界是已被认识的本然界,知识经验就在于不断化本然界为事实界。

本然界是未分化的无对待之域,事实界则是分化了的现实,具有无限的多样性。不同的事实既占有特殊的时空位置,又形成了相互联系之网,其间具有内在的秩序。冯先生考察了事实界最一般的秩序,并将其概括为两条:其一是现实并行不悖,其二为现实矛盾发展。冯先生吸取了金岳霖的观点,认为从消极的方面说,现实并行不悖是指现实世界没有不相融的事实,而所谓相融则是指空间上并存,时间上相继的现实事物之间不存在逻辑的矛盾：我们可以用两个命题表示两件事实而不至于矛盾。就积极的方面说，并行不悖便是指一种自然的均衡或动态的平衡，这种均衡使事实界在运动变化过程中始终保持一种有序状态。冯先生认为，事实界这种并行不悖的秩序既为理性地把握世界提供了前提，也为形式逻辑提供了客观基础：形式逻辑规律以及归纳演绎的秩序与现实并行不悖的秩序是一致的。在此，本体论的考察与认识论始终联系在一起。

事实界的另一基本秩序是矛盾发展。自然的均衡总是相对的，事物间的并行也有一定的时空范围，事实界的对象、过程本身都包含着差异、矛盾，因而现实既并行不悖，又矛盾发展。冯先生一再指出，只有把现实并行不悖与现实矛盾发展结合起来，才能完整地表述现实原则。如果只讲并行不悖而不谈矛盾发展，便只是描述运动、变化，而未揭示运动的根源。并行不悖是具体化、个体化的现实原则，但只注意现实有归纳演绎的秩序，并不能真正把握现实中的具体。事实界既有以并行、均衡的形式表现出来的秩序，又有以矛盾运动的形式表现出来的秩序，正如前者构成了形式逻辑的客观基础一样，后者构成了辩证逻辑的客观基础。不难看出，冯先生在此乃是将事实界的秩序作为思维逻辑的根据和前提来把握。

事实界既有一般的秩序，又有特殊的秩序，这种秩序体现了事实间的联系，是内在于事的理。事与理相互联系：事实界的规律性联系依存于事实界，而事实之间又无不处于联系之中，没有脱离理性秩序的事实。理与事的相互联系，使人们可以由事求理，亦可以由理求事，换言之，内在于事的理既为思维的逻辑提供了客观基础，又使理性地把握现实成为可能。

思维的内容并不限于事与理，它总是超出事实界而指向可能界。从最一般的意义上看，可能界的特点在于排除逻辑矛盾，即凡是没有逻辑矛盾的,便都是可能的。同时,可能界又是一个有意义的领域,它排除一切无意义者。二者相结合,可能的领域便是一个可以思议的领域。冯先生强调,可能界并不是一个超验的形而上学世界,它总是依存于现实世界。"成为可能的条件就在于与事实界有并行不悖的联系"。可以说,可能界以事实界为根据。

事实界中事物间的联系呈现为多样的形式,有本质的联系与非本质的联系,必然的联系与偶然的联系,等等,与之相应,事实界提供的可能也是多种多样的。冯先生认为,从认识论的角度看,要重视本质的、规律性的联系及其所提供的可能,后者即构成了现实的可能性。现实的可能与现实事物有本质的联系,并能够合乎规律地转化为现实。可能的实现是个过程,其间有着内在秩序。从可能之有到现实之有的转化既是势无必至,亦即有其偶然的、不可完全预知的方面,又存在必然的方面,因而人们可以在"势之必然处见理"。与事实界的考察一样,冯先生对可能界的理解,始终没有离开人的认识过程。从事实界到可能界的进展,现实的可能与非现实的可能之区分,由可能到现实的转化,都在不同意义上对应于人的认识秩序。

事实界的联系提供了多种可能,不同的可能对人具有不同的意义。现实的可能性与人的需要相结合,便构成了目的,人们以合理的目的来指导行动,改造自然,使自然人化,从而创造价值。事实界的必然联系所提供的现实可能(对人有价值的可能),通过人的实践活动而得到实现,便转化为价值界,价值界也可以看作是人化的自然。价值界作为人化的自然,当然仍是一种客观实在,但其形成离不开对现实可能及人自身需要的把握。在创造价值的过程中,人道(当然之则)与天道(自然的秩序)是相互统一的,而价值界的形成则意味着人通过化自在之物为为我之物的实践而获得了自由。

以本然界、事实界、可能界、价值界为主干,冯先生展开了其智慧说中的天道理论。这种考察无疑具有本体论意义,但它又不同于思辨的本体论:它的目标并不是构造一个形而上的宇宙模式或世界图景,而是以认识世界为主线,阐明如何在实践的基础上以得自现实之道还治现实,从而化本然界为事实界;通过把握事实界所提供的可能以创造价值,在自然的人化与理想的实现中不断达到人的自由。冯先生的这种思路既不同于传统的形而上学,也有别于一般现行的教科书。后者通常以物质为出发点,并由此展开与认识论并列的所谓自然观,这种被置于认识过程之外的自然观,往往很难摆脱独断的性质。冯先生在认识世界的过程中谈天道,并把这一过程与通过价值创造而走向自由联系起来,体现了本体论、认识论、价值论的统一,这一研究路向无疑有其独到之处。

三

智慧说作为性与天道的理论,既以认识世界为内容,又关联着认识自己。按冯先生的理解,认识自己是指认识作为精神主体的人类(包括群体与个体)的本性,它所要解决的问题是"我"(自己)如何由自在而自为,而这一过程总是涉及心与性的关系问题。心即作为精神主体的自我,它的本质特点在于有灵明觉知;知是认识,觉则指有意识。与心相对的性是指本性或本质,包括人的天性与德性。冯先生认为,心与性不可等同。就性而言,人的本性或本质不仅仅在于有灵明觉知,它还包括无意识、非理性的力量,以及人的社会性等;而人的灵明觉知则不仅要求把握人性,而且以认识天道(自然界及其秩序)为目标。因此,心与性并不重合。这种界说既避免了将人性仅仅归结为理性意识(觉知),也拒绝了把理性意识完全限定于人性之域,它为具体而不是抽象地理解自我(赋予自我以具体的品格)以及统一存在与本质提供了理论前提。

性与天道相联系,认识自己与认识世界是同一过程的两个方面。就所知而言,人的认识在于化自在之物为为我之物;就能知而言,认识则在于主体精神由自在而自为。单纯的感官活动实际上没有"觉",这种感性直观的我还处于自在状态,通过化所与为事实,我才真正有了觉。自我由自在而自为的过程,既是作为精神主体(心灵)的自觉,又表现为由天性到德性的进展;灵明觉知之心的发展与人性的发展相互关联,而其总的演进方向则是主体由必然领域提升到自由之境。冯先生的这些看法进一步展开了广义的认识论观点,如果说,从无知到知、从知识到智慧的飞跃从纵向肯定了认识过程的统一性,那么,认识世界与认识自己的统一则从横向强调了这一点。同时,将主体由自在到自为理解为心的灵明觉知与德性的双重提升,则注意到了理性意识的自觉与人性的全面发展的统一。

心性具有多方面的内涵,并展开为一个过程。在冯先生那里,心性内涵的展开逻辑地对应于天道的演进。就认识世界而言,人们首先化本然界为事实界,并由此获得知识经验,知识经验的综合统一性就在于我思(统觉),这种统摄知识经验的思维能力及其活动便是主体意识。简言之,在知识经验的领域,心取得了主体意识的形式,而其具体内涵则表现为思维能力与思维活动的统一。不过,冯先生同时强调,心灵是一个整体,其中理性与非理性(情感、意志、直觉等)是相互联系着的。与心相对的是性。心的灵明知觉(主体意识)固然以思维能力与思维活动为主导的方面,但人性(人的本质)却不能仅仅归结为思维能力。冯先生首先从类的角度考察了人的本质,认为人的类本质即在于自由劳动,它具体表现为感性活动与理性思维的统一。这种看法既不同于人性即理性的理性主义,也有别于生之谓性的经验论。

在化本然界为事实界之后，主体还应从事实界的联系中揭示其中蕴含的多种可能。与可能界及其实现过程相联系，便应注意主体的社会意识与社会存在。认识是一个通过不同意见的争论而展开的过程，每一意见表示一种可能，意见的分歧说明了可能的多样性。作为争论的参与者，主体已不仅仅是类的分子，而且是社会关系中的自我，主体意识则相应地包含着社会意识。意识主体不仅具有统觉（以我思统摄知识经验），而且又以一定的社会意识作为观察问题的视角。自我可以看作是小我与大我的统一，其考察对象时所运用的观点，总是理论认识与社会意识的交融。与人心（意识）的这一层面相应，人性（人的本质）也呈现出社会性的特征："在其现实性上它是一切社会关系的总和。"这样，冯先生便由人的类的本质进展到了社会的本质，亦即不仅从人类学上，而且从社会学上对人性（人的本质）作了规定。

作为个体意识与社会意识统一的主体意识随着社会历史的发展而逐渐提升为自由意识。自由意识与化可能界为价值界相联系，是人在创造价值、改造自然、发展自我中达到的主客统一意识。这种自由意识首先表现为主体作为主宰者的意识，亦即自由的人格意识。任何自我都可以自觉地在自己的创造性劳动中改造自然，培养自己的能力，于是自作主宰，获得自由。在这过程中，他不仅能够支配外在的自然，而且也能支配自己内在的自然（天性）。由此形成的自由人格，是一种平民化的、多数人可以达到的人格，它也可以看作是一种自由的德性。

冯先生对心性的考察以认识自己为主线，心与性既相互区别，又相互关联，最后指向自由的人格。自由人格的培养首先涉及广义的天人关系，一方面，人的天性在未经人化时，往往具有本然的形态，它只有通过一个从自在到自为的过程才能形成德性；另一方面，人化的过程又不能完全离开天性,它总是以天性所提供的可能为根据,而并不是一种单纯的外在强加,同时,德性在形成之后往往习惯成自然,从而不断地归于天性(成为人的第二天性)。天性经过人化而提升为德性,德性又以天性为根据并向天性复归,天性与德性融合为一。冯先生对天性与德性的考察以马克思的实践观为基础,又吸取了儒家的人道原则与道家的自然原则,以及哲学史上的成性说、复性说,在人格理论上体现了天与人的统一。

认识自己与造就自己都离不开存在与本质的定位。人作为社会关系的总和,无疑具有普遍的社会本质,但人同时又是作为一个一个的个体而存在,人在其现实性上总是普遍本质与个体存在的统一。本质主义片面强调人的普遍本质,并将其形而上化,从而对人的具体存在采取了虚无主义的态度;存在主义则以人的个体存在否定了其普遍本质,对人同样作了抽象的理解。从中国哲学史上看,正统儒学在理欲之辩及群己之辩中突出了人的理性本质,表现出某种本质主义的倾向;马克思主义传入以后,教条主义又往往对其作本质主义的理解,把人的个体存在淹没于普遍本质之中。有鉴于此,冯先生在分析人的社会本质时,一再批评本质主义。人的本质是社会关系的总和,而社会关系是许多个别的人之间的联系,本质不能脱离一个一个的人,不能脱离个性而存在。冯先生认为,本质主义的错误在于把个别仅仅视为一般本质的殊相,并由此将个别(单一)等同于殊相。这一看法深刻地揭示了本质主义的理论特征。本质主义往往以一般为体,个别为用,根据这种理解,个别(个体)便成为一种缺乏自性的殊相的集合,从而失去了其真实的存在。冯先生在指出人的社会本质的同时,又反复强调不能忽视人的个体存在,这种看法把真实的自我和自由的人格理解为存在与本质的统一,表现了对存在主义与本质主义的双重超越。

与批评本质主义相联系,冯先生对人性的异化现象作了考察。人性并非凝固不变,它在本质上展开为一个过程。历史地看,劳动使人获得了不同于动物的本质(人性),而劳动本身在自然经济与商品经济条件下都不可避免地会产生异化。自然经济以人的依赖关系为特征,与之相应的是各种权力崇拜观念;商品经济以物的依赖性为特征,与之相应的则是金钱崇拜观念。劳动异化以及与之伴随的权势欲、金钱欲往往导致人性的异化和扭曲,只有不断克服这种异化,自我才能由自在到自为,形成自由的人格。

　　自我在走向自为的过程中,总是经历着性与天道的交互作用。冯先生吸取了王夫之的有关论点,并对其作了实践唯物论的引申。按冯先生的理解,性与天道的交互作用表现为凝道而成德。显性以弘道的统一:在实践活动中,客观现实事物的感性性质授我以道(客观规律与当然之则),我根据性之所近,习之所惯加以接受,使我的性得到培育而日生日成,这也就是凝道成性;转过来,我通过实践活动而使性得以显现,具有感性性质的客观事物各以其道(不同的规律与途径)而使人的性(本质)对象化,亦即成为人化的自然,这便是显性弘道。在这一过程中,我逐渐达到理性的自明、意志的自主、情感的自得,并真正形成自由的德性。

　　认识自我与造就自我是哲学史上古老而常新的论题,中国哲学中的心性之学,西方哲学中的德性伦理学,都涉及了这一问题。心性之学作为儒家内圣理论的展开,在宋明时期已成为显学。理学家们从不同角度对心、性、理等关系作了辨析,多方面地深化了人性与人格的理论。如成性说较多地考察了天性的人化过程,复性说则突出了人格培养的内在根据以及德性向天性的回复。当然,就总体而言,传统的心性之学缺乏历史实践的观点,心即性的命题便表现了这一点;同时,以理性本体为人的本质,也很难避免本质主义的趋向。不过,不能因为传统心性之学的理论缺陷而否定心性之学本身,而当代中国哲学往往忽视了这一点。心性的讨论似乎一直备受冷落,人格理论也成为哲学中的薄弱环节。冯先生将实践观点与历史唯物论引入心性之域,以认识自己和造就自己为主线,考察了主体化天性为德性、从自在到自为的过程,无疑既超越了传统的心性之学,又为重建心性理论提供了新的思路。

从西方哲学看,亚里士多德已提出了德性伦理学,其侧重之点在于培养自我的内在品格。在亚里士多德看来,德性为行为提供了目的和方向,决定着主体对行为的选择,并保证了行为的恒常如一。作为内在品格,德性表现为实践理性、主体意向以及情感的统一。就德性与规范的关系而言,德性是内在的,规范则是外在的,只有形成内在的德性,才能超越规范的外在强制,使行为达到自觉与自愿的统一。就行为与德性的关系而言,行为具有多样的特点,德性作为相对稳定的品格,则总是统摄着具体境遇中的行为。相对于道义论(义务论)之突出普遍的规范,功利主义(尤其是行为功利主义)之注重具体行为,德性伦理更多地关注于作为行为主体的自我。在现代西方哲学,随着抽象的理性规范渐渐变得苍白无力,分析哲学的元伦理学日益走向末途,亚里士多德的德性伦理学开始得到了重新确认,麦金泰尔、威廉姆斯等一再提出回到德性伦理学的口号。冯先生关于培养自由德性和人格的思想与西方的德性伦理当然存在深刻差异(他对德性的理解已不限于内在品格,而是赋予了更广的历史内涵),但在注重具体人格这一点上,与现代西方哲学的如上走向似乎又有相近之处。

认识世界与认识自己作为性与天道的理论,属于超名言之域。理论不能仅仅停留于形而上的层面,智慧学说在超越名言之域的同时,又要始终保持与知识经验和具体人生的联系。冯先生以化理论为方法、化理论为德性概述了以上关系。化理论为方法，主要说明认识的辩证法如何通过逻辑思维的范畴，转化为方法论的一般原理。冯先生运用客观辩证法、认识论、逻辑相统一的观点，吸取了中国传统哲学的类、故、理等范畴，建立了一个辩证逻辑的范畴体系。[1] 化理论为德性，则是指将认识的辩证法贯彻于价值领域，在实现真善美理想的过程中，培养自由的人格。[2] 这样，主体在认识世界和认识自己中转识成智，又通过化理论为方法、化理论为德性而不断地向知识经验与现实人生回归，知识与智慧、名言之域与超名言之域展开为一个基于广义认识论的动态统一过程。

　　哲学自其诞生之时起，便与智慧结下了不解之缘。冯先生以智慧说上接哲学的源头，创造性地运用马克思主义的观点，吸取了中国哲学与西方哲学的思维成果，范围古今而进退之。他的理论，既可以看作是对 20 世纪中国哲学的总结，又表现为对现代西方哲学的回应。作为一种开放的体系，冯先生的智慧说当然并没有终结中国哲学，但它无疑为当代中国哲学的发展提供了一个新的起点。

（本文原载《哲学研究》1995 年第 12 期，后被译为德文，刊于 *Minima Sinica*，Bonn，1，2002）

---

[1]　参见冯契：《逻辑思维的辩证法》，华东师范大学出版社，1996 年。
[2]　参见冯契：《人的自由和真善美》，华东师范大学出版社，1996 年。

附录一

哲学之路[*]

问：作为 20 世纪 50 年代出生的学人，您的经历一定也打上你们这一代人特有的印记，能先谈一下您早年的生活与学习情况吗？

答：我虽出生于上海，但童年的大部分时光却是在我的故乡浙江诸暨度过的，那里的山水草木，至今仍给我以亲切之感。1965 年，我从诸暨回到上海，在市区的一所小学开始了我的学生时代。但第二年，"文革"的硝烟平地突起，此后，规范化的教育便与我无缘。不过，学校教育方面的放任，倒给了我比较自由的阅读

---

[*] 本文源于 1999 年的学术访谈，刊于《学术月刊》1999 年第 6 期。2006 年，曾被用作《思与可思》（我的自选集）的代序。2009 年收入本书第一版时，增补了后续访谈的相关内容。

空间：由于没有应试的压力，我可以无拘无束地泛读当时能够找到的各种书刊；这种条件，是时下的应试教育所缺乏的。

问：据我了解，中学毕业后，您曾当过工人。

答：是的。1976 年中学毕业后，我被分配到一家建筑材料公司当装卸工，在汗水与尘土中度过了一段难忘的日子。它使我经受了人生的最初磨炼，也使我对社会生活有了较为深切和具体的理解。

问：您是何时进入大学的？

答：作为高考制度恢复后的首届大学生，我是在 77 年底参加考试，78 年初进入大学的。以二年的装卸工岁月为分界线，我的学生生活前后恰好经历了两个十年，当然，只有后十年才是真正意义上的寒窗。

问：但在进入大学以前，您似乎已经表现出相当的文史兴趣。

答：不错。早在中学时代，我已开始涉猎历史、哲学、经济等领域，并读了不少马克思、恩格斯的著作；在当装卸工期间，这种兴趣依然未减。当然，相对而言，我当时对历史更为倾心，考入大学前，我已通读了一遍多《资治通鉴》，并作了六七本笔记。这种学习虽然并不正规，但却打下了文史方面的初步基础。

问：但您在大学所学的专业却是哲学。

答：是的。上大学后，我的侧重点渐渐转向了哲学，并开始较为系统地阅读哲学方面的著作，对西方哲学、中国哲学、认识论、伦理学、美学、宗教学等，都表现出相当的兴趣。潜心读书的同时，也开始尝试作若干专题的研究。大学三年级（1980 年）与四年级（1981 年），我先后写了二篇中国哲学方面的习作，这两篇习作后来都发表于学术刊物，并为有关的报刊所转载。

问：80 年代以来，中国哲学的研究渐渐呈现多样的发展趋向，您在这一领域中的研究也颇具特点，读您的论著，往往可以领略到一种较为独特的风格,能否谈一下您的学术传承?

答:如果说我在中国哲学研究方面有什么特点的话,那么,这与我的受业背景也许不无关系。我的治学之路始于华东师范大学。华东师范大学哲学专业的历史虽然不很长,但其传统却可以追溯到 20世纪三、四十年代的清华大学。清华大学的哲学系在三、四十年代汇聚了金岳霖、冯友兰、张申府等哲学家,他们在不同程度上受到新实在论的影响,并十分注重逻辑分析。其中,特别值得注意的是金岳霖。金岳霖对分析哲学的理论及哲学方法(包括现代数理逻辑)都有相当的研究,当时有中国的摩尔(G·E·Moore)之称,其《论道》、《逻辑》、《知识论》都可以看作是现代中国哲学史中的经典之作。华东师范大学哲学系的奠基者冯契先生 30 年代时便师从金岳霖。自50 年代到华东师范大学任教之后,冯契先生在接受马克思主义洗礼的同时,也把清华的传统带到了这所学校,而注重理论研究、逻辑分析的哲学路向与马克思主义哲学相结合,逐渐构成了华东师范大学哲学专业的特点。

问:您是冯契先生正式招收的第一个博士生,一定比较深切地感受到了这种传统。

答:确实如此。事实上,早在成为冯契先生的博士生以前,我已在冯先生门下学习了三年。当时冯先生的著作虽然大多尚未正式出版,但相当部分已作为讲义打印出来并发给我们,其中包括《中国古代哲学的逻辑发展》,以及《逻辑思维的辩证法》等。这些讲义是冯契先生数十年哲学沉思的结晶,它不仅给我们提供了哲学史与哲学理论方面的具体知识,而且展示了一种研究的视野和方法。后者之中给人印象最为深刻的,便是历史考察与理论阐发的统一,或者说,以哲学理论的沉思为基础回顾哲学的历史;又以历史反思为前提进行哲学理论的建构。这一路向,对我以后的哲学思考和研究产生了重要的影响。

问：前面已提到，您所从事的，首先是中国哲学史的研究，能大概地谈一下这方面的情况吗？

答：好的。从研究生阶段开始，中国哲学史就构成了我的专业。在中国哲学史领域，我的研究兴趣首先指向古典哲学。我以前曾多次提到，不同的文明形态都曾有过自己的原创时代，中国古典哲学亦以其独特形式体现了这种原创性。正是这种原创性，构成了中国哲学发展的无尽源头。哲学史的研究与一般思想史的研究似乎有所不同，思想史的研究往往着重于对观念现象的历史阐释。哲学史研究则不能仅仅就史而论史，而应当进而把握其中具有原创意义的思维环节，再现古代先哲的智慧之路，从而为今天的哲学思考提供深沉的理论资源。哲学史上的哲学家，往往从不同的角度展开了对性与天道的无穷追问和沉思，而他们的哲学系统则可以看作是这种思与问的凝结。不断地解读这些体系，敞开其中的内在意蕴，无疑是哲学史研究的题中应有之义。自80年代开始，我便从不同侧面对中国古典哲学作了若干疏解和诠释，涉及的范围包括先秦诸子、汉代儒学、魏晋玄学、宋明理学、清代朴学等，而其中用力较多的，则是儒学和理学。当然，这种解读是无止境的，我所做的工作还非常有限。

问：就中国古代哲学而言，您对宋明理学，特别是王学的研究格外引人注目，您的专著《王学通论》不仅在海外再版，而且被韩国汉学家译成两种韩文译本，在国外也产生了影响，可以简要介绍一下这方面的研究吗？

答：我对王学的研究，开始于博士生阶段。你提到的《王学通论》，便是我的博士论文。在该书中，我主要把王学理解为一代思潮，并通过展示其历史演变的过程，进而揭示其中内含的逻辑脉络。王阳明的心学以良知与致良知为核心范畴，二者蕴含着内在二重性，从厘定这种二重性入手,我既阐释了王阳明心学本身的理论趋向,又考察了晚明心学的分化、演进过程以及这种分化的理论缘由和历史根据,并分析了心学终结于明末、复兴于近代的原因。从历史跨度看,这一研究涉及了王学产生的历史前提、王学本身的逻辑展开、王门后学的分化变迁、近代王学的复兴等,在此以前,这样的系统考察,似乎还较少,也许这是它在出版后引起注意的原因之一。当然,该书毕竟是 10 余年前的作品,现在看来,其中有些分析不免显得生硬,已不能使人满意。

问:除了较早的《王学通论》外,您后来对王学似乎还作过进一步的研究。

答:你所指的,大概是我在 1997 年出版的《心学之思》。如我在该书的后记所说,王阳明属于具有原创性的哲学家,也许正是王阳明心学内含的这种原创意蕴,促发我在 10 年前初涉其思想之后,再度把心学列为研究对象。当然,尽管涉及的对象相近,但前后切入的角度并不相同。作为博士论文的前一著作,主要着重于思潮的历史考察,这里提到的后一著作则更多地以心学意蕴的理论阐释为内容。二者都力图体现历史与逻辑的统一,但在历史与逻辑的各自侧重上,则又有所不同。事实上,二书的不同书名(《王学通论》与《心学之思》),也反映了研究角度的差异。

问:宋明理学之外,宽泛意义上的儒学也是您关注的一个领域,您在 90 年代初出版的《孟子新论》、《善的历程》,都涉及儒学,尤其是《善的历程》,出版后海内外都有评论,几年前在海外又再版,您在这方面的研究,也是我所感兴趣的。

答:《孟子新论》可以看作是对儒学所作的一种个案研究,《善的历程》则属于宏观层面的考察,比较而言,后者也许更具有代表性。关于儒学,我着重从价值观的角度,对其作了较为具体的考察。价值观是一种规范性、评价性的看法和观念,它既涉及现实世界的意义,也指向理想的境界。广义的文化创造总是受到价值观的制约,文化本身在某种意义上可以理解为价值观的外化或对象化。作为中国文化的主流,儒学亦以价值观为其核心:正是价值观,展示了儒家文化的历史特征,而儒学对中国传统文化的影响,在很大程度上也是以价值体系为其中介;忽略了价值体系,便很难把握儒学的内涵。基于这一看法,我首先在价值观的层面,考察和疏理了儒学从先秦到近代的历史衍化过程,并从合理性的重建这一角度,对其在现代化过程中的多重意义作了分析。

问:您的这种考察,确实从儒学的表层进入了其深层。除了古典哲学外,中国近现代哲学也是您研究的对象,事实上,您对王学、儒学的研究,都同时延伸到了近代。

答:近现代哲学确实是我关注的重要领域,我在大学时所作的毕业论文,便是有关中国近代哲学的,这篇文章后来成为我发表的第一篇学术论文。在这一领域中,我比较注意将人物的个案研究和思潮的研究结合起来。就人物而言,我考察的对象包括谭嗣同、康有为、梁启超、严复、孙中山、王国维、梁漱溟、胡适、熊十力、冯友兰、贺麟、金岳霖等,就思潮而言,我对意志主义、实证主义及科学主义都有所注意,其中作过较系统研究的则是实证主义和科学主义。

问:您在十余年前出版的《实证主义与中国近代哲学》以及后来面世的《科学的形上之维——近代科学主义的形成与衍化》能否看作是您在这方面代表性的著作?

答:更确切地说,它们体现了我前些年在这方面所做的工作。

问:中国近现代哲学与中国古代哲学往往被看作是不同的研究领域,您对两者的考察,研究视野是否也各有侧重?

答:近现代哲学以中西哲学的相遇为背景,这一时期的哲学家们往往展示了会通中西的努力。真正有成就的中国近现代哲学家,总是自觉地意识到新的时代特征,并以开放的心态对待中西哲学。相对于古典哲学研究中主要关注于其中原创性的思想资源,对近代哲学,我更多地着重于分析和阐释中西会融这一独特的哲学史现象。当然,这并不是说,近现代哲学家没有新的哲学建树,我想强调的只是这种建树始终以中西哲学的互动激荡为其背景。离开了这一背景,便无法理解中国近现代哲学。

问:从您的有关论著中可以看到,您对中国近代哲学的研究总是体现了一种比较的视角。广而言之,这一点也体现在您的整个中国哲学的研究中。这里似乎已涉及到中西哲学的关系问题。事实上,注重西方哲学,也构成了您治学的一个重要特点。

答:如我以前一再提到的,中西哲学曾在各自的背景之下,经历了不同的发展过程。然而,近代以来的社会和思想进程,逐渐终结了中西哲学相互隔绝的历史,西方哲学的存在,已成为中国哲学必须正视的事实:无论是对古典哲学的研究,抑或哲学的重建,西方哲学都已成为一种诠释背景。中国传统哲学在其发展过程中无疑形成了不同的体系,但这种体系往往更多地具有实质的意义,与形式逻辑未受重视相应,中国哲学在形式的体系化这方面则显得较为薄弱。相对而言,西方哲学从早期开始便较为注重概念的界定、命题间的推论,等等,这种形式化的追求在现代的分析哲学系统中,表现得尤为明显。对传统哲学的任何阐释,都在不同程度上表现为一个逻辑重建的过程,后者总是涉及形式的体系化,而西方哲学在这方面无疑可以提供某些范式。同时,在一些深层的理念上,中西哲学之间也存在着不少可以相互对话的问题,从这一意义上看,西方哲学作为一种背景,不仅为"形式"的体系化提供了某种范式,而且在"实质"的方面亦构成了研究的参照系。早在20世纪初,王国维等已提出学无中西的看法,我认为,在哲学研究中同样应有这种眼界。

问:从古希腊到 20 世纪,西方哲学经历了漫长的发展过程,其间出现了不少重要的哲学家,并形成了不同的体系和流派,您特别关注的是哪些人物与流派?

答:我对西方哲学,还谈不上系统的研究,兴趣之点与关注的角度或许也不同于以西方哲学为专业者。比较而言,我更注重的是历史上的哲学家所提出的问题以及他们对这些问题的解决方式,特别是其中所涉及的具有原创意义的观念。古希腊哲学家中,我较为注意的是柏拉图与亚里士多德,尽管海德格尔认为,前苏格拉底的哲学具有更高的价值,但历史地看,柏拉图和亚里士多德毕竟构成了西方哲学的源头。近代哲学中,我的注重之点较多地放在休谟、康德、黑格尔等人身上。休谟哲学作为经验论的展开,包含了经验论的所见与所蔽;康德提出和涉及的哲学问题在深度和广度上似乎很少有人能超过,现代哲学的很多讨论,都在不同程度上可以追溯到康德;黑格尔哲学现在好像时运不佳,在中国与西方都是批评多而认同少,但事实上,黑格尔的批评者常常要远比黑格尔浅薄,时下一些执着于一偏之见而慷慨陈词的所谓思想家或哲学家,如果能懂一点黑格尔的辩证法,情形也许就会有所不同。因此,在某种意义上,我们不仅应向康德返顾,而且也应有条件地向黑格尔回溯。

就现代西方哲学,特别是 20 世纪西方哲学而言,分析哲学与现象学似乎是二大显学。分析哲学对概念的澄清、对逻辑论证的注重,等等,确实有其不可忽视的意义。从形式化的角度看,哲学总是离不开析义与论证:概念的辨析与逻辑的推论乃是哲学的题中应有之义。中国传统哲学在这方面往往注意不够,分析哲学的训练,无疑有助于避免概念的含混以及有结论而无推论等偏向。但分析哲学亦有自身的问题,如哲学的技术化,对存在、价值、人生的忽视等。相形之下,现象学及由此衍生的不同哲学路向则对存在、生存等问题作了较多的探讨,较之分析哲学的形式化趋向,它更多地在"实质的"层面上继承了古希腊以来的哲学传统,并在很多问题上表现了哲学思维的深度。当然,它在性与天道的追问中,也表现出过强的玄思倾向。总之,现象学之"思"、分析哲学之"辨",都各有所见,也各有所蔽。现代西方哲学中这二大显学的以上特点,决定了我们对二者不能简单拒斥,亦不可无条件地接受,这也正是我对待分析哲学与现象学的基本立场。从人物看,我对海德格尔与维特根斯坦的工作尤为关注,他们二人确可视为20世纪真正具有原创性的哲学家,今天的哲学思考,无法绕过他们的工作。

除了以上二大显学外,西方马克思主义,尤其是法兰克福学派,也是我所关注的流派,从法兰克福的早期人物,到其晚近的代表,如哈贝马斯,他们的工作都曾引发我的兴趣。特别是哈贝马斯,就其涉及的领域之广,讨论的问题之深入,理论构架之厚重而言,他无疑也已成为今天难以回避的哲学家。当然,对他的一些看法,我仍颇有异议。

问:您的这些看法,不仅涉及哲学史观,而且似乎也蕴含着对哲学本身的理解。

答:早在研究生期间,我已从冯契等先生的工作中逐渐意识到,哲学与哲学史事实上很难截然分离。我一直很欣赏黑格尔的一个著名论点,即哲学是哲学史的总结,哲学史是哲学的展开。撇开哲学的历史,便无法解决哲学究竟是什么的问题;离开了对哲学本身的理解,也难以真实地再现哲学的历史。就哲学思考与研究而言,一方面,思无法离开史,哲学研究不能"前无古人",任何新的哲学建构都要以以往哲学提出的问题或积累的思维成果为出发点;另一方面,对哲学史的梳理阐释也总是以研究者的哲学观为背景,并渗入了研究者的哲学"先见",在此意义上,可以说,哲学史的研究同时也就是哲学的研究,历史的分析与理论的阐发难以彼此相分。基于这一看法,我在肯定学无中西的同时,又一再强调哲学与哲学史的统一,后者也就是我一再说的史与思的融合。

问：这一立场也体现在您的研究工作中。从您在上个世纪末出版的文集《理性与价值》、《存在的澄明》以及近年出版的《伦理与存在》、《存在之维》及有关论著中,都可以看到对哲学史与哲学本身的双重关注。

答：确实,我对哲学的理论思考一直较有兴趣。如 1994 年至 1995 年在牛津大学访学期间,我曾对主体间性作了较为集中的考察。主体间性是一个关乎多重领域问题,认识过程中的意见争论,道德实践中主体间的互动,价值领域中的人我关系,乃至广义的社会交往行为,都涉及主体间性问题,而从哲学史,包括现代西方哲学看,对这一问题的理解往往存在不同的偏向,这也是我之所以对它重视并加以讨论的原因。除主体间性外,我对伦理学上的德性理论,以及德性与规范、德性与德行等也作过某些探讨。道德不仅涉及"你应该做什么",而且关联着"你应该成为什么人"。尽管历史上的哲学家对 to do（做什么）与 to be（成为什么）各有侧重,但就道德的本然系统而言,"做什么"与"成为什么"是相互统一的两个方面。对个体来说,"成为什么"的实际内容也就是成就自我,而在道德领域中,成就自我首先意味着成就德性。如果说规范首先告诉我们应当"做什么",那么,德性则更多地以"成就什么"为内容,而二者在道德实践中又具有相辅相成的关系。

问：谈到伦理学,我注意到您在前些年出版的《伦理与存在》一书中曾提出了"善何以可能"的问题,这似乎是一个具有普遍意义的问题,它应如何理解?

答：道德所指向的，首先是善。从价值形态看，善无疑是一种正面的价值。以善为目标，道德更多地展示了一种价值的追求。无论是古希腊的爱智者，还是先秦的哲人，其道德取向都内含着价值的关怀。道德与价值的这种联系，是就实质的层面而言；道德当然还有形式的一面，但实质的层面无疑更深刻地体现了其特征。

从逻辑上说，在提出"善何以可能"的问题之前，首先可以提出"善何以必要"的问题。历史地看，道德意义上的善，其起源总是有现实的根据，在其社会作用中，依然可以看到这一点。但道德的更深层的意义在于扬弃存在的片面性，实现存在多方面的潜能和规定。所谓"善何以可能"的提出，也是以此为前提的。这里实际上也涉及道德哲学可以做一些什么的问题。在我看来，道德哲学不应去充当道德的立法者，摩西十诫之类的律令，可以让摩西这样的道德和宗教先知去颁布。当然，道德哲学也不应自限于道德语言的逻辑分析，元伦理学的立场悬置了人的存在，显然过于狭隘。道德哲学可以做的，首先是考察如何才能达到完善的存在，或者说，走向善应具备何种条件。

问：具体而言，可以从哪些方面去分析这些条件？

答：这是一个颇大的问题。我想这种考察至少会涉及诸如道德与价值、伦理与义务、自我与社会、道德与语言、规范与德性、德行与自由、形式与实质等。其中，道德与价值总是和本体论问题关联在一起，伦理与义务、自我与社会往往涉及社会学的问题，道德与语言关联着语用学等问题，规范与德性则同时涉及认识论、心理学等问题。

问：从价值的层面关注道德的问题，似乎也是您的出发点。

答：价值内涵和价值根据应当看作是道德的题中应有之义。一些哲学家如维特根斯坦则已注意到此。对维特根斯坦来说，要回答"为什么这是善的"这一类问题，便应当肯定上帝的存在。类似的论点亦见于各种形式的宗教理论。这里重要的并不是以上帝为"善"的根据,而在于它对道德领域中价值本原的关注,以及与之相联系的某种本体论承诺。不过,尽管维特根斯坦以上帝为善的根据在逻辑上具有避免无穷后退的意义,但其中亦蕴含了一种超验的向度;由此出发,似乎很难把握善的真实意蕴。

问:在您看来,道德的价值根据应如何理解?

答:道德本质上是人存在的一种方式,对其价值根据的考察,不能离开这一基本事实。这一前提同时也表明,道德的本体论承诺不能仅仅指向超验之域:对善的本原的追寻,应当由超验的存在向人自身回归。这里的人,首先是一种具体的存在,他呈现出感性的形态(表现为生命存在),也有理性与精神的规定;既是一个一个的个体,又展开为类和社会的结构。略去了其感性、生命之维,人便只是抽象的存在;漠视其社会的、理性的规定,则很难将人与其他存在区别开来。伦理学史上,幸福与德性的统一常常被视为至善的内容,如果说,幸福的实现首先以人的生命存在为前提,那么,德性作为内在品格和精神境界则较多地体现了人的理性本质,从而,幸福与德性的统一,相应地意味着对生命存在与理性本质的双重肯定。当然,从不同的理论立场出发,哲学家们对存在的规定往往各有所重。功利主义以幸福为善的主要内容,而幸福往往又被还原为快乐,它所确认的,更多地是人的存在中的感性规定;义务论或道义论将义务本身视为无条件的命令,而其前提则是把人视为普遍的理性存在。如上的不同侧重,同时也以某种方式表明,人的存在内含多方面的价值向度。

问:这里已涉及伦理学与本体论的关系。从您近年发表的文著,包括不久前出版的《存在之维》中,确实也可以看到您对本体论的关注。

答:善的追求归根到底在于实现人存在的价值,在这一意义上,伦理学与本体论是统一的:存在的沉思应当指向人自身的完善,而道德的追求则以人的存在为其本体论前提。广而言之,如我一再提到的,哲学总是无法回避存在问题,从巴门尼德到海德格尔,尽管发问的方式不同,但对存在的追问却绵绵相续。实证主义拒斥存在的探索,只能使哲学变得贫乏化。当然,对存在的追问,并非仅仅是一种抽象的玄思。存在的探寻总是与人自身的"在"联系在一起。相对于本体论意义上的"有"(being),人自身的"在"更多地展开于人的生存过程:它在本质上表现为一种历史实践中的"在"(existence)。离开人自身的"在",存在只具有本然或自在的性质;正是人自身的"在",使存在向人敞开。因此,不能离开人自身的"在"去对存在作思辨的悬想。当然,人自身的"在",也并非处于存在之外,它总是同时具有某种本体论的意义。这样,人一方面在自身的"在"中切入存在,同时又在把握存在的过程中,进一步从本体论的层面领悟自身的"在"。

问:以上立场可以看作是您的出发点,具体而言,存在的追问是否可按不同的方式展开?

答:我以前曾提到的,本体论的研究可以有不同的侧重,它可以表现为本体论、认识论与逻辑学的结合,亦即在广义的认识过程中切入存在,它所体现的,是存在(或本体)与方法的统一;它也可以表现为本体论、伦理学与价值论的结合,亦即在人自身存在意义的追求与实现中,来不断敞开存在,而它所指向的,则是存在与境界的统一,这一进路较为典型地体现于中国哲学。存在与"在"的双重追寻,总是不断将人引向新的境界;境界既展示了人所达到和理解的世界图景,又与人自身的"在"融合为一。当然,以上二重路向尽管侧重不同,但并非彼此悬隔,在智慧的历程中,本体与方法、存在与境界总是不断走向统一。

问:存在的问题属"形而上"的领域,但从您以往的工作看,对经验、科学等"形而下"的对象,您也同样表现出某种兴趣,这里是否涉及"形上"与"形下"的关系？

答：是的。对存在的形而上沉思，不能疏离形而下之域；形上与形下之间的沟通和互动，是避免流于玄学思辨的必要前提。正是基于这一看法，在上世纪90年代初完成了儒家价值体系等研究之后，我便转而考察近代的实证主义思潮：相对于传统儒学的价值体系，实证主义显然更接近形而下之域；也是根据同样的考虑，在对思辨的心学作了"形而上"的沉思之后，我的注重之点曾指向科学主义思潮：尽管科学的"主义化"往往伴随着形上化的过程，但较之心学，科学主义思潮与现实的经验世界无疑有更切近的联系。就此而言，从传统心学到科学思潮，也可以看作是由"形而上"回归"形而下"。

问：《存在之维》出版后，您似乎又转向了哲学史。

答：你指的大概是我对庄子的研究，确实，较之形而上的沉思，庄子的研究更多地涉及哲学史，不过，研究域的这种转换，仍以史与思的互动和交融为背景。当然，相对而言，前此的历史回溯较多地指向儒家一系的哲学，2004年的"转向"则首先以道家系统的庄子哲学为对象。庄子哲学通常被归入道家之列。作为中国哲学中的重要流派，道家在历史上留下了难以抹去的理论足迹，其思想深刻地影响、制约着中国思想的衍化。晚近较为流行的看法有"儒道互补"说，一些论者则更倡"道家主干"论（以道家为中国哲学的主干）。这些看法是否确当或可进一步讨论，但它们无疑也从不同方面反映和折射了一个基本事实，即道家在中国哲学史中曾写下了不可忽视的一页。道家的这种不可忽视性，同时也表明：撇开或略去了其哲学，便难以全面地再现和把握中国哲学的基本精神。作为中国哲学的重要构成，道家思想并不是以抽象的形态存在，而是体现于历史上的不同哲学系统，其中，庄子的哲学，显然是其最为重要的源头和载体，对庄子哲学的个案性考察，无疑既有助于更具体地把握道家哲学的理论意蕴,也将在更广的意义上深化对中国哲学的理解。这也是我将庄子列为考察对象的缘由之一,而研究的结果,则主要体现在2006年出版的《庄子的思想世界》一书中。

问: 您目前主要在从事什么问题的思考?

答: 我现在的关注之点,主要是和成己与成物相联系的意义世界的生成问题。人所面对的,既不是本然的存在,也非已完成的世界;以人观之,世界具有未完成的性质。世界是这样,人自身也是如此。较之其他存在,人与世界的关系具有二重性:一方面,人内在于这个世界;另一方面,人又把这个世界作为自己认识、作用的对象,这种作用在总体上展开为一个"成己""成物"的过程。从哲学的层面看,"成己""成物"的具体内涵,也就是"认识世界"和"认识自己"、改变世界和改变自己。以本然世界的超越为指向,"成己"与"成物"的过程同时指向"意义世界"。这里的"意义"是就广义而言,它基于认识世界与认识自己、变革世界与变革自己的过程,既涉及对存在(包括人自身之"在")的理解,也以对世界的价值规定为内涵。意义的这一维度不限于语言或符号的涵义,而是同时涉及本体论、认识论、价值论等领域。与之相联系,意义世界以本然对象与人化存在的历史分化为前提:本然之在不发生意义的问题,唯有进入人的知行之域,意义的问题才随之形成。具体而言,意义世界基于变革对象的历史过程,以人对存在本身的理解、规定、作用为指向;在宽泛的意义上,可以将其视为进入人的知行之域、打上了人的印记并体现人的价值理想的存在,后者同时表现为观念形态与现实形态的统一。历史地看,在关注成己与成物的同时,中国哲学也从不同的方面涉及以上领域,我认为,当代中国哲学的沉思,同样不应忽视以上问题。

总之,学无中西以及史与思、形上与形下的统一,既是我以往的研究所试图体现的原则,也将制约着我以后的哲学跋涉。

附录二

哲学史研究的若干问题[*]

哲学以反思为其题中之义,这种反思同时应不断指向哲学研究本身所涉及的有关前提。就中国哲学的研究而言,研究的前提首先与文献材料的考释、梳理相关,后者是一种非常基础性的工作,没有扎实的史料基础,哲学史的研究将成为空中楼阁。但除了上述方面之外,中国哲学研究还牵涉哲学与哲学史、中学与西学、形上与形下、逻辑分析与辩证思维、论证与解释等理论关系,对这些关系的定位,同样构成了研究中国哲学及广义哲学的重要前提。这里,主要就后几个方面谈一些看法。

---

[*] 本文由本人在有关学术会议上的发言记录综合而成。

一、历史中的哲学与哲学中的历史

哲学史上曾出现过各种学说、体系,这些学说和体系在哲学史的研究中往往主要被理解为历史的存在。然而,按其本来意义,它们首先是历史上的哲学创作,是出现在一定历史时期的原创之论。历史上一些重要哲学家所立之说,就是他那个时代的哲学理论;就是说,它们首先是哲学,而后才是哲学史,这是一个基本的事实。我们现在所接触到的那些流传下来的文本,也可以看作是当时的这些创新理论的载体。正是由于哲学史上的这些学说、体系本身是当时的哲学家的哲学理论,是他们那个时代的创新见解,因而对这些体系的研究,要求我们对哲学理论本身有一比较深入的理解。换言之,哲学史的梳理,离不开对哲学理论本身的研究,这两者之间不应该截然地划界或分家。

哲学与哲学史的联系,当然不仅仅在于历史上的哲学在当时也是一种创新性的体系,在更宽泛的意义上,它还涉及历史的回溯与理论建构的关系。哲学史的研究不仅仅是一个就史论史或为历史而历史的过程,也就是说,它不应该仅仅满足某些历史的兴趣;在更深的层面,它同时也与我们今天的理论建构和哲学沉思相联系。从哲学史上看,每一个时代有原创性的哲学家,总是在回顾、总结以往哲学家的思维成果之后,进而提出他们自己的系统,而不是仅仅停留在历史的考释之上;同样,今天的哲学史研究,也面临着如何进行理论创新、发展当代哲学的问题,而哲学史的研究,则应该为这种理论的发展提供哲学的资源。

从以上前提出发,对中国哲学的理解便应有一个广义的维度。在学科的视域中,中国哲学通常主要被理解为研究的对象,这一理解的前提,是将中国哲学规定为历史中已经存在的形态(既成的形态):从逻辑上说,唯其既成或已然,始能成为研究与考察的对象。对中国哲学的上述看法,似乎更多地侧重于其历史的维度,在"中国古代哲学""中国近代哲学""中国现代哲学"等区分中,中国哲学便主要被视为历史中既成或已然的形态。

然而,如前所述,以往的哲学系统在成为考察与诠释对象之前,首先呈现为理论沉思或理论建构的产物,这种理论沉思或理论建构通常展开为一个过程,后者使中国哲学同时具有生成的性质。事实上,历史中的各种哲学体系总是形成于一定历史阶段,尔后才逐渐取得已然的形态,并凝结为哲学的历史。可以看到,既成的形态与生成的过程,构成了中国哲学的相关规定,二者具有互动的性质:在不同时代,通过创造性的思考而形成的哲学系统,不断地丰富、深化着中国哲学的内涵;作为已然或既成形态的中国哲学,则构成了新的哲学思考的出发点和前提。如果说,既成性赋予中国哲学以某种相对确定的形态,那么,生成性则使中国哲学呈现开放的性质。

以生成性为其向度,中国哲学显然不同于已完成的系统。前已提及,从历史上看,每一时代的创造性的思维成果,都不断地融入中国哲学之中,并构成了其新的内容,这一过程并没有终结,它在今天依然在延续:与历史上的哲学沉思一样,当代的哲学思考也构成了中国哲学的题中应有之义。

作为既成形态与生成过程的统一,中国哲学同时也获得了哲学与哲学史的双重品格:就其既成性(已然的体系和对象)而言,中国哲学较多地表现为哲学的历史;就其生成性(哲学沉思的延续)而言,中国哲学则更多地展现为历史中的哲学。在此意义上,显然不能仅从史的角度来理解中国哲学:质言之,中国哲学不仅表现为一种"史"的形态,它同时也是一种理论的形态。这里涉及中国哲学与中国哲学史的关系,而中国哲学史则不能离开广义的中国哲学来理解。

中国哲学的以上内涵,从本原的层面规定着中国哲学的研究方式。以历史中的既成系统为存在形态,中国哲学的澄明、阐释离不开历史的观念。这里所说的历史观念,包括重视已往文献、关注哲学家或哲学体系出现的社会背景,等等。历史上的哲学文本在其流传过程中,不可避免地存在着版本、文字,以及成书的真实年代等问题,对这些问题的辨析、考订,是理解哲学史的基本前提之一,在这些方面的工作,需要非常严谨、扎实的态度。王国维 20 世纪初提出"二重证据法",对文献的考释依然具有十分重要的方法论意义。随着地下考古材料的不断发现,原始的文本也会不断地进入研究的视域,它不仅对扩展中国哲学研究的材料具有不可忽视的意义,而且往往为考订世传的文本提供了参照。此外,从社会学、政治学、经济学、人类学等维度对社会历史背景的实证考察,也有助于深化对一定历史时期中国哲学的研究,所谓"知人论世",便体现了哲学与社会之间的联系。

另一方面,作为历史过程中不断生成的观念系统,中国哲学的研究又需要一种理论的视野。所谓理论的视野,首先是指我一再提到的史与思的统一。如前文一再论及的,历史中那些流传下来的文本,同时或首先也是一定时代哲学系统的载体,对它们的考察,总是与一定的理论背景相联系。事实上,对同一个学说、同一个文本,不同的哲学家常常会有不同的理解,之所以如此,很重要的一个原因就在于不同的解释者自身所达到的理论深度或高度各有不同:作为解释背景的理论层面的不同,往往便导致了对同一文本理解上的差异。每一个时代的哲学家事实上也是从他们所达到、所理解的理论出发,对以往的文本作出他们的解释。从这个意义上看,哲学史的研究实际上同时也是对哲学的研究,哲学史的研究不应和哲学的研究完全分离。与之相联系,对哲学史上问题、人物、思潮等方面的研究过程,总是涉及两个基本前提：一个是历史的积累或历史的准备；另一个就是理论的准备。没有历史的准备和积累，哲学史的研究便会流于空疏，同样，如果没有充分的理论准备，也难以对哲学史上的系统作出深入的、新的理解。

以生成过程为内在的向度，中国哲学本质上具有开放的性质，这里的开放，包括以每一时代的思维成果丰富、拓展自身。与之相联系，中国哲学研究中的理论视野，同时也意味着通过创造性的研究，使中国哲学在新的历史时代得到进一步的延续和发展，不断展示新的活力和生命力。在中国哲学的历史发展过程中，从先秦到近代，真正的中国哲学家，都不仅仅作为史家出现，而总是同时提出自己的一套哲学见解，庄子作为先秦哲学的重镇，并不只是在于有《天下》这样的哲学史著作，冯友兰在中国近代哲学中的地位，也并不仅仅由其《中国哲学史》奠立①，单纯的历史路向，似乎与哲学的专业化或职业化以及哲学家本身的专家化相联系，它既非中国哲学的本然形态，也很难视为其应然形态。以此为前提考察今天的中国哲学研究，则显然无法也不应回避如何进行理论建构的问题：当我们把中国哲学不仅理解为既成之"史"，而且也界定为处于生成过程的开放之"思"时，理论的建构和发展便是其题中应有之义。

谈到理论的建构或创造性的哲学沉思，就涉及哲学史和哲学关系的另一个方面。任何一种新哲学的形成，都要以以往的哲学成果作为它的基础，哲学的理论建构不能从无开始，认为以往的哲学工作都是错误的，要求一切从头开始或另起炉灶的观点是一种非历史的

---

① 事实上，即使《天下》《中国哲学史》这样具有历史向度的著作，也同样体现了作者的哲学立场及理论视野：其品评臧否哲学人物，无不本于作者自身的哲学观念。

看法。在"哲学"这一范畴下工作,就不能不尊重哲学的历史,如果有人宣称要建构一种与历史上的哲学完全不同的系统,我们就有理由怀疑他所做的到底是不是哲学的工作。历史地看,在中国哲学史上,我们常常看到,一种新的理论的建构往往是以注释以往哲学经典的方式而展开的,同样,在西方哲学史上,一些重要的哲学家如亚里士多德(Aristotle),其哲学也是基于对以往哲学的总结。当代一些原创性非常强的哲学家如海德格尔(Heidegger),对哲学的历史,包括古希腊哲学(包括前苏格拉底哲学)、近代哲学如康德(Kant)、尼采(Nietzsche)等也有非常独到的了解和深入的研究,在他那里,哲学的原创性与哲学的历史并非彼此悬隔。中国现代的一些哲学系统,同样也有哲学史的基础,如冯友兰的"新理学"体系,便以其前期的中国哲学史研究为前提;从某种意义上说,没有两卷本的《中国哲学史》,也就不会有后来的"贞元六书"。总之,哲学的理论创造不能脱离哲学史来谈,否则就是无本之木、无源之水。从这个意义上说,哲学的研究同时也是哲学史的研究。

一方面哲学史的研究就是哲学的研究,另一方面哲学的研究同时也是哲学史的研究,这里似乎存在着某种理论的循环。不过,这是一种积极的循环,它所体现的,实际上是哲学和哲学史之间一种建设性的互动过程。当然,在具体的研究过程中,对哲学史与哲学可以有所侧重,但有所侧重不能理解为截然划界。哲学研究既应当避免没有历史的哲学,也应该避免没有哲学的历史。

二、中国哲学与西方哲学

近代以来,中国哲学与西方哲学的相遇已经成为一个基本的历史现象:二者的联系首先不是一个应当不应当的问题,而是一个事实的问题。在近代以前,中国哲学与西方哲学作为两大系统,是在相对独立的形式下展开的;除了明清之际等短暂的、零星的接触之外,二者没有实质性的交流。但到了近代后,情况有所改变,西方哲学的东渐以及中国哲学对此的各种回应,已成为中国哲学研究无法回避的历史背景。这种背景,同时也构成了我们反观中国哲学历史衍化的前提。

从历史上看,印度佛教传入后,也曾经构成了魏晋以后哲学家们反观历史的一个前提。大致而言,佛教和中国哲学的关系似乎包括两个方面:一方面,佛教本身要经历一个中国化的过程,一般所说的魏晋时期佛学的玄学化,便可视为佛学中国化的一种形式或阶段,禅宗的出现则是佛教中国化的进一步发展;另一方面,佛教理论传入中国以后,本身也构成了中国哲学家反观自己传统的一个参照背景,相对于汉代哲学家对先秦经典的理解,宋明哲学家们对这些经典的诠释便有所不同,二者的这种差异,与宋明哲学家具有佛教的传入这样一个背景无疑有着内在的联系。

在中国哲学的研究中,我们常常会听到一种议论,即主张回到一种比较纯粹的中国哲学形态中去。就其反对把中国哲学西方化而言,这样的看法无疑有其可以理解之处。确实,在中西哲学相遇的背景下,如何避免用西方哲学去附会中国哲学,如何避免将中国哲学西方化是一个值得我们高度重视的问题。但另一方面,如果要求将中国哲学引向绝对纯粹的形态,这一问题就值得分疏了。在中国,哲学作为一种近代的人文学科,是在西学东渐以后逐渐形成的:我们以"哲学"去指称历史上的某种观念形态,基本上是近代以后的事;在此之前,我们的学科分类常常用"子学(诸子学)""经学""理学""道学"等。这并不是说中国古代没有哲学的观念,而是指这些观念在当时没有以近代以来"哲学"的概念、范畴来概括、阐释。如果我们要完全撤开西学东渐以来一切西方的概念,那么,我们只能形成"子学史""经学史""道学史"等,而无法产生作为近代学科的哲学史;若要以"哲学史"去梳理历史上的哲学观念,那就无法割断与西方哲学的关系。一方面在"哲学"的形态下回溯以往的哲学,另一方面又试图从中净化一切西方的概念、范畴,这恐怕是非常困难的。事实上,从佛教传入后,中国哲学已经受到外来哲学的影响,这一千多年以来的中国哲学已经不是那么"纯粹"了,如果我们要追求一种纯而又纯的中国哲学,恐怕就只能回到先秦或秦汉时代,但这已不是真正意义上完整的中国哲学。

哲学和其他事物一样,既有其特殊性或个性的一面,同时也有普遍性的一面;对于中国哲学,我们同样既要注意它本身的特性,也要注意它所具有的普遍性。从最一般的层面来看,哲学都涉及对存在问题的沉思,关于存在的沉思,中西哲学无疑存在某些差异。如不少学者所指出的那样,在西方哲学中,它常常以 ontology 为形式①,其特点在于是通过对"being"(或希腊文 on)的逻辑分析而展开的,而中国哲学对存在的考察首先是通过"性与天道"的追问而展开,两者提问的方式和解决问题方式确实有所不同。但不能因此而断言中国哲学没有关于存在的学说。我们也许可以说中国没有"ontology",但如果由此推论中国哲学没有关于存在的理论,那就不免过于独断了。

既然中国哲学和西方哲学之间存在着普遍的或相近的对象和问题,那么西方哲学就可以成为我们研究中国哲学的一个参照的背景,从表现的形态来看,中国哲学尤其是传统哲学注重的是一种实质的体系。具有原创性的中国哲学家都有自己独特的宗旨,他们的体系

---

① 作为一个术语或词,ontology 较为后起(据有关学者考定,该词约出现于17 世纪),但作为哲学所涉及的实质内容,它则可以追溯到古希腊。

都是按照这一宗旨而展开的,但中国哲学家不太重视从一个形式化的层面来建构一个演绎的系统,而西方哲学家除了有自己的宗旨外,还注重从形式的层面对命题进行逻辑的论证;我们在柏拉图(Plato)的对话中就不难看到这一点,尽管它常常以对话体的形式展开,但却有严密的论证系统。不妨说,西方哲学比较注重形式化的体系;注重逻辑分析的现代分析哲学可以看作是对这一传统的充分发展。这种注重逻辑分析的思维方式,可以成为我们研究中国哲学一个很重要的参照背景,它对于我们注重论证、分析的严密性,澄清传统哲学的概念,理清我们的思路都有很重要的意义。同时,在一些实质的层面上,西方哲学家也从不同方面形成了重要的理论思维成果,这同样可以为我们的研究提供参照的系统。

当然,我们对中西哲学进行比较研究,并不仅仅是为了简单罗列中西哲学的特点(中国哲学如何、西方哲学怎样、什么是共通之处、哪些是差异之点,如此等等),中西哲学之间的比较参照,其更重要的意义在于为我们今天的理论思考和理论建构工作提供一种重要的资源。在这个意义上,关于中西哲学的关系问题我们可以从两个方面来加以考虑:其一,如前所述,以西方哲学作为一个参照背景来反观我们自己的传统,并深入地理解中国传统哲学有关命题的意义;对传统的文本的解读,在不同的理论视野下,往往可以获得新的意义,西方哲学作为一种理论的参照系统,无疑有助于推进和深化我们对传统文本以及传统哲学观念的理解。其二,我们可以以中国哲学发展所形成的思维成果来回应西方哲学所面临的一些问题。西方哲学在其衍化过程中也常常面临着它自身的一些内在的问题,如现代的分析哲学和现象学之间的两极对峙,更广意义上科学主义和人文主义的分野等,这里蕴含着许多需要解决的问题。中国哲学在回应西方哲学所面临的问题上,无疑包含着很多有意义的资源,如何总结中国哲学中具有世界意义的资源并对此加以阐发,这也是处理中西哲学关系时所面临的问题。

事实上,随着西方哲学的东渐及中西哲学的相遇,中国哲学已开始获得世界性的维度。所谓世界性,宽泛而言,包含两重涵义:一方面,中国哲学所积累的思维成果,可以为世界哲学的进一步发展,提供建设性的理论资源,而它本身也将在这一过程中逐渐呈现出世界的意义;另一方面,世界范围内其他哲学传统(首先是西方哲学的传统)也将越来越为中国哲学的发展提供更广阔的参照背景和视域,并在实质的层面与形式的层面使其不断取得新的形态,后者同时从另一个方面展示了中国哲学的生成性与开放性。

中西哲学互动的以上两个方面,也是中国哲学走向世界并融入世界哲学的一个很重要的环节。在历史已经超越地域的尺度而成为一种世界的历史的背景之下,不能封闭在中国哲学的地域性的界域之中,而应当走向世界、形成世界哲学的视域,以上两重意义上的互动便可以视为世界哲学视域下展开智慧沉思的重要方面。在20世纪初,王国维曾提出"学无中西"的观念,这一哲学至今仍是很有意义的。从哲学的角度来看,"学无中西"就是要确立一种世界哲学的观念,并从世界哲学的角度,考察、定位中国哲学与西方哲学的关系。

三、对 话 与 沟 通

自20世纪下半叶以来,中国的哲学界往往把中国哲学、西方哲学和马克思主义哲学区分为哲学领域当中的主要分支。无论从空间的角度看,还是从时间维度看,这都是一种非常独特的现象。从空间上看,在中国大陆之外的其他地区,一般很少对哲学作这样一种划分,就西方的哲学界而言,除哲学史外,哲学的分支一般被区分为认识论、伦理学、逻辑学、政治哲学、科学哲学、语言哲学、心智哲学等；从时间上说，尽管西方哲学在 19 世纪末、马克思主义哲学在 20 世纪初已传入中国，但 20 世纪下半叶以前，中、西、马在哲学领域并未形成三足鼎立之势。从逻辑上看，这种区分无疑存在种种问题，如其划分的标准似乎并不一致：中西哲学之分是以地域为根据，而马克思主义哲学则涉及学派的差异。事实上人们对上述划分以及由此形成的格局也已提出种种责难和批评（这种批评以后可能还将延续），然而，不管人们如何评价，有一点是无可否认的，那就是自 20 世纪的下半叶，在中国的哲学界，以上区分已经成了一种本体论的事实。

从哲学的研究和发展来看，对这种既成的哲学形态，我们究竟应当如何来看待？它对中国哲学的发展是不是仅仅只有负面的意义？我想，在责难与质疑的同时，也许还可以从一个比较积极的、建设性的角度来思考、评价这种现象。作为重建或发展当代中国哲学的现实背景，上述区分在某种意义上也为我们今天的哲学思考提供了多重的理论资源。

如所周知，西方的主流哲学往往从宗教学或哲学史的角度理解中国哲学，较少把中国哲学看作是一种真正意义上的哲学；对马克思主义哲学，他们则更多地从意识形态的层面加以评判，而不愿或不十分愿意承认其哲学上的原创意义。可以说，中国哲学与马克思主义哲学的思维成果，基本上在西方主流哲学的视野之外。这种观念，无疑也限制了西方哲学本身的发展：将中国哲学与马克思主义哲学排除在真正的哲学领域之外，使之只能限于狭义的西方哲学这种单一传统和资源之中，而不能将其视野扩展到其他具有丰富内涵的哲学系统。事实上，忽视多元的哲学智慧，似乎也导致了西方主流哲学的贫乏化、狭隘化。按其本来形态，中国哲学、西方哲学，以及马克思主义哲学，都包含着具有原创意义的思维成果，马克思主义哲学固然也属于广义的西方哲学,然而,作为哲学变革的产物,它又不同于主流的或正统的西方哲学,而是表现为一种具有创造性意蕴的哲学系统,在世界哲学的发展中具有独特的意义。把中国哲学和西方哲学以及马克思主义哲学都作为当代哲学建构的资源,这对于进一步的哲学思考来说,无疑将提供更宽广的背景。近年来所提出的中国哲学、西方哲学和马克思主义哲学之间的对话,也应当从上述角度去加以理解。

就对话本身而言,问题常常会涉及到其内在的、实质的意义。中国哲学、西方哲学和马克思主义哲学的相互对话,显然不能只限于从事中国哲学、西方哲学或者马克思主义哲学研究的学者各自表述自身的学科立场和观念,使彼此之间能相互比较、相互理解,如果仅仅停留在这样的层面,则似乎依然囿于某种学科之域。从更内在的层面看,哲学对话的真正意义涉及哲学究竟是什么,或者说哲学的真实形态应当是什么的问题。哲学究竟是什么或何为哲学本身是一种本原性的追问,当代中国之所以要以中国哲学、西方哲学和马克思主义哲学的对话这样一种方式来思考这一问题,其缘由在于这三者之间的划界、区分,已经使人们习惯于从一个相对狭隘的学科立场出发去理解哲学,后者往往对哲学本身的理解带来种种的限制,从而难以达到哲学的真实形态。与何为哲学的真实形态相联系的另一个问题,是如何达到或回归哲学的真实形态,用康德式的方式来表述,也就是:真实的哲学形态如何可能?

哲学(philosophy)的原始意义涉及智慧,从某种意义上说,哲学就是一种智慧之思,是对智慧之境的一种绵绵不断的追求。作为智慧之思,哲学以性与天道为对象,并指向统一的、具体的存在。与智慧相对的是知识,它主要限于对存在的某一个方面或者某一个层面的把握。在中国哲学、西方哲学和马克思主义哲学彼此划界的背景之下,人们往往倾向于仅仅从某一种角度、某一个层面去理解存在,由此把握的往往并不是具体的、统一的存在,而只是特定视域中的对象,后者所体现的,事实上是一种指向知识的追问。不难看到,从一种分离的、划界的立场出发去理解哲学,往往意味着将作为智慧之思的哲学降低为作为知识形态的哲学。这种状况的形成,从理论上看,和哲学本身的职业化、专业化,以及哲学家的专家化趋向,无疑有相当的关系。如前所述,哲学本质上是智慧之思,从事哲学思考的哲学家,首先是志于道的哲学者。然而,一旦哲学成为某种职业或专业,那么哲学家也就往往从智慧的追求者,转化成一个仅仅从事某一层面、某一个方面思考的专家。职业化、专业化的工作涉及的主要是存在的特定领域、特定方面,专家的关注之点,也相应地限于某一领域或方面,哲学的职业化与专业化以及哲学家的专家化,在历史与逻辑双重意义上导致了哲学的知识化。以此为背景,所谓回到哲学的真实形态,也就是超越对哲学的知识化理解而达到哲学作为智慧之思的本真形态。可以说,正是这种回归,构成了哲学对话的内在意义。

四、形上与形下之间

哲学的特点在于以理论思维的方式把握整个存在。黑格尔曾指出:"哲学以思想、普遍者为内容,而内容就是整个存在。"① 撇开其对存在的思辨规定,这里已注意到了哲学与整个存在之间的关系。中国哲学所谓"性与天道",涉及的便是整个的存在,它不同于存在的具体规定,而是具有形而上的性质。事实上,哲学无法回避形而上学。

历史地看,哲学家在进行形上沉思的同时,也往往关注形而下的

---

① 黑格尔:《哲学史讲演录》第一卷,商务印书馆,1959 年,第 93 页。

领域。以中国哲学而言,通过对性与天道的追问,中国哲学展示了其对整个存在的关切,与之相联系的,则是日用即道、极高明而道中庸、体用不二等观念。日用即道意味着形上之道与日常的生活世界并非彼此相分,"极高明而道中庸"要求在日用常行中达到超越之境,体用不二则强调了实体与其功能及属性、本体与其表现形式之间的不可分离性。甚至在佛教中,也有即世而出世的观念(禅宗),后者同样表现出沟通超验的彼岸与经验的此岸的意向。

当然,除了以上趋向之外,还存在着另一种哲学立场。在西方,形而上学(metaphysics)蕴含着对物理学(physics)的某种超越,这种超越同时也潜下了形上与形下相分的可能,而随着西方哲学的演进,也确实可以一再看到建构形上世界的尝试。在中国哲学中,与日用即道相对的形而上之道与形而下之器的二分,也使二者的紧张获得了某种内在根据。

一般而论,仅仅停留于形上之域,常常容易陷于超验的玄学,历史上的哲学是如此,对哲学史的研究也是如此。当代新儒家在考察、总结中国古典哲学时,往往突出其注重心性、道德形上学的传统,亦即将关注之点主要放在传统哲学中思辨的、超越的方面,而在这种单向的侧重中,新儒家自身也不免陷于超验的玄学。当然,仅仅注重具体的、经验的存在形态,则往往容易导向现象主义,由此出发,同样难以从总体上把握真实的存在。中国近代具有实证论倾向的哲学家,常常表现出这一偏向。他们将经验现象视为终极的存在,拒绝考察世界的统一性原理和发展原理,从而陷于另一片面。

真实的存在本身表现为普遍之道与经验对象的统一。从哲学研究看,形上与形下的沟通,是克服超验的玄学及现象主义、达到具体而真实的存在的理论前提;就哲学史研究而言,则唯有从形上与形下统一的角度去考察哲学史,才能理解历史上的哲学家在把握存在的过程中的所见与所蔽,揭示走向真实、具体存在的思维行程。

广而言之,形上与形下的统一,也意味着注重哲学历史的多方面性以及哲学史的全部丰富性,而从研究的方式上看,二者的沟通,则蕴含着肯定哲学与其他哲学、文化领域的互动,肯定哲学与社会历史过程之间的相互作用,关注历史的多方面内容及其对哲学演进的影响,等等。总之,对"形上之道"的追问与对经验世界、生活世界的关注并非彼此排斥,无论是哲学的研究,抑或哲学史的考察,都不应当忽视这一点。

五、逻辑分析与辩证思维

如何回归辩证的思维,是我们在研究中国哲学史过程中不能不注意的又一问题。我曾指出,我们不仅要注意康德,在一定意义上我们同样需要关注黑格尔。黑格尔时下几乎完全被遗忘,他的辩证法哲学也似乎早已被冷落,但事实上,从研究的方式来看,为黑格尔所系统化的辩证思维,对于避免将知性思维绝对化与片面化,具有非常重要的意义。作为思维过程的一个环节,知性的思维方式无疑有其存在的理由,然而,如果自限于此,则可能形成负面的意义。"知性"思维的特点之一,是把过程截断为一个一个的横截面;如果将其凝固化,便往往容易导致将过程静止化,并趋向静态的、非过程的考察方式。"知性"思维的另一特点,是把整体分解为一个一个的侧面;停留于此,则常常会引发对事物的片面、抽象理解。综合起来,在哲学史研究中,知性的方式的片面强化,往往易于走向非历史的、抽象的考察方式。以前面所提到的哲学与哲学史的关系而言,以片面化的知性思维为进路,便很难避免二者的对立:哲学仅仅涉及理论,而哲学史则仅仅涉及历史,二者互不相关。同样,在中西哲学的关系上,知性方式的绝对化,也常常会导致非此即彼的理解:讲中国哲学,便不能触及西方哲学,一旦牵涉西方哲学,即被视为对中国哲学的曲解。

在考察哲学史的某些具体问题时,同样可以看到类似的倾向。以天人关系而言,研究者往往对天人合一论持肯定和赞赏的态度,以为这种观念超越了近代以来主张天人相分的西方哲学。这种判断的前提,是对"分"与"合"的抽象理解。事实上,天人之间的"合一"可以表现为原始的同一,也可以表现为经过分化之后的统一;在人作用于自然的能力还相对有限的条件下,天人之间的相合,往往仅仅具有原始的、混沌的意义。同时,统一既可以作静态的理解,也可以作动态的理解,后者作为在过程中不断达到的形态,既蕴含了相分又超越了相分,而并非简单地与"分"相对。传统哲学对天人关系的理解,往往还包含着原始的、静态的合一之意味,无条件地肯定这种相合,显然未能注意原始的合一与经过相分之后不断重建的合一之间的具体区别。哲学史研究中出现的这一类"凡合皆好"的论点,可以看作是知性思维方式片面化的逻辑结果。

作为哲学史的研究对象,历史上的哲学体系本身是具体的,哲学史上的有关命题、论点的意义,也具有多方面性。唯有注重对象本身的多方面性及过程性,才能再现哲学史的真实形态;而辩证思维的基本要求之一,便在于从整体及过程的视域考察对象,以对其加以全面的把握。从这方面看,扬弃知性的方式、回归辩证的思维,是展示哲学史真实演进历史的方法论前提。

以整个存在为对象,哲学同时离不开思辨。思辨可以有两种形式,即抽象的思辨与具体的思辨。抽象的思辨往往脱离形下之域,仅仅在形上的领域作超验的玄思,具体的思辨则以形上与形下的互动为前提,并展开为对存在的统一性的追求,其形式包括理性的直觉、自由的想象等。哲学需要具体的思辨,对性与天道的追问,更离不开具体的思辨。分析哲学笼统地拒斥思辨,既导致了哲学的贫乏化,也导致了哲学史研究的贫乏化。

但另一方面,哲学的沉思又应注重逻辑的分析,包括对概念作清晰的界定、对论点作严密的论证,而不能仅仅停留在个体的感受、体验之上。如果缺乏对概念的明确界定、完全以个体的感受为立论的基础而不作逻辑的论证,则往往将导向抽象的玄思或独断的思辨。相对于分析哲学,现象学在注重思辨的同时,似乎多少表现出对逻辑分析和论证的弱化,其概念往往因缺乏严密的界定而显得晦涩不明。

哲学研究无疑应该对分析哲学与现象学作双重的扬弃,这一点同样应体现在哲学史的研究中,而这种扬弃的实质,则在于达到辩证思维或具体的思辨与逻辑分析的内在统一。

六、论 证 与 解 释

费希特曾将时间区分为"概念中的时间"与"编年史的时间",[①]前者可以理解为具有秩序意义的时间,后者则更多地涉及时间的自然流逝,包括其先后、相继等关系。借用费希特的以上时间概念,并将其引入到哲学史中,则哲学演进的历史似乎也可以区分为两种:其一为逻辑脉络中的历史,其二为编年意义上的历史。逻辑脉络中的历史展示的主要是哲学衍化过程中的内在条理、内在秩序和内在的逻辑关系,编年意义上的历史则主要表现为哲学史上各种体系之间的先后发生、前后相继的关系,这种关系往往可以用描述的方式加以把握。

与哲学史的以上区分(逻辑脉络中的历史与编年意义上的历史)

---

① 参见费希特:《现时代的根本特点》,辽宁教育出版社,1998 年,第 18 页。

相应,从哲学史的研究角度看,还可以将哲学的形态区分为哲学的类型与哲学的个案(或哲学的具体系统)。就体系本身而言,哲学的类型主要是体现了一种理论系统中主导性的宗旨,以及这一宗旨与该体系中其他的相关的观念、哲学、命题之间的内在的联系。从哲学体系之间的关系来说,它更多地反映了不同体系之间的内在的哲学脉络。类型的上述特点,使之同时成为逻辑脉络中的历史的基本单位。与类型相对,个案主要是历史上已经实际发生的体系,作为具体的存在形态,它也可以用描述的方式来加以把握,并构成了编年意义上的历史的基本单位。

类型通常可按不同的标准或方式加以划分,就哲学史研究的角度而言,我们可以从如下几个方面去区分类型。从理论的形态来看,哲学史上常常有经验论、唯理论、怀疑论等不同的哲学类型。经验论通常是指那种把感性经验作为第一原理的哲学理论,它在历史上的形态也有多种,墨家注重耳目之知,认为只有以耳目之实为根据,才能获得可靠的知识,这可以看作是早期形态的经验论;现代哲学中的实证主义,是一种与近代科学发展相联系的、具有近代意义的经验论的系统;实用主义者如詹姆士提出彻底的经验论,从人的实践活动及价值关系等角度发展了经验论的原则,这些理论的共同特点,便表现为对感性经验的关注。与经验论相对,唯理论常常把理性看作是认识过程中的第一原理,注重逻辑的分析及逻辑演绎等方式,后者相应地被视为另一种哲学的类型;此外,怀疑普遍必然的知识是否可能或者怀疑感性经验是否可靠等学说则常常被称为怀疑论,如此等等。在上述的归类或区分中,事实上便隐含着对不同哲学类型的确认。

除理论形态之外,我们也可以从学派的角度来区分不同的类型。以中国哲学而言,在先秦的时期,便有儒家、道家、法家、墨家和名家等区分,诸子百家的区分实际上也是一种类型的区分,这种区分通常以先秦诸子对当时讨论的一些基本问题的不同看法为根据。先秦时期哲学家们争论的主要问题是天人关系、礼法关系、名实关系,等等。在天人关系上,儒家以仁、礼等为关注之点,比较注重人道的原则;与儒家有所不同,道家主张"无以人灭天",更多地突出了自然的原则,在这里便可以看到两者不同的价值原则。在礼法关系上,区别与差异更多地体现于法家和儒家之间,相对而言,儒家较为注重礼所体现的伦理政治体制及规范系统,主张维护礼制,法家则更强调体制的变革及法、术、势。在以上的学派分野中,同样可以看到不同的哲学类型。

此外,我们也可以从言说或者表述方式上来区分不同的类型。言说的方式不仅仅涉及外在的形式,它同时也关乎实质的内容;事实上,"说什么"与"怎么说"很难截然分离,即便是修辞方式,也往往关联并制约着哲学的形态。在人物品评上,我们常说:风格即其人,在相近的意义上,我们也可以说,言说的风格即其哲学。哲学史上,哲学家的言说方式每每呈现多样的形态。首先是思辨地说,这种表达或言说方式,往往趋向于以一种超经验的方式勾画世界的图式与或宇宙的模式,在这样的勾画中,我们可以看到它们所关注的更多的是一种存在的图景。具体的勾画方式当然可以是多样的。有的侧重于存在的还原,亦即追问这个世界构成的最终极的本原,寻找所谓宇宙之砖或世界的最终构成;有的则是追求普遍的大全,以此统摄整个世界。上述言说方式的共同的特点,就是试图勾画超验的存在图景或宇宙模式。其次是诗意地说,哲学史上有很多哲学家喜欢用诗的语言、以叙事的方式来表述自己的哲学观念,《庄子》就是一个较为典型的例子。《庄子》一书很多篇章的语言都带有诗的意境,它的不少哲学论点的阐发,也往往是通过叙事的方式来表述的,《逍遥游》便运用各种具有诗意的形象叙事以及寓言来展示其对理想的精神世界的追求。在这样一种诗意的言说中,哲学家关注的往往是人的内在的精神世界,从通常被视为具有诗人气质的哲学家(如庄子、尼采等)那里,都可以看到他们对人的完美、理想、健全的精神世界的向往和追求。相对于思辨地言说更多地指向存在的图景而言,这些所谓诗人哲学家确乎更关注内在的精神世界。其三是批判地说,这种言说方式更多地表现为对现实的政治、社会问题的关切。批判的言说当然也可以表现为不同的形式,如政治批判、社会批判或者更广意义上的文化批判,从古代到现代,这一类的言说方式在哲学家那里可以一再看到。就其具体的特点来说,这种言说方式又有侧重于否定与侧重于建设之分。以否定为主的批判性言说,往往质疑所批判的对象的合法性或正当性,并强调其已失去了存在的价值;侧重于建设的批判言说,则往往同时描绘批判者所认为比较合理的社会图景,比如,实用主义在批判现实生活或社会状况的同时,也不断提出完美的民主政治的形态的具体内容,在杜威等实用主义哲学家那里,我们不难注意到这样的关注。可以看到,在批判地言说中,其关注之点更多地在于现实的社会、政治、文化问题。其四是实证地说或科学地说,这一言说方式在实证主义那里表现得比较明显,他们较多地诉诸科学经验,往往把科学作为一种理想的理论或哲学范式,试图使哲学也取得科学的形态,实现广义上的所谓科学化;而在实证主义的言说方式中,确实可以看到一种追求科学化的趋向。其五是分析地说,从言说的方式来看,它与实证地言说有相近之处,但侧重之点又有所不同,这种言说方式的典型形态是 20 世纪以来的分析哲学。分析哲学家注重对语言的逻辑分析,在他们看来,哲学的使命就在于对以往讨论哲学问题的时候所出现的各种语言、概念上的歧义、错误加以澄清、加以纠正,这就是哲学要达到的目的,当代一位分析哲学家曾这样概括哲学的任务:"与词语对人的心智的所有模糊效应作斗争,是哲学的最高任务。"①不难注意到,分析哲学的整个关注之点,就在于对语言的逻辑分析,在这种分析地说中,语言问题成为主要的关注之点。

前面已提及,类型更多地表现了哲学演进过程中的一种内在的逻辑环节,不同类型之间的争论、相互批评、前后相继,等等,往往体现了哲学演变的内在的逻辑脉络,所以,在这个意义上,如前所述,我们确乎可以将类型视为逻辑脉络中的历史的基本单位。与类型相对的是个案或者说具体的系统,较之类型,个案更直接地呈现为编年意义上的历史的基本单位。类型主要是概括了一种学说中的主导的、作为宗旨的观念,在这样的概括过程中,总是包含多方面的抽象:在抓住主导的特征与性质的同时,类型常常略去了不直接体现主导观念或宗旨的方面、特征,这样,它对哲学系统的多样性及丰富内容,往往未能完全加以把握。相对而言,个案一般包括了特定体系中的丰富内容,并相应地体现了这一体系在历史过程中所具有的全部丰富性和多方面的内容,换言之,它包含了类型无法涵盖的具体性和多样性。类型和个案都是应当关注的方面,二者在哲学史的研究过程中都不可或缺。类型可以构成我们研究与分析的特定框架或工具,我们要对历史上众多复杂的现象加以梳理,需要借助不同的分析工具,类型(理论形态上的类型、学派上的类型、言说方式上的类型等)在相当程度上为我们提供了对这些纷繁复杂的哲学史现象加以梳理的一种必要手段。哲学史的整治工具当然也可以表现为概念,在某种意义上,概念似乎构成了更原始的研究手段或框架,但是与抽象和概括相联系的概念。其一般形态具有分析性的特点,往往不足以从总体上体现或把握某一体系。与此相对,类型本质上表现为具有综合意

① 冯·赖特:《分析哲学:一个批判的历史概述》,参见陈波主编:《分析哲学:回顾与反省》,四川教育出版社,2001 年,第 25 页。

义的特定范式,它在统摄相关材料的同时,也使不同的哲学体系以"类"相分、以"型"相属。

不过,与概念相近,类型本身也有抽象性的特点:一种类型,同时也表现为一般的准则,作为一般的准则,它突出的是哲学形态中的相同特征(所谓"一"),而常常略去了哲学系统之间的差异性(所谓"多");这样,仅仅停留在类型的层面之上,我们往往不足以把握哲学史的全部丰富性与具体性。类型的如上特点,决定了在注重类型分析的同时,也应注重个案的研究。

如前所述,哲学史中的个案更多地体现了哲学本身的丰富性和多方面内容;在类型对哲学的具体内容加以抽象之前,哲学的多方面内容往往以具体的方式呈现于研究者之前。从现实形态来说,类型和个案之间往往存在着某种差异、紧张,我们可以举一些历史上具体的哲学史的现象,比如,从理论形态来看,孟子的学说常常被归为理性主义的类型,因为孟子注重"心之官",在区分"小体"和"大体"的前提之下,他往往更侧重"大体",而所谓"大体",则主要与理性的思维及活动相联系;在道德领域,孟子侧重于"礼""义"的普遍规范作用,"礼""义"有当然之则的含义,强调"礼""义"的普遍规范的作用,也隐含着以理性的规范来范导人们的言和行之意,在上述方面,我们无疑可以看到其不同于墨家等经验论的理性主义倾向。但是,这是就类型而言,如果我们进一步去分析作为个案的孟子学说,便可以注意到,孟子学说中还包含着理性主义这种类型很难涵盖的内容,例如,孟子对情感非常关注,他的"四端"说中,首先就提出"恻隐之心",把"恻隐之心"视为仁之"端",亦即人的道德的出发点和基础。恻隐之心与作为情感的同情心相联系,把道德的整个原则系统建立在"恻隐之心"之上,意味着对情感这一方面的关注。这一"恻隐之心"在相当意义上和后来休谟所说的同情心(sympathy)有相通之处,而休谟无论是在认识论上还是在伦理学上都被归入经验论的系统之中。这里,我们不难看到个案的复杂性:具有理性主义品格的孟子,同时在另一重意义上又表现出注重情感的经验主义倾向,当我们简单地用理性主义这一类型去概括他的哲学时,他的哲学系统中复杂、丰富的内容往往就很难真正地敞开并被把握。从中,我们可以注意到,仅仅使用类型分析的方式,无法具体揭示出历史上特定个案内在的、真实的品格。同样,在学派分类上,我们也可以看到类似的特点,前面提到,在先秦哲学的研究中,我们常常作出儒家、道家、法家、名家和墨家等区分,如果我们以某个具体的哲学家作为个案来研究,就可以看到这样一种分类的研究所具有的局限性。以荀子而言,从分类的意义上说,我们通常把他归入儒家这一类型:孟子和荀子一般被认为分别代表了儒家在先秦两个不同的发展系统,但事实上在荀子的系统中,我们可以看到很多和法家相通的观点,后来他的学生韩非之所以认同法家并集法家哲学之大成,从哲学脉络的内在联系来看,与他的老师荀子本身已在某些方面表现出吸纳法家哲学这一趋向无疑也有联系。在这里,单纯的儒家的类型,显然很难涵盖作为个案的荀子哲学的全部内容。从言说的方式来看,也存在相近的情形,就类型而言,前面曾区分了思辨地说、诗意地说、批判地说、实证地说、分析地说等不同的形态,但是,从一个具体的个案来看,我们通常发现的是更为复杂的现象(包括不同方式相互交融的哲学史现实)。比如,《老子》或《庄子》一方面具有诗意地说的趋向,庄子在某些方面可以看作是诗人哲学家,他以一种诗人的直觉洞见了不少哲学的内在原理;《老子》五千言本身在表述上就有诗的形式,因此,在相当意义上,我们也可以把它看作诗意地言说的形态。但另一方面,二者又包含着许多批判地说的内容,不管是《老子》还是《庄子》,都对当时的礼、法和政治社会现实给予种种的抨击和批评。同样,它们也有一种思辨地说的倾向,比如《老子》就建立了一个以"道"和"无"为第一原则的思辨系统,这样,在以上的具体个案中,思辨地说、诗意地说、批判地说是融合、交错在一起的,我们很难简单地把它们具体归结为某种单一的言说方式,这里可以再次注意到具体个案所具有的复杂性和多样性的特点。类似的情形也存在于现代西方的一些哲学流派中。以实用主义为例,就其注重经验、反对传统形而上学而言,它无疑表现出某种实证地说的趋向,并相应地与实证主义有近似之处,但实用主义的视野和兴趣又不仅仅限于科学,而是同时表现出对现实社会、政治、价值问题的关注,从而,很难将其简单地纳入实证主义的类型。

从类型和个案的以上关系中,我们可以看到,在具体研究过程中,仅仅关注类型和仅仅关注个案都有其内在的局限,在哲学史的研究过程中,对类型和个案应给予双重的关注,这对于再现真实的哲学史是非常必要的。不管是仅仅停留在类型分析的层面上,还是仅仅停留在一个一个的具体个案之上,都不足以把握哲学史的全部内容。

从研究方式上看,和类型与个案之分相联系,可以区分两种研究进路,其一为论证,其二为解释。论证主要以理论的逻辑关系作为出发点,侧重于揭示哲学衍化的内在脉络。作为研究方式,论证的特定具体表现在两个方面。就特定的哲学系统而言,论证主要在于揭示、把握一种学说系统的主导原则与观念,并进一步分析这一主导的观念和其他相关论点之间的关系。在考察、梳理具体的哲学系统时,论证的方式往往侧重于把一个哲学系统的多方面的内容归属主导的原则,或者说,将一种体系的不同内容纳入其主导脉络或主导原则。以论证为方式,体系中的多重哲学趋向,往往被置于同一主导原则或宗旨下加以理解;体系之中各种观念之间的联系,也每每被视为主导原则的体现或逻辑展开。这是从体系的内部来说的。从不同的学说体系之间的关系来看,论证的方式更多地侧重于揭示各个体系之间内在的共同趋向、哲学脉络、逻辑关系,等等。事实上,我们看一下以往的哲学史研究,一些哲学家在梳理和研究哲学史的时候,对哲学的观念往往有总体上的理解,这种理解同时又构成了其分析哲学演进过程的出发点。以哲学史是哲学的展开为前提,多样的、多重的哲学衍化,往往被理解为统一原则的逻辑体现,在这一点上,黑格尔的《哲学史讲演录》似乎是一种具有典型意义的形态。

与论证相对而言的是解释的方式。解释以哲学史上具体的哲学情景作为出发点,更多地关注一个哲学体系自身的多重性和多方面性,包括哲学可能具有的内在张力。在确认哲学体系内含多方面性、多重性的同时,解释进一步试图从不同的侧面分析其形成的原因,如果存在内在张力,则具体考察这种张力对体系的内在影响以及它形成的内在根源,等等。同时,它又比较关注哲学发生的历史背景,注重考察一个具体的学说系统和一定时代的社会历史背景之间的关系。此外,它也注意从一个经验的层面上去考察制约哲学体系的多重因素,包括师承关系、个人的生活处境等对哲学家哲学衍化过程的影响。质言之,解释的方式更多地是要把一种哲学体系还原到它所处的具体历史背景(具体的哲学史情境)中,去再现它的具体性、多样性和丰富性,并且对这种具体性、多样性和丰富性形成的根源给予历史的解释。相对于论证的方式主要把握理论本身的宗旨和理论之间内在的脉络而言,它更多地关注哲学本身的具体形态,注重一种体系的个性品格。从哲学史研究来看,论证的方式和解释的方式都是不可或缺的,如果忽视论证的方式,仅仅专注解释,往往会使哲学史研究流于对一些枝节的琐碎关注,把注意之点主要放在那些哲学史上的个别、特殊的细节,而难以真正把握哲学衍化过程所具有的内在的逻辑关联与脉络,这样的哲学历史在某种意义上容易变成材料的罗列或单纯的语境分析。反之,如果仅仅关注论证的方式,而忽视解释的方式,哲学史研究往往会忽略哲学衍化过程本身所具有的丰富而具体的内容,把哲学史变成抽象的概念衍化过程,在具体研究过程中就会有意无意地略去哲学史本身所具有的多方面的丰富规定,而把它变成一种抽象、空洞的逻辑框架。因此,在哲学史的研究过程中,论证的方式和解释的方式应该有适当的定位,在具体的研究者那里,在特定问题的研究过程中,当然可以有所侧重,但这两者之间不能截然地加以分离,而应该有一种积极的互动,只有在这两者有一个合理的定位的前提之下,我们才可能一方面再现哲学衍化过程本身所具有的具体性、丰富性和真实性,另一方面揭示多样的哲学衍化中内在的逻辑脉络,而避免把哲学史的研究仅仅归结为材料的杂陈或单纯的个案描述。

后 记

　　本书所收入的论文,选自我在中国哲学史领域中发表的部分论文。这些论文中既有作于 20 世纪 80 年代初的早期习作,也包括发表于 21 世纪初的文稿,前后时间跨度将近 30 年。与这一较大的时间跨度相应,论文从行文风格到具体论点,都往往存在某些差异。为保持历史原貌,收入本书时,除某些文字的修订外,未作实质的改动。尽管其中的一些看法、论点现在看来已不能令人完全自惬,但作为近 30 年来中国哲学领域相关思考的记录,本书无疑也留下了我在这一领域探索的若干印记。从历史的层面看,它们也许有其特定的意义。与之相联系,本书之名(《历史中的哲学》)也具有两重含义：就对象而言，它表示其中的考察主要侧重于哲学的历史衍化；就考察的方式而言，它则表明这种考察本身具有历史性。

杨国荣

2009 年 3 月 20 日

2021 年版后记

　　本书作为我的著作集的一种,初版于 2009 年,此次再版,略去了原来的若干文稿,并校核了部分引文,其他内容没有实质性变动。

杨国荣

2021 年 2 月 25 日